本著作是2018年河北省社会科学基金项目（河北省民生工程绩效评估研究：基于直接和间接效果的二维视角，课题编号：HB18GL059）的最终研究成果

精准扶贫视域下的农村财政与金融联动支农实现路径探究

◎ 袁丽蓉 许金兰 著

中国纺织出版社有限公司

内容提要

扶贫是党和国家的一项长期工程，是实现全面建成小康社会的终极目标，是解决“三农”根本问题的关键。目前我国扶贫资金的投入与贫困地区的发展所需的资金数量尚存在一定的差距，因此有必要明确精准的要义，进一步提高资金的使用效率并改善扶贫效果。本书主要总结了实行精准扶贫政策期间实施的财政与金融方面的扶贫措施，深入分析了这些政策的原理和实施效果；同时归纳了目前财政金融政策在扶贫工作中的不足，并根据具体地区的状况差异对扶贫政策加以调整和创新。本书可以为进一步推进精准扶贫工作、打赢脱贫攻坚战、决胜全面建成小康社会提供可资借鉴的实践经验、有价值的策略建议和决策参考。

图书在版编目（CIP）数据

精准扶贫视域下的农村财政与金融联动支农实现路径探究 / 袁丽蓉，许金兰著. -- 北京：中国纺织出版社有限公司，2020. 3（2022.8 重印）

ISBN 978-7-5180-7190-6

Ⅰ. ①精… Ⅱ. ①袁… ②许… Ⅲ. ①农村财政－研究－中国②农村金融－研究－中国 Ⅳ. ① F812. 8 ② F832.35

中国版本图书馆 CIP 数据核字（2020）第 033728 号

责任编辑：王 慧 责任校对：寇晨晨 责任印刷：储志伟

中国纺织出版社有限公司出版发行
地址：北京市朝阳区百子湾东里 A407 号楼 邮政编码：100124
销售电话：010 － 67004422 传真：010 － 87155801
http：//www. c-textilep. com
官方微博 http：//weibo. com/2119887771
佳兴达印刷（天津）有限公司印刷 各地新华书店经销
2020 年 3 月第 1 版 2022 年 8 月第 3 次印刷
开本：787×1092 1/16 印张：17.5
字数：323 千字 定价：88. 00 元

前　言

贫困是困扰人类社会经济发展和人类自身发展的重大问题。贫困意味着欠发达国家（地区）与发达国家（地区）在生活水平和资源占有方面存在差距，容易引发矛盾和冲突，危及社会安定。因此，政府需要进行扶贫、减贫，以保障人类最基本的生存权，从而实现社会稳定和经济发展。

中国是一个有着近 14 亿人口的发展中大国，让农村贫困人口摆脱贫困、走向小康、奔向富裕，是实现经济社会发展、走向社会主义现代化的重要内容。党中央一直高度重视扶贫工作，特别是在以习近平同志为核心的党中央的领导下，我国人民的生活不断改善，脱贫攻坚取得了决定性进展。党的十九大以来，6 000 多万贫困人口实现了稳定脱贫，贫困发生率从 10%以上下降到 4%以下。然而，深度贫困问题尚未完全解决，2019 年仍然有几千万贫困人口没有稳定脱贫，脱贫攻坚的任务还十分艰巨。党的十九大报告明确指出，要让贫困人口和贫困地区同全国一道进入全面小康社会；要动员全党全国全社会力量，坚持精准扶贫、精准脱贫；要坚持“大扶贫”格局，注重扶贫同扶志、扶智相结合；要确保到 2020 年我国现行标准下的农村贫困人口实现脱贫，贫困县全部摘帽，解决区域性整体贫困，做到脱真贫、真脱贫。由此可见，在 2020 年实现脱贫和全面建成小康社会的时代背景下，探索农村财政与金融联动支农的实现路径具有十分重要的意义。

全书一共分为十二章，前两章论述了精准扶贫、脱贫攻坚的战略方位与战略框架；第三章至第五章对财政扶贫政策进行了分析，其中第三章论述了财政扶贫的依据、优势、重点，第四章论述了农村财政扶贫政策的演进以及评价，第五章对财政扶贫政策减贫效应进行了实证分析；第六章以河北省 A 县为例，对财政扶贫资金绩效审计进行了研究；第七章论述了农村财政扶贫政策的优化；第八章论述了金融扶贫的现状、政策及实践等；第九章对金融扶贫的效用机理进行了分析；第十章讨论了金融扶贫资金绩效审计，并以河北省 X 县为例，论述了金融扶贫绩效审计评价指标体系的构建；第十一章论述了农村金融扶贫存在的问题及政策的优化；第十二章论述了财政、金融联动精准扶贫，并提出了相关的政策建议。

本书由袁丽蓉、许金兰共同撰写完成，具体分工如下：袁丽蓉负责第一章、第二章、第三章、第四章、第六章、第七章、第十一章内容的撰写和全书的统稿工作，许金兰负责第五章、第八章、第九章、第十章、第十二章以及附录的撰写工作。

本书在内容上力求做到向下延伸，因此本书以农村财政金融政策为研究对象，全面分析了中国现阶段农村贫困的复杂性和特殊性，对农村财政金融政策的演进历程进行了系统梳理和评价，从理论和实证两方面对中国现行的农村财政金融政策的力度以及减贫效果进行了分析，探讨了财政金融政策的优化路径，以期为精准扶贫工作的继续开展提供参考，从而实现提升政府扶持效率的目标。

由于笔者的水平有限，本书难免存在纰漏与错误，敬请广大读者提出宝贵意见，并给予批评和指正。此外，在撰写本书的过程中，笔者参阅了一些相关论著与文献，在此向这些论著与文献的作者表示衷心的感谢。

袁丽蓉

2019 年 8 月 1 日

目 录

第一章 精准扶贫、脱贫攻坚的战略方位

让农村贫困人口摆脱贫困、走向小康、奔向富裕，是实现经济社会发展、走向社会主义现代化的重要内容。党的十八大以来，党和国家高度重视推进扶贫开发工作，把精准扶贫、脱贫攻坚放到了治国理政的重要位置，纳入了“四个全面”的战略布局，提升到了贯彻落实五大发展理念的高度，并将其作为全面建成小康社会的重要要求，做出了一系列决策部署。研究分析、贯彻落实党和国家全面建成小康社会的战略部署，要有历史的眼光、战略的视野，要深刻认识精准扶贫、脱贫攻坚的战略方位。

第一节 全面建成小康社会新阶段

促进并实现农村贫困人口摆脱贫困、走向富裕，是中国发展过程中的一项极其重要的内容。从中国进入近现代社会以后的战略演进来看，可以按照递进顺序，从三个基本层面认识全面建成小康社会新阶段精准扶贫、脱贫攻坚的战略方位。

一、实现中华民族伟大复兴的百年战略方位

从 1840 年第一次鸦片战争到 21 世纪中叶，中华民族从屈辱走向了复兴。中国人民和中华民族在这两百年中推进发展、持续奋斗的全部内容，可以概括为做两件大事、完成两大历史任务。

第一个百年即 1840 年到 1949 年。中华民族在几千年的发展过程中创造了灿烂无比、悠久辉煌的伟大的中华文明，为人类社会的发展做出了卓越的贡献。然而，在进入近代社会以后，封建社会制度的没落腐朽，以及封建统治集团盲目的闭关自守，使中华民族在整个世界变革的大潮流中不能紧跟时代的步

伐，在西方列强的侵略掠夺下，一步一步沦为半殖民地半封建国家。山河破碎，生灵涂炭，中华民族遭受了前所未有的苦难。在整个中华民族陷入苦难的巨大危机下，奋起反抗、救亡图存，为国家独立和民族解放而斗争，成为中国人民要做的第一件大事，也是中国人民必须完成的历史任务。无数仁人志士抛头颅、洒热血，探寻救国救民的道路；中华民族挺起脊梁、奋起抗争，以百折不挠的精神，进行了一场场气壮山河的斗争，描绘了一幅幅悲壮感人的图画，谱写了一首首可歌可泣的史诗。中国人民和中华民族经历了无数的痛苦、无数的磨难、无数的艰辛、无数的努力、无数的奋斗，终于在中国共产党的领导下于 1949 年建立了伟大的中华人民共和国，彻底终结了半殖民地半封建的社会，后来又彻底废除了西方列强强加给中国的一系列不平等条约，取消了帝国主义在中国的一切特权，为完成中华民族的伟大复兴扫清了障碍，创造了足够的条件，奠定了坚实的基础。总而言之，在第一个百年，中国人民要做成的第一件大事、完成的第一大历史任务就是实现国家独立和民族解放，为中国的现代化建设、中国人民生活水平的提高、中国梦的实现奠定最基本的政治基础和制度基础。

1949 年到 2050 年是第二个一百年。在这个百年中，中国人民要做的大事、要完成的历史任务是基本实现现代化，把我国建设成富强、民主、文明、和谐、美丽的社会主义现代化强国，实现中华民族的伟大复兴。在这个百年战略方位中，党和国家提出了精准扶贫、脱贫攻坚的重大战略，这对于基本实现现代化具有重要意义，是实现中华民族伟大复兴、推进发展百年战略方位的重要内容。推进精准扶贫、脱贫攻坚，让农村贫困人口摆脱贫困，能够为建成社会主义现代化强国，实现中华民族伟大复兴奠定坚实的发展基础。

二、实施现代化建设第三步发展战略的战略方位

第二个百年历史进程，可以根据邓小平提出的中国现代化建设“三步走”发展战略划分为两个 50 年。

改革开放以后，在中国建设实践中，邓小平立足于实现中华民族的伟大复兴，从前所未有的高度提出了中国现代化建设“三步走”的宏伟战略。完整的“三步走”战略构想，以中华人民共和国成立以后的前 30 年（1949—1980 年）的发展为基础，以 1981 年为基数，即确定具体发展目标从 1981 年开始。“三步走”战略中的第一步是指到 1990 年时，国民生产总值比 1981 年翻一番，解决人民群众的温饱问题；第二步是指到 2000 年（即 20 世纪末），国民生产总

值再翻一番，人民生活达到小康水平；第三步是指到 21 世纪中叶（即 2050 年），中国的国民生产总值达到中等发达国家水平，人民生活较为富裕，基本实现现代化。中国现代化建设“三步走”的发展战略，涵盖了中华人民共和国成立后的发展总体构想、总体战略。这一总体战略构想不仅为中国的现代化建设指明了方向，充分调动了广大人民群众的主动性、积极性、创造性，也为中国制定短期和中长期经济社会发展规划提供了极其重要的依据。“三步走”的现代化建设发展战略构想，突出了实现社会主义现代化的紧迫性，强调了现代化建设在整个社会主义初级阶段的长期性，从战略指导的高度解决了中国经济建设长期存在的急于求成的问题，奋斗目标切实可行；同时，“三步走”的现代化建设发展战略还体现了中国人民有决心用一百年的时间走完发达国家几百年的现代化路程，突出了中国现代化建设的长期性，以及中国人民对于实现现代化的执着追求。“三步走”的现代化建设战略，使中华民族的远大目标与具体措施有机结合，使雄心壮志与实干精神实现了科学统一，把中国的社会主义现代化进程具体化为富有实践意义、切实可行的推进步骤，展现了国家发展、社会繁荣的美好前景，统一了全国人民进行现代化建设的坚定意志，是激励全国人民为同一个理想而努力奋斗的宏伟纲领。

根据邓小平提出的“三步走”现代化建设发展战略，经过艰辛探索，在第二个百年历史进程中的第一个 50 年，中国顺利完成了现代化建设的第一步发展战略目标和第二步发展战略目标，使人民生活总体上达到了小康水平，实现了从贫困到温饱，再从温饱到小康的历史性跨越。

2001 年到 2050 年是第二个 50 年。在第二个 50 年中，中华民族要贯彻实施“三步走”发展战略的第三步战略构想，用 50 年的时间基本实现现代化，建设富强、民主、文明、和谐、美丽的社会主义现代化强国，实现中华民族的伟大复兴。

要想在新的历史时期与新的时代背景下完成现代化建设第三步发展战略目标，需要全体人民共同努力。这是中国历史发展中最伟大的事业与最辉煌的壮举，对于整个国家乃至全世界都具有划时代的意义，必然会使中国经济社会的面貌焕然一新。实现现代化，全面进入现代化社会，是中国人民千百年来的宏伟理想，必将开启历史发展的新纪元。

三、全面建成小康社会新阶段的战略方位

随着我国现代化建设第二步发展战略目标的顺利实现，人民生活总体上达

到了小康水平。这时如何实施现代化建设第三步发展战略，就成为推进中国现代化建设的重大战略问题。经过一系列的研究，党和国家把实施现代化建设第三步发展战略的50年划分为前20年和后30年两个时期。在前20年，要继续推进社会主义现代化建设，进一步发展社会主义市场经济，建立并完善社会主义市场经济体制，使人民群众的生活达到全面小康；在之后的30年，要在前20年的发展基础上，基本实现现代化，建成富强、民主、文明、和谐、美丽的社会主义强国。

进入21世纪以后，党和国家明确提出要紧紧抓住21世纪前20年的重要战略机遇期，把前20年推进发展、做好工作的全部要求、全部内容、全部任务，集中、概括、浓缩为全面建设小康社会。《中共中央关于制定国民经济和社会发展第十三个五年规划的建议》（以下简称《建议》）明确指出要“高举中国特色社会主义伟大旗帜，全面贯彻党的十八大和十八届三中、四中全会精神，以马克思列宁主义、毛泽东思想、邓小平理论、‘三个代表’重要思想、科学发展观为指导，深入贯彻习近平总书记系列重要讲话精神，坚持全面建成小康社会、全面深化改革、全面依法治国、全面从严治党的战略布局，坚持发展是第一要务，以提高发展质量和效益为中心，加快形成引领经济发展新常态的体制机制和发展方式，保持战略定力，坚持稳中求进，统筹推进经济建设、政治建设、文化建设、社会建设、生态文明建设和党的建设，确保如期全面建成小康社会，为实现第二个百年奋斗目标、实现中华民族伟大复兴的中国梦奠定更加坚实的基础。”❶ 2017年，在党的十九大报告中，习近平总书记强调：“让贫困人口和贫困地区同全国一道进入全面小康社会是我们党的庄严承诺。要动员全党全国全社会力量，坚持精准扶贫、精准脱贫，坚持中央统筹、省负总责、市县抓落实的工作机制，强化党政一把手负总责的责任制，坚持大扶贫格局，注重扶贫同扶志、扶智相结合，深入实施东西部扶贫协作，重点攻克深度贫困地区脱贫任务，确保到2020年我国现行标准下农村贫困人口实现脱贫，贫困县全部摘帽，解决区域性整体贫困，做到脱真贫、真脱贫。”这是中国为人类探索更好的社会制度所提供的方案，也是中国即将展示给世界的最为生动的中国故事。

精准扶贫、脱贫攻坚，对于全面建成小康社会、创造良好的社会环境、维护社会稳定具有重要的社会意义。如果不能在发展中消除贫困，一个国家、一

---

❶ 中共中央文献研究室. 十五大以来重要文献选编（中）[M]. 北京：人民出版社，2000.

个社会就很难保持长期稳定；如果无法实现社会稳定，就难以保障经济和社会持续发展，就会阻碍小康社会的全面建成。因此，精准扶贫、脱贫攻坚，加快贫困地区发展，不仅是一个重要的经济问题，还是关系到国家长治久安的重大政治问题。

我国各地区之间的发展差异较大，既不利于生产要素的优化配置和生产力的合理布局，也不利于社会稳定和国家振兴。而精准扶贫、脱贫攻坚，加快贫困地区经济社会的发展，能够促进区域经济发展差距的缩小，促进区域经济协调发展，进而促使整个国家社会发展趋于稳定，为全面建成小康社会提供重要的保障。我国有很多贫困地区都是革命老区，为中华人民共和国成立做出了巨大的贡献和牺牲。精准扶贫、脱贫攻坚，让革命老区的广大人民群众摆脱贫困，走向共同富裕，是对曾做出巨大历史贡献的广大革命老区人民群众的历史性回报和补偿，充分体现了党和国家对于革命老区广大人民群众负责任、知感恩的态度，必然会得到广大人民群众的拥护。此外，还有一部分贫困地区是少数民族地区和边疆地区。少数民族地区和边疆地区的稳定发展，对于加强民族团结、巩固边防安全、维护国家统一而言非常重要。精准扶贫、脱贫攻坚，必将推进少数民族地区和边疆地区的经济发展，进一步提高少数民族地区、边疆地区人民的生活水平，改善少数民族地区、边疆地区的社会面貌，进而为促进全国各民族团结、维护边疆安定提供重要保障。由此可见，精准扶贫、脱贫攻坚是关乎社会稳定、国家安定的大事要事，是全面建成小康社会的重要要求与内容，对于促进国家经济社会协调发展和社会安定，加强各民族团结，维护国家统一和巩固边防安全，都具有重大的意义。

第二节　大规模反贫困进程新阶段

中国制定和实施扶贫开发战略，开展大规模的扶贫开发工作，始于 20 世纪 80 年代。在改革开放的历史进程中，中国的扶贫开发不断深入。党的十八大以来，中国的扶贫开发战略已经推进到大规模反贫困进程的新阶段。

一、大规模反贫困工作的启动

1949 年 9 月 30 日，毛泽东为中国人民政治协商会议第一届全体会议起草了《中国人民大团结万岁》的宣言，向世人昭示：“中华人民共和国现已宣告成立，中国人民业已有了自己的中央政府。”“它将领导全国人民克服一切困难，进行大规模的经济建设和文化建设，扫除旧中国所留下来的贫困和愚昧，逐步地改善人民的物质生活和提高人民的文化生活。”[1] 由此可见，在中华人民共和国成立之时，解决贫困人口的温饱问题就是党和国家的重要任务。为此，全国各族人民进行了不懈的奋斗。20 世纪 50 年代初，一些地区组织并派出工作队，前往困难地区、困难村帮助贫困农户、困难人口解决春耕生产中的各种困难；20 世纪 60 年代，《关于在社会主义教育运动中加强农村社会保险工作，帮助贫下中农困难户克服困难的报告》明确提出要通过发展生产促使农村困难户、贫困户走共同富裕的道路，要求困难户、贫困户依靠集体经济，通过生产自救，逐步走上与其他社员共同富裕的道路；20 世纪 70 年代后期，针对农村困难户和各地的扶贫情况，国家民政部派出工作组分赴多个省、自治区进行调查研究，并对全国的扶贫工作进行进一步安排。1978 年，中共中央和国务院决定每年专门拨款 5 000 万元，支持属于革命老区、贫困地区的陕北地区发展经济、扶贫帮困。需要注意的是，改革开放以前的扶贫帮困，主要是由民政部门每年向贫困地区调拨粮食、衣物等救济物资，属于直接救济；而真正具有实质性内容的反贫困战略以及严格意义上的扶贫开发行动，是在改革开放以后提出并大规模实施的。

1978 年，中国提出了第一个扶贫开发指导性文件并启动了大规模反贫困行动。1978 年 12 月，党的十一届三中全会审议的《中共中央关于加快农业发展若干问题的决定（草案）》指出，农村仍有 1 亿几千万人口粮不足，有近四分之一的生产队社员收入在 40 元以下。实际上，这是党和国家首次明确中国农村存在较大规模的贫困人口，并开始把消除农村贫困作为促进农村农业发展的重要内容和要求。1981 年，农业部人民公社管理局公布了《一九七七至一九七九年全国穷县情况》的统计分析报告，提供了 1977—1979 年除西藏自治区以外的地区农村人均集体分配收入低于 50 元的区县数和低于 40 元的生产队数，公布了 1977—1979 年连续三年人均分配收入持续低于 50 元的贫困县在各省的分布情况与名单，首次全面总结了中国农村基本的贫困状况。根据国家统计局的测算，1978 年中国农村年人均纯收入低于 100 元的贫困人口有 2.5 亿，占农村总人口的 30.7%。

1982 年，针对甘肃定西、河西地区和宁夏西海固地区生态破坏严重、农

[1] 中共中央文献研究室. 毛泽东文集（卷五）[M]. 北京：人民出版社，1996.

民饥寒交迫的状况，国务院决定实施为期十年的“三西”农业建设计划，每年专项拨款 2 亿元，以实现三年停止破坏、五年解决温饱、两年巩固提高的目标。“三西”农业建设计划实际上是涉及较大区域的扶贫开发计划，它的实施拉开了对中国特定贫困区域进行大规模扶贫开发的序幕。

1984 年 9 月 29 日，中共中央、国务院发布了《关于帮助贫困地区尽快改变面貌的通知》（以下简称《通知》）。《通知》指出，解决好贫困地区的问题具有重要的经济意义和政治意义，改变贫困地区面貌的根本途径是依靠当地人民自己的力量，按照本地的特点，因地制宜，扬长避短，充分利用当地资源，发展商品生产，增强本地区经济的内部活力。这实际上是提出了开发式扶贫的思路。《通知》还强调，解决贫困地区的问题要突出重点，应集中力量解决十几个集中连片贫困区的问题。为有效地促进贫困地区的经济发展，《通知》提出了五点具体措施。一是进一步放宽政策，对贫困地区实行比一般地区更灵活、更开放的政策，彻底纠正“集中过多、统得过死”的弊端，给贫困地区农牧民以更大的经营主动权；二是减轻负担，给予优惠，包括对贫困地区减免农业税、外地到贫困地区兴办开发性企业在 5 年内免缴所得税等；三是搞活商品流通，加速商品周转；四是增加智力投资，有计划地发展和普及初等教育，重点发展农业职业教育，加速培养能够适应山区开发的各种人才；五是加强领导，包括各地区要组建贫困地区经济开发领导小组和组织工作机构，履行督促检查各项扶贫开发措施落实的职能。《通知》是中国改革开放以后党和国家制定的第一个扶贫开发方面的指导性文件，首次提出了系统、完整的中国扶贫开发工作思路和政策措施，有力地推动了扶贫开发的进程。

改革开放之初，导致农村大面积贫困的原因有很多，最主要的是人民公社制度导致广大农民缺乏农业生产的积极性和主动性，农业生产效率低下。因此，农村生产经营制度的调整与变革，对于缓解当时的农村贫困具有重要作用。在这一时期，农村土地经营制度的变革，即以家庭承包经营制度取代人民公社制度，极大地激发了广大农户、农民的生产积极性、主动性、自觉性，从而促进了农业生产力的解放，提高了农村土地产出率。与此同时，农产品价格的放开、大力发展乡镇企业等多项改革举措在农村的逐步推行，促进了农村经济、农业生产的快速发展，促使较大规模的农村贫困人口得以逐步脱贫，大幅改变了农村贫困现象。按照当时的农村贫困标准，贫困人口从 1978 年的 2.5 亿减少为 1985 年的 1.25 亿，下降幅度为 50%，平均每年减少贫困人口 1 786 万，贫困发生率由 1978 年的 30.7%降至 1985 年的 14.8%。

二、大规模反贫困工作的全面展开

1986—2000 年，中国大规模反贫困工作全面展开，扶贫开发进入组织化和制度化的阶段。

20 世纪 80 年代中期，在农村制度变革和家庭联产承包责任制逐步完善的过程中，广大农村地区的经济实现了较快发展。然而，部分农村贫困地区由于受到历史、自然、地理、经济、社会等方面因素的制约，经济社会发展仍然相对滞后，还有相当一部分人食不果腹、衣不蔽体、房不避风雨，其生产经营收入难以满足基本的生存需要。针对不同贫困地区经济社会发展日益凸显的不平衡问题，以及贫困地区与其他地区在经济、社会、文化等方面的发展差距逐步扩大的问题，党和国家于 1986 年进一步加大了扶贫开发力度，实施了一系列有关反贫困、扶贫开发的重大战略措施，开展了大规模有组织、有计划的开发式扶贫工作，使中国的反贫困、扶贫开发迈入了一个新的历史时期。这一时期采取的举措主要有以下三方面。

首先，明确了扶贫开发的区域对象并成立了扶贫开发专门领导机构。在贯彻落实《通知》的基础上，1986 年全国人大六届四次会议审议通过的《中华人民共和国国民经济和社会发展第七个五年计划（1986—1990）》把帮助老、少、边、穷地区尽快摆脱经济文化落后的状况列为重要内容，同时根据扶持标准把全国的贫困县划分为国家重点扶持贫困县与省区扶持贫困县两类，奠定了按照区域实施反贫困、扶贫开发战略的基础，进而对确定的 18 个集中贫困区域实施连片开发。1986 年 5 月成立的国家扶贫开发领导机构——国务院贫困地区经济开发领导小组（1993 年更名为国务院扶贫开发领导小组），承担了反贫困、扶贫开发的领导、组织、协调、监督、检查等职责。之后，各地区也陆续成立了专门的扶贫开发工作机构。

其次，彻底改革了传统的救济式、输血式的反贫困、扶贫方式，确定了开发式扶贫的反贫困方针。也就是说，在国家的必要支持下，贫困地区要发挥自身的资源优势进行开发性生产建设，逐步形成、提高自我积累和发展能力，促进自身的经济发展，解决贫困农户的温饱问题，实现脱贫致富。此外，我国还配套实施了一系列专门面向贫困地区与贫困人口的开发式扶贫政策措施，包括设立扶贫开发专项扶持资金，增加扶贫开发投入，对贫困地区的经济开发项目实行优惠的财政、金融支持政策，提高贫困人口素质与自我发展能力，动员政府机构与社会各界广泛参与扶贫开发，等等。

最后，制定实施了《国家八七扶贫攻坚计划》（以下简称《计划》）。国务院于1994年3月正式公布了《计划》，提出在1994—2000年，集中人力、物力、财力，动员社会各界力量，基本解决绝对贫困人口的温饱问题；继续坚持开发式扶贫方针，明确开发式扶贫的基本途径、主要形式，强化开发式扶贫的信贷优惠政策、财税优惠政策和经济开发优惠政策。《计划》的实施取得了显著的成效。1996年10月，中共中央、国务院召开了中央扶贫开发工作会议，通过了《关于尽快解决农村贫困人口温饱问题的决定》；1999年6月，中共中央、国务院再次召开会议，通过了《关于进一步加强扶贫开发工作的决定》。在《计划》的实施过程中，党和国家又采取了一系列反贫困、扶贫开发的重大政策措施，增加了反贫困、扶贫开发的投入，进一步加大了反贫困、扶贫开发的力度。

开发式扶贫战略的实施，使当时标准下的农村贫困人口稳步减少。1986—1993年，全国的农村绝对贫困人口从1.25亿人减少到8 000万人，平均每年减少640万人左右，年均递减6.2%，占农村总人口的比重从14.8%下降到8.8%。到1993年年底，农村绝对贫困人口减少至7 500万人，国家重点扶持贫困县的农民人均纯收入也从1986年的206元增加到4 837元。1995年年底，中国的农村贫困人口下降到6 500万人，1996年年底下降到5 800万人，1997年年底下降到5 000万人，1998年年底下降到4 200万人，1999年年底下降到3 400万人，2000年年底下降到3 000万人。

三、大规模反贫困工作的继续深入

2001年到2012年，是中国大规模反贫困工作继续深入的阶段。

在进入21世纪之际，《计划》确定的中国反贫困目标已经基本实现。尽管农村还存在部分生活在自然环境恶劣地区的特困人口、少数必须救济的困难人口与残疾人等，但是从总体来看，农村贫困人口的温饱问题已经基本解决。还没有解决温饱问题的特困人口、少数困难人口和残疾人的数量虽然不是很多，但是从根本上使他们摆脱贫困的难度非常大。此外，已经初步解决温饱的农户、农村人口，由于区域经济发展和生产条件、生活环境没有得到根本改变，其温饱状况并不十分稳固，巩固初步脱贫成果的任务仍然非常艰巨。需要指出的是，基本解决温饱问题、摆脱贫困的农户和农村人口的温饱标准并不是很高，要在这个基础上使这些农户和农村人口奔向小康，必然要再经过一段时期的努力奋斗。农村贫困人口温饱问题的基本解决是中国扶贫开发的伟大胜利，标志着中国的反贫困实现了从贫困到温饱的历史性跨越，意味着中国扶贫开发胜利地走完了一个历史阶段；同时，这也是中国扶贫开发的新起点，标志着中国的反贫困又开始了从温饱到小康的新征程，进入了继续深入的新阶段。

2001 年 6 月，中共中央、国务院印发了《中国农村扶贫开发纲要（2001—2010 年）》，提出在 2001—2010 年，要集中全党、全国、全社会的力量进一步加快贫困地区在 21 世纪反贫困、脱贫致富的步伐，把中国的反贫困、扶贫开发伟大事业推向新的历史阶段；在全面建设小康社会、扶贫开发的新阶段，要尽快解决少数仍然处在贫困状态中的农村贫困人口的温饱问题，提高贫困人口的生活质量和综合素质，进一步改善贫困地区的基本生产生活条件，加强贫困乡村的基础设施建设，改善贫困地区的生态环境，巩固已取得的温饱成果，促使贫困地区经济、社会、文化落后的状况在根本上得到改变，为实现小康社会创造条件。这一阶段的反贫困、扶贫开发工作把贫困地区尚未解决温饱问题的贫困人口作为扶贫开发的首要对象，把贫困人口相对集中的中西部革命老区、少数民族地区、边疆地区与特困地区作为反贫困、扶贫开发的重点区域，强调坚持开发式扶贫，坚持综合开发、全面发展，坚持可持续发展，坚持自力更生、艰苦奋斗，坚持政府主导、全社会共同参与，实施了一系列扶贫开发的政策措施，取得了重要的成就，中国农村贫困人口从 2000 年的 9 422 万减少到了 2 688 万。

中共中央、国务院于 2011 年 12 月发布了《中国农村扶贫开发纲要（2011—2020 年）》（以下简称《扶贫开发纲要》），提出要提高扶贫标准，加大投入力度，把连片特困地区作为反贫困、扶贫开发的主战场，把稳定解决扶贫对象温饱问题、尽快实现脱贫致富作为反贫困、扶贫开发的首要任务。《扶贫开发纲要》明确了“两个坚持、四个注重”，即坚持政府主导，坚持统筹发展，更加注重经济发展方式的转变，更加注重提高扶贫对象的自我发展能力，更加注重基本公共服务均等化，更加注重解决制约发展的突出问题，努力推动贫困地区经济社会更好更快发展。《扶贫开发纲要》重申要坚持开发式扶贫方针，进而强调实行扶贫开发和农村最低生活保障制度有效衔接，把扶贫开发作为脱贫致富的主要途径，把社会保障作为解决温饱问题的基本手段。

四、精准扶贫、脱贫攻坚的新阶段

党的十八大以后，中国大规模反贫困工作进入了精准扶贫、脱贫攻坚的新阶段。这个新阶段的基本含义包括两个方面：一个是精准扶贫。党的十八大之后，习近平总书记到湖南省湘西十八洞村进行了考察，在考察中明确提出要精准扶贫。此后，精准扶贫就成为中国扶贫开发新阶段的基本要求、推进方略和工作机制。正如习近平总书记所指出的，扶贫开发推进到如今的程度，贵在精准，重在精准。另一个方面是脱贫攻坚，习近平总书记在2015年中央扶贫开发工作会议上强调把“扶贫攻坚”改成“脱贫攻坚”，就是要在2020年兑现脱贫的承诺。脱贫攻坚集中体现了大规模反贫困新阶段的奋斗目标和突出特点，表明中国大规模反贫困已经进入“啃硬骨头”“攻坚拔寨”的冲刺期。

进入新阶段以来，中共中央办公厅、国务院办公厅于2014年1月印发了《关于创新机制扎实推进农村扶贫开发工作的意见》，明确要求在反贫困、扶贫开发中创新扶贫开发工作机制；2015年11月，《中共中央国务院关于打赢脱贫攻坚战的决定》提出要确保到2020年使农村贫困人口实现脱贫，大力实施精准扶贫，坚决打赢这场攻坚战；2016年11月，国务院印发《“十三五”脱贫攻坚规划》，提出“十三五”时期是打赢脱贫攻坚战的决胜阶段，要坚持精准扶贫、精准脱贫的基本方略，不断增强贫困地区和贫困人口的自我发展能力，打赢脱贫攻坚战，确保到2020年使现行标准下的农村贫困人口实现脱贫。党的十八大以来，党和国家对精准扶贫、脱贫攻坚做出的一系列决策安排，形成了系统、完整的中国精准扶贫、脱贫攻坚新阶段的重大战略部署。2019年2月20日，国务院扶贫办副主任欧青平表示，中国农村贫困人口从2012年年底的9 899万减少到2018年年底的1 660万，累计减少贫困人口8 239万人；贫困发生率从10.2%下降到1.7%，减少了将近9个百分点；建档立卡贫困村从2013年年底的12.8万个减少到2.6万个，有10.2万个贫困村已经脱贫退出。但是2019年仍然要确保减贫人数1 000万以上。国务院扶贫开发领导小组办公室（以下简称扶贫办）还将对所有已经脱贫的贫困人口适时开展“回头看”工作，确认脱贫户是否真正脱贫，还存在哪些返贫风险。

五、新阶段精准扶贫、脱贫攻坚的深远影响

在精准扶贫、脱贫攻坚的新阶段，实现农村贫困人口脱贫，不仅可以巩固已经取得的扶贫开发成果，而且可以提升以往的巨大成就。实现农村贫困人口脱贫，必然会创造中国历史上，甚至整个人类社会发展历史上的伟大奇迹；不仅具有重要的制度意义和政治意义，而且对于人类的生存与发展也具有深远的影响。精准扶贫、脱贫攻坚，实现农村贫困人口脱贫，体现了中国特色社会主义的本质要求和中国特色社会主义制度的优越性。让广大人民群众走出贫困，

奔向共同富裕，共享改革发展的成果，是中国特色社会主义制度最根本的特征，也是中国特色社会主义制度优越性的最集中体现。我国进行大规模扶贫开发，通过精准扶贫、脱贫攻坚，使贫困地区摆脱贫困，使农村贫困人口奔向小康，充分表明社会主义的本质要求是消灭剥削，实现共同富裕，解放和发展生产力。由此可见，中国特色社会主义制度具有无比的优越性，是彻底消灭贫困的根本制度保障。高举中国特色社会主义伟大旗帜，在中国特色社会主义理论指导下坚持走中国特色社会主义道路，是使中国各族人民彻底摆脱贫困、走向共同富裕和实现国家富强的必要前提。

精准扶贫、脱贫攻坚，不仅仅是中华民族历史中的大事，还是人类社会发展史中的伟大壮举。这一壮举向世界昭示，中国政府高度重视推进和发展中国人民的人权事业，为保障和维护中国人民的生存权与发展权这两个最基本、最重要的人权付出了锲而不舍、艰苦卓绝的努力，体现了中国社会主义社会的巨大人道主义价值，对世界人权事业做出了重大贡献。

精准扶贫、脱贫攻坚，必将推动中国社会的反贫困进程。放眼全世界，贫困问题直接威胁着世界的经济发展、政治安全、生态环境和人类健康，因此消除贫困是整个人类社会共同面临的重要任务。中国是世界上人口最多的国家，也是世界上贫困人口规模较大的国家。改革开放以来的扶贫开发，使中国成为对世界减贫贡献最大的国家，而精准扶贫、脱贫攻坚必将使中国对人类社会反贫困做出更大的贡献。中国的精准扶贫、脱贫攻坚显示了中国人民战胜贫穷、摆脱贫困、走向富裕的坚定意志和大无畏的勇气，在全球发展中具有世界性的意义，是中华民族参与全球发展的积极表现。

第三节　上中等收入国家发展阶段

要想研究分析精准扶贫、脱贫攻坚的战略方位，就要有世界的眼光、全球的视野。当今的世界是一个开放的世界，当今的中国是一个开放的中国，因此，要用世界眼光、全球视野，从全球发展、国际比较、对外开放等方面来理解、分析中国精准扶贫、脱贫攻坚的战略方位。中国是在稳定处于上中等收入国家行列的情况下提出精准扶贫、脱贫攻坚的战略举措的，因此精准扶贫、脱贫攻坚对于促进经济在上中等收入阶段的发展、应对中等收入陷阱问题具有重要意义。

一、世界银行对不同国家发展水平的划分

在全球发展中，有一些国际经济组织会对世界经济发展产生影响，如世界三大经济组织，即世界银行（World Bank）[1]、国际货币基金组织（IMF）和世界贸易组织（WTO）。这三个全球性国际经济组织是国际经济体制中最重要的三大支柱。

为了对不同国家的经济发展情况进行分析、研究，世界银行根据人均收入对各个国家和地区进行了分类。需要注意的是，这里的人均收入不是指人均可支配收入，而是指人均国家经济总量。世界银行现在使用的划分指标是人均国民总收入。国民总收入（GNI）[2] 在统计口径上是指一个国家或地区的国内生产总值（GDP）[3] 加上来自国外的要素收入，再减去对国外的要素支出，在国民经济总量的性质上大体类似于国内生产总值。国内生产总值是核算体系中的一个重要综合性统计指标，也是我国新国民经济核算体系中的核心指标，反映了一国（或地区）的经济实力和市场规模。

世界银行按照人均收入水平的高低，把世界上的国家和具有独立经济体意义的地区划分为三种类型、四个等级。第一种类型是低收入国家或地区。根据世界银行发布的相关报告可知，全世界的低收入国家和地区有 37 个，绝大多数是非洲国家，也有几个亚洲国家。第二种类型是中等收入国家或地区，第三种类型是高收入国家或地区。其中，高收入国家和地区有 74 个，如美国、日本等发达国家和地区、一些石油资源丰富的阿拉伯石油输出国（如沙特阿拉伯、科威特、卡塔尔、阿联酋等），以及一些人均收入高的小岛国和地区。

此外，世界银行又依照一定的标准，把中等收入国家或地区划分为下中等收入和上中等收入两个部分。这样就形成了四个等级，依次为低收入国家或地区、下中等收入国家或地区、上中等收入国家或地区、高收入国家或地区。

二、中国稳定处于上中等收入行列的重要阶段

按照世界银行 2000 年的划分标准，低收入国家或地区的人均国民收入为

---

[1] 世界银行（World Bank）是世界银行集团的简称和国际复兴开发银行的通称。它是联合国经营国际金融业务的专门机构，也是联合国的一个下属机构。

[2] 国民总收入（GNI）是反映整体经济活动的重要指标，常用于宏观经济学的研究，亦是国际投资者非常重视的国际统计项目。

[3] 国内生产总值（GDP）是指按市场价格计算的一个国家（或地区）所有常驻单位在一定时期内生产活动的最终成果，常被公认为衡量国家经济状况的最佳指标。

755 美元及以下，下中等收入国家或地区的人均国民收入为 756～2 995 美元，上中等收入国家或地区的人均国民收入为 2 996～9 265 美元，高收入国家或地区的人均国民收入为 9 266 美元及以上。按照世界银行的划分标准，改革开放之初，中国属于低收入国家，甚至被世界银行称为世界上最不发达的国家之一。改革开放后，在 20 世纪 90 年代后期，中国的人均 GDP 超过 800 美元，从低收入国家进入了下中等收入国家。可以说，中国已经在中等收入国家的行列中行进了 18 年。

进入 21 世纪后，中国从下中等收入国家行列上升到上中等收入国家行列。按照世界银行《2011 年世界发展报告》的划分标准，低收入国家或地区的人均国民收入为 1 005 美元及以下，下中等收入国家或地区的人均国民收入为 1 006～3 975 美元，上中等收入国家或地区的人均国民收入为 3 976～12 275 美元，高收入国家或地区的人均国民收入为 12 276 美元及以上。2009 年中国的人均 GDP 在 3 800 美元左右，虽然仍处于下中等收入行列，但是已经接近下中等收入行列的顶端。2010 年，中国人均国内生产总值为 4940 美元，超过了 4 000 美元，按照世界银行的标准，中国已经是上中等收入国家。

2011 年，中国的人均 GDP 达到 5 447 美元，2012 年达到 6 338 美元，2013 年达到 7 081 美元，2014 年约为 7 684 美元，2015 年约为 8 068 美元，2016 年约为 8 120 美元，2017 年约为 8 836 美元，2018 年约为 9 900 美元。显然，在全面建成小康社会、大规模反贫困进入新阶段的历史进程中，中国已经稳定处于上中等收入国家行列推进发展的重要阶段。

三、中国发展面对中等收入陷阱问题

中国在上中等收入发展阶段面对的困难、问题、矛盾、风险就是中等收入陷阱问题。确切而言，根据第二次世界大战以后国际社会发展实践与全球发展理论的研究，中等收入陷阱是指一个典型国家或地区从下中等收入阶段进入上中等收入阶段以后在发展过程中可能出现的停滞不前的状态。

一个国家或地区从下中等收入阶段上升到上中等收入阶段，一方面意味着该国家或地区经济社会发展跨越了一个大台阶，上升到了新平台；另一方面，上升到新平台之后，经济社会发展的状况必然会发生重大变化，一些原来没有出现和产生的困难、问题、矛盾、风险，开始出现、产生并激化。这些困难、问题、矛盾、风险交织在一起，就会形成多重叠加状态。在新阶段的新情况、新挑战之下，如果没有及时推进发展转型，就有可能出现面对的困难难以克服、面对的问题难以解决、面对的矛盾难以缓解、面对的风险难以应对等复杂局面。这样一来，就有可能造成我国在上中等收入阶段停滞不前。中国在发展过程中的要求，就是要顺利应对中等收入陷阱。

要想解决发展中面对的中等收入陷阱问题，就要采取重大发展举措。为此，党和国家提出了精准扶贫、脱贫攻坚的重大战略。精准扶贫、脱贫攻坚是顺利应对中等收入陷阱问题的重大举措、重要内容，对于中国成功跨越中等收入陷阱具有重要意义。只有通过推进精准扶贫、脱贫攻坚，让农村贫困人口摆脱贫困，才能够从缩小城乡区域和收入分配差距等方面入手应对中等收入陷阱问题，进而使我国尽快从上中等收入阶段推进到高收入阶段。

四、精准扶贫、脱贫攻坚可以促进经济稳定增长与发展

应对中等收入陷阱问题的综合性措施，就是要促进国民经济持续稳定增长与发展，促进经济社会现代化进程的持续推进。中国的国民经济是一个完整的系统，贫困地区经济是其不可或缺的重要组成部分。我国综合国力增强的一个重要方面，就是贫困地区经济发展的推进、贫困地区经济实力的增强。精准扶贫、脱贫攻坚，加快贫困地区的经济增长和发展，加快农村贫困人口摆脱贫困的速度，必然有助于提升整个国家的综合国力，促进国民经济持续稳定增长与发展，避免国家陷入长期的经济增长停滞、经济发展徘徊的局势。在经济稳定增长和发展的过程中，国家经济社会发展要迈向现代化，其中就包括贫困地区经济社会发展现代化。可以说，如果贫困地区经济社会发展没有实现现代化，整个国家、整个国民经济社会发展的现代化就是不完整的。因此，通过精准扶贫、脱贫攻坚促进贫困地区加快经济社会发展的现代化，必然可以推动整个国家的现代化进程，使中国在上中等收入发展阶段持续、稳定、健康发展。

精准扶贫、脱贫攻坚，有利于促进中国国民经济在新常态下保持中高速增长，迈向中高端水平。在精准扶贫、脱贫攻坚中，加强贫困地区基础设施建设，加大公共服务力度，能够增加有效投资，也有助于消化过剩产能。从易地扶贫搬迁来看，如果调研测算直接投资额达到 6 000 亿元，必然会促进有效投资的扩大，为保持中高速增长提供支撑。在精准扶贫、脱贫攻坚中，必然会促进相关基础财政、支柱财政、战略性新兴财政、现代服务业的发展，从而为整个国民经济长远发展提供后劲。对于保持国民经济稳定持续发展具有重要意义的一些原材料基地、能源基地，有相当一部分位于贫困地区，而精准扶贫、脱

贫攻坚可以促进这些原材料基地、能源基地的开发、优化、发展，可以形成新的经济增长点、增长极、增长带，为全面建成小康社会，促进国民经济和社会发展注入新动力，加快我国的现代化建设进程。

精准扶贫、脱贫攻坚，提升贫困地区、贫困人口的收入水平，可以促进国内市场容量的扩大和消费需求的增加，从而扩大内需，为保持国民经济稳定增长、经济持续发展提供重要的动力。中国的国内统一市场是一个完整的系统，贫困地区的区域市场是其中重要的构成部分。贫困地区区域市场的市场容量大小、市场空间范围、市场开放程度，与贫困地区经济社会发展水平高低直接相关，对国内统一市场的完善与发展有重要影响。在精准扶贫、脱贫攻坚中，随着贫困农户、贫困人口摆脱贫困、实现小康、走向富裕，广大农户的生产经营规模会扩大，从而相应地提高农村人口的购买力、消费水平，贫困地区区域市场的市场容量也就会不断增加，市场空间会不断扩大，市场开放程度会越来越高。

分析表明，中国经济社会发展确确实实进入了新的历史阶段，精准扶贫、脱贫攻坚也已经处在新的战略方位。在新阶段推进发展要具有新要求、新内容、新举措。精准扶贫、脱贫攻坚就是新常态下中国经济社会发展进入新阶段后提出的重大举措，它可以促进我国全面建成小康社会，加快我国大规模反贫困的进程，应对我国中等收入陷阱[1]的问题。

[1] 中等收入陷阱是指当发展中国家的经济高速增长，人均收入达到中等收入水平时，既得利益集团在种种因素的影响下迅速形成，并且迅速垄断了国家资源，掌控着国家的经济命脉和大部分财富，造成国内市场萎缩、产业升级乏力、增长停滞不前、民族主体性削弱、经济对外依赖性增强等问题。

第二章 精准扶贫、脱贫攻坚的战略框架

党的十八大以来，在全面建成小康社会的进程中，党和国家对于继续推进中国大规模反贫困、深化扶贫开发工作做出了一系列重大部署[1]。2013 年 11 月，习近平总书记在湖南省湘西十八洞村调研时，首次提出了精准扶贫的概念；2015 年 11 月，党中央、国务院印发了《中共中央国务院关于打赢脱贫攻坚战的决定》；2016 年 11 月，国务院印发了《“十三五”脱贫攻坚规划》。党和国家对于精准扶贫、脱贫攻坚的一系列重大部署，形成了系统、完整的精准扶贫、脱贫攻坚的战略框架。

---

❶ 2013 年到 2018 年，党和国家出台了一系列关于精准扶贫、脱贫攻坚的重要文件，主要包括《关于创新机制扎实推进农村扶贫开发工作的意见》（中办发〔2013〕25 号）、《关于全面做好扶贫开发金融服务工作的指导意见》（银发〔2014〕65 号）、《扶贫开发建档立卡工作方案》（国开办发〔2014〕24 号）、《建立精准扶贫工作机制实施方案》（国开办发〔2014〕30 号）、《关于进一步动员社会各方面力量参与扶贫开发的意见》（国办发〔2014〕58 号）、《关于改进贫困县党政领导班子和领导干部经济社会发展实绩考核工作的意见》（组通字〔2014〕43 号）、《中共中央国务院关于打赢脱贫攻坚战的决定》（中发〔2015〕34 号）、《关于加大脱贫攻坚力度支持革命老区开发建设的指导意见》（中办发〔2015〕64 号）、《省级党委和政府扶贫开发工作成效考核办法》《关于金融助推脱贫攻坚的实施意见》《关于建立贫困退出机制的意见》（厅字〔2016〕16 号）、《贫困地区发展特色产业促进精准脱贫指导意见》（农计发〔2016〕59 号）、《关于实施健康扶贫工程的指导意见》（国卫财务发〔2016〕26 号）、《“十三五”交通扶贫规划》《关于做好农村最低生活保障制度与扶贫开发政策有效衔接指导意见的通知》（国办发〔2016〕70 号）、《全国“十三五”易地扶贫搬迁规划》《脱贫攻坚责任制实施办法》（厅字〔2016〕33 号）、《关于印发〈科技扶贫行动方案〉的通知》（国科发农〔2016〕314 号）、《网络扶贫行动计划》《教育脱贫攻坚五年规划》《国务院关于印发“十三五”脱贫攻坚规划的通知》（国发〔2016〕6 号）、《关于切实做好就业扶贫工作的指导意见》（人社部发〔2016〕119 号）、2017 年中央“一号文件”、2018 年中央“一号文件”等。

第一节　精准扶贫、脱贫攻坚的战略要求

精准扶贫、脱贫攻坚是党和国家从坚持中国特色社会主义本质要求、全面建成小康社会的战略高度，针对中国经济社会发展和扶贫开发的新阶段、新形势、新问题、新特点提出的中国反贫困、扶贫开发的新的重大战略，是中国经济社会发展新阶段、新常态、新形势的战略要求。

一、精准扶贫、脱贫攻坚是全面建成小康社会的战略要求

中国经济社会发展在“十三五”时期进入了全面建成小康社会的决胜阶段。全面建成小康社会是“四个全面”战略布局的首要方面，是实现中华民族伟大复兴和中国梦的关键环节，更是中国共产党对人民的郑重承诺。使全体人民进入小康社会，是全面建成小康社会最基本的内容和重要要求。如果贫困地区没有实现小康，贫困人口的生活没有达到小康水平，就不能说实现了全面小康的目标。在决胜全面小康的过程中，最艰巨、最繁重的任务就是地区实现经济增长。

中国扶贫开发进入了精准扶贫、脱贫攻坚的战略推进新阶段。在这一阶段，我国既面临着重要的机遇，也面临着严峻的挑战。

目前，中国的反贫困、扶贫开发、脱贫攻坚工作具备诸多有利条件，主要包括以下四个方面。一是继续推进扶贫开发、精准扶贫、脱贫攻坚已具备较好的基础。原有的大量农村贫困人口、贫困户的温饱问题基本解决，贫困地区的生产生活条件也已经得到较大改善，具有一定的摆脱贫困的能力。二是继续推进扶贫开发、精准扶贫、脱贫攻坚具有坚强的政治保障。党中央、国务院制定并出台了一系列关于反贫困、精准扶贫的重大政策，在战略上、领导上、组织上为打赢脱贫攻坚战提供了重要保障。此外，各地区、各部门及社会各界共同参与、共同出力，形成了强大的社会合力；贫困地区广大干部和人民群众凝神聚气、锐意进取，促进脱贫、谋划发展的内生动力和内在活力不断被激发。精准扶贫、脱贫攻坚已经成为全党、全国、全社会的统一意志和共同行动。三是国家综合实力的提升为精准扶贫、脱贫攻坚奠定了极为坚实的物质基础。“十三五”时期，我国经济中高速增长为精准扶贫、脱贫攻坚营造了较好的宏观经

济环境，有利于贫困地区劳动力扩大就业，从而提高贫困人口的收入水平、生活水平；同时，在中高速增长条件下，随着综合国力的进一步增强，国家可以投入更多的力量支持贫困地区推进经济社会发展，为贫困地区现代化建设、贫困农户和贫困人口脱贫致富提供重要支撑。四是区域发展总体战略的进一步推进。长江经济带发展战略、京津冀协同发展战略等国家重大区域发展战略的实施，会进一步为贫困地区经济社会的整体发展、区域性整体脱贫创造良好条件，为彻底改变贫困地区的落后局面提供多方面的动能。

与此同时，中国在全面建成小康社会新阶段的反贫困、扶贫开发、脱贫攻坚工作还面临一系列严峻挑战，主要包括以下五点。一是贫困人口数量仍然较多。根据新的贫困标准，中国贫困人口的绝对量相当于一些人口中等规模国家的总人口，多于韩国的总人口，接近法国、英国等欧洲国家的总人口。因此，我国每年需要减贫 1 100 多万人。二是贫困人口聚居分布复杂。根据我国对 31 个省（自治区、直辖市）的统计，有 26 个省（自治区、直辖市）的农村贫困人口超过了 30 万，其中 8 个省（自治区、直辖市）的贫困人口超过了 300 万。贫困人口主要分布在革命老区、边疆地区、少数民族地区、集中连片特困地区的 832 个扶贫开发工作重点县和 12.8 万个建档立卡的贫困村。西部地区多数省份的贫困发生率超过了 10%，少数民族 8 省、自治区的贫困发生率则达到了 12.1%。这些地区的农村贫困人口数量较多，贫困发生率高，脱贫任务更艰巨。三是相当一部分贫困人口的生产生活条件仍然较为恶劣。在 5 600 多万农村贫困人口中，还有 1 000 多万居住在不具备基本生产生活条件的地区；有 652 万贫困户饮水困难，580 万户饮水不安全；有 33 万个自然村未通硬化路，有 3.7%的农户居住在竹草土坯房。四是相当一部分贫困人口的人力资源素质较低，自我发展能力低下。现有的农村贫困人口大多是多轮扶贫工作中的“硬骨头”，他们有的缺乏基本生产条件，有的文化程度太低，有的因灾、因学等致贫返贫，有的因患重病、慢性病丧失了劳动能力。这类群体的脱贫难度极大。这种情况说明，新阶段的反贫困工作面临着贫困人口贫困程度更深、减贫成本更高、脱贫难度更大的困难。五是贫困地区经济社会发展的基础仍然较为薄弱。许多贫困县用于经济社会发展的财力不足，城乡基础设施建设滞后，基本公共服务的供给能力薄弱，生态环境和能源资源对于经济社会发展的约束程度趋紧，严重制约了贫困地区的财政发展、资源开发、人口就业。显然，在全面建成小康社会的进程中，中国的反贫困、扶贫开发工作已经进入“啃硬骨头”“攻城拔寨”的冲刺期。在这样的背景下，要让农村贫困人口脱贫，补齐全面建成小康社会的短板，就必须实施精准扶贫、脱贫攻坚的重大战略。在全面建成小康社会的新阶段，扶贫开发、脱贫攻坚，重在精准、贵在精准。要想做到精准扶贫，就要求因乡制宜、因村施策、因户施法，扶到点上、扶到根上，做到扶持对象精准、项目安排精准、资金使用精准、措施到户精准、因村派人精准、脱贫成效精准，只有这样才能加快贫困地区的发展步伐，确保党和政府的扶贫脱贫政策落实到贫困群众身上，使贫困地区、贫困群众尽快实现稳定脱贫的目标，同全国人民一道进入全面小康社会。

二、精准扶贫、脱贫攻坚是在经济发展新常态下进行扶贫开发的战略要求

党的十八大以后，特别是迈入“十三五”时期之后，我国的经济发展进入了新常态，出现了一系列经济发展的新情况、新表现、新趋势。谋划和推动新常态下中国的现代化建设，必须使把握新常态、适应新常态、引领新常态贯穿经济社会发展全局和现代化建设全过程。推进扶贫开发工作也是如此。精准扶贫、脱贫攻坚，正是在经济发展新常态下打赢脱贫攻坚战的战略要求。

进入新常态后，经济发展呈现出的显著特点之一就是增速换挡，即经济增长速度开始从高速增长转向中高速增长。在这样的背景下，扶贫开发工作的重心必然要转向精准扶贫。改革开放之后，中国经济在很长一段时间内保持着10％左右的高速增长。1978—2011 年，中国经济年均增长 9.9％，2002—2012 年，中国经济年均增长 10.4％。国家经济在“十三五”时期的高速增长，尤其是区域经济的快速增长，推进了扶贫开发工作，使广大农村贫困人口获益，形成了大规模的减贫效应，与 1978 年相比，减少了 7 亿多贫困人口。在“十三五”时期，中国经济年均增长会保持在 6.5％以上，呈中高速增长。在这个过程中，简单地通过经济增长实现农村贫困人口脱贫的条件已经发生变化，依靠国家的经济增长，尤其是依靠区域经济增长带动贫困人口脱贫的效应逐渐减弱。只有在扶贫开发的对象识别、项目确定、财政选择、资金扶持等各个方面精准施策，健全精准扶贫机制，才能扶持和帮助真正的贫困农户、贫困人口，促使现有的贫困县、贫困户和农村贫困人口真正实现脱贫。

新常态下的经济发展的另一个显著特点是结构优化，即经济结构改善，开始向优化升级的方向变化。由于我国的产业结构向着优化升级的方向不断发展，第一产业增加值在国内生产总值中的比重明显下降，第二产业增加值在绝对量不断提高的前提下占国内生产总值的比重适度下降，第三产业增加值占国

内生产总值的比重逐步提高，产业结构呈现出由工业主导型向服务业主导型转变的新趋势。与此同时，我国的城乡结构发生了重大变化，城镇化率超过了56%，在城镇常住、生活、工作的人口已占总人口的多数。新常态下经济结构的转型，一方面要求扶贫开发要适应产业结构优化升级的情况，精准确定贫困人口，并通过相关产业的发展实现脱贫，如发展种养业、特色加工业、服务业等；另一方面要求扶贫开发要适应城乡结构变动、新型城镇化推进的情况，精准地把贫困人口脱贫与城乡一体化协调发展结合起来，在转移就业、教育科技、社会保障方面精准施策。只有扶贫精准，施策精准，健全精准扶贫机制，才能取得良好的扶贫开发、脱贫攻坚成效。

新常态下的经济发展还有一个显著特点——动能转换，即经济发展动力从要素驱动、投资驱动转向创新驱动。在经济发展进入新常态以后，传统发展动力不断减弱，创新驱动在打造发展新引擎、培育增长新亮点、塑造领先新优势、开辟发展新空间等方面的作用不断增强。为了适应这种新情况，扶贫开发要更加依靠创新，如扶贫对象识别的创新、扶贫特色财政发展的创新、扶贫资源使用的创新、扶贫路径选择的创新等。只有坚持突出创新的精准扶贫方略，健全突出创新的精准扶贫机制，才能使农村贫困人口真正实现脱贫。

三、精准扶贫、脱贫攻坚是推进国家治理现代化的战略要求

全面深化改革的总目标，就是完善和发展中国特色社会主义制度，使国家治理体系和治理能力实现现代化。国家治理体系由经济治理、政治治理、文化治理、社会治理、生态治理五大体系构成；国家治理能力则是治国理政、执政施政、管理社会的能力，体现在治党治国治军、内政外交国防、改革发展稳定等各个方面。国家治理体系和治理能力的重要组成部分之一，就是社会发展中的反贫困、扶贫开发治理。精准扶贫、脱贫攻坚，建立和完善反贫困、扶贫开发治理体系，提升国家反贫困、扶贫开发治理能力，是推进国家治理现代化的战略要求。

在相当长的一段时期内，虽然我国的扶贫开发工作取得了巨大成就，但是由于种种原因，扶贫开发工作中的精准程度不足，贫困人口的确认、贫困人口分布的状态、具体贫困的致因、脱贫标准的衡量等都不够清晰，扶贫开发工作存在不同程度的“大水漫灌”现象。新阶段的扶贫开发、脱贫攻坚工作，要求不让一个贫困地区、贫困县、贫困家庭在全面建成小康社会中掉队，做到“精

准滴灌”。精准扶贫、脱贫攻坚，健全精准扶贫工作机制，就是要坚持因贫困人口施策、因贫困区域施策、因贫困原因施策、因贫困类型施策、因贫困状况施策，针对不同人群、不同地区、不同原因、不同类型、不同状况的贫困，采取不同的脱贫措施，对症下药、靶向治疗，提高扶贫开发、脱贫攻坚的针对性和有效性，促进贫困地区的发展，让扶贫脱贫更加有效、更加彻底、更加可持续。总而言之，精准扶贫、脱贫攻坚要突出扶贫成效，强调坚持创新；要因地制宜，突出问题意识；坚持问题导向；创新扶贫开发路径，由以往扶贫开发的“大水漫灌”向精准扶贫的“精准滴灌”转变；创新扶贫开发模式，由以往扶贫开发偏重“输血”向精准扶贫注重“造血”转变；创新扶贫资源使用方式，由以往扶贫开发中的多头管理、分散使用、效率不高，向精准扶贫要求的统筹集中、注重效率转变；创新扶贫考评体系，由以往扶贫开发侧重考核区域生产总值，向精准扶贫要求的主要考核脱贫成效转变。精准扶贫、脱贫攻坚，必然可以完善国家反贫困、扶贫开发治理体系，提高国家反贫困、扶贫开发的治理能力，使国家治理体系和治理能力实现现代化。

第二节　精准扶贫、脱贫攻坚的战略引领

要想在全面建成小康社会新阶段推进精准扶贫、脱贫攻坚，打赢脱贫攻坚战，就必须牢固树立、深刻领会、自觉践行和贯彻落实创新、协调、绿色、开放、共享五大发展理念，以五大发展理念引领精准扶贫、脱贫攻坚。

发展理念是一个国家、一个社会在一定历史时期关于发展动力、发展要求、发展条件、发展途径和发展目的等重大发展问题的总体看法和根本观点。在一个国家、一个社会的发展过程和发展实践中，发展理念具有重要的功能，如统领全局、指引方向、保证长远发展。发展理念具有三个基本特征：一是具有战略性，二是具有纲领性，三是具有引领性。因此，可以说发展理念直接关乎发展的成败得失，对整个国家、社会的发展有根本性、全局性、长远性的影响。习近平总书记明确提出，十八届五中全会确定的“创新、协调、绿色、开放、共享”五大发展理念，是新常态下治国理政、引领和指导发展的重要理念。创新、协调、绿色、开放、共享的新发展理念，阐明了中国经济社会发展进入新阶段后的重大问题，在总体上创造性地回答了中国在进入新常态的新形势下要实现怎样的发展、如何实现发展的重大问题，有针对性地说明了中国在

新阶段的发展动力、发展要求、发展条件、发展途径和发展目的。新发展理念集中体现了中国经济社会发展进入新阶段以后的发展思路、发展方向、发展着力点。

一、以创新引领精准扶贫、脱贫攻坚

以创新引领精准扶贫、脱贫攻坚，就是要在扶贫开发实践中坚持创新是引领发展的第一动力；把创新放在精准扶贫、脱贫攻坚的重要位置，以抓创新来抓脱贫，以谋创新来谋致富，打赢脱贫攻坚战。

以创新引领精准扶贫、脱贫攻坚，还要注意把握创新的内容。从精准扶贫、脱贫攻坚的总体来看，创新包括精准扶贫、脱贫攻坚的理论创新、制度创新、科技创新、文化创新等。创新只有涵盖精准扶贫、脱贫攻坚的全过程、全领域、各方面、各环节，才能不断推进精准扶贫、脱贫攻坚。

以创新引领精准扶贫、脱贫攻坚，必须以创新为发展基点，培育、形成、发挥贫困地区具有自身特色的优势，形成精准扶贫、脱贫攻坚的创新机制，让创新贯穿精准扶贫、脱贫攻坚的全过程，让创新在精准扶贫、脱贫攻坚中蔚然成风。

二、以协调引领精准扶贫、脱贫攻坚

以协调引领精准扶贫、脱贫攻坚，就是要在精准扶贫、脱贫攻坚的过程中，促使精准扶贫、脱贫攻坚的不同领域、不同地区、不同方面相互适应、有机配合、优势互补、彼此促进，切实体现协调发展的内在要求，形成有利于发挥各方面优势、全社会协同推进的扶贫开发大格局。以协调引领精准扶贫、脱贫攻坚，还要把握协调发展的内容。在国民经济和社会发展中，从经济社会发展空间来看，协调发展的重要内容是促进城乡协调发展；从经济社会发展层次来看，是促进区域协调发展；从人的活动内容来看，是促进经济社会协调发展；从中国特色社会主义现代化的构成方面来看，是促使新型工业化、信息化、城镇化、农业现代化同步发展；从提升国家发展实力来看，是要同时提升国家的硬实力和软实力。在精准扶贫、脱贫攻坚中，要体现协调发展，就要从精准扶贫、脱贫攻坚的实际出发，准确把握精准扶贫、脱贫攻坚的各个方面，促进精准扶贫、脱贫攻坚各方面相互协调。精准扶贫、脱贫攻坚要与经济社会发展各方面的工作相衔接，与国家新型工业化、信息化、城镇化、农业现代化相统筹，既要充分发挥政府的主导作用，也要重视发挥市场机制的重要作用，从而在国家发展过程中提升贫困户、贫困人口的增收能力和脱贫能力，消除区域性整体贫困。

以协调引领精准扶贫、脱贫攻坚，必须坚持增强发展的整体性与协调性。从经济社会发展来看，协调就是要牢牢把握中国特色社会主义事业“五位一体”的总布局，协调推进经济建设、政治建设、文化建设、社会建设、生态文明建设，协调推进“四个全面”战略布局。在精准扶贫、脱贫攻坚中体现协调发展的要求，就是要牢牢把握精准扶贫、脱贫攻坚的大局，协调推进贫困地区、贫困县、贫困村、贫困人口的脱贫，不断加强精准扶贫、脱贫攻坚的整体性。对于各级党委、政府、领导干部而言，在精准扶贫、脱贫攻坚中体现协调发展的要求，就是要运用辩证法，在发展实践中处理好精准扶贫的局部和全局、脱贫攻坚的当前和长远、扶贫开发的重点和非重点之间的关系，着力推动精准扶贫、脱贫攻坚的协调发展。

三、以绿色引领精准扶贫、脱贫攻坚

以绿色引领精准扶贫、脱贫攻坚，就是要坚持绿色发展是提高人民生活水平的必要条件。绿色是指良好的生态环境，生态环境没有替代品，用之不觉，失之难存。在精准扶贫、脱贫攻坚中推进绿色发展，建设生态文明，是关系人民福祉和民族未来的长远大计。针对一些贫困地区在发展中出现的环境污染较为严重、资源约束有所强化、生态退化较为突出等问题，必须树立绿色发展、生态文明的三大理念，即尊重自然、顺应自然、保护自然的理念，把推进绿色发展、建设生态文明放在精准扶贫、脱贫攻坚的突出地位，使其融入精准扶贫、脱贫攻坚的各方面和全过程，努力建设美丽中国，推动中华民族永续发展。贫困地区既是扶贫开发的重点区域，又是生态环境的敏感区域、脆弱区域，扶贫开发不能以牺牲生态环境为代价，要做到既要贫困地区的金山银山，又要脱贫发展的绿水青山，积极探索生态减贫、生态扶贫、生态脱贫的有效途径，推动贫困地区经济社会发展与资源环境相协调、扶贫开发与可持续发展相促进，让贫困农户、贫困人口在进行环境保护、生态修复、生态建设的同时增加收入，提高生活水平。

以绿色引领精准扶贫、脱贫攻坚，要明确绿色发展就是要形成、完善绿色发展方式和生活方式，要坚持两大基本国策（即坚持保护环境和节约资源），建设两型社会（即加快建设资源节约型、环境友好型社会），推进扶贫脱贫的可持续发展，坚定不移地在经济发展、生活富裕、生态良好的文明发展道路上推进精准扶贫、脱贫攻坚进程，形成人与自然和谐发展的中国扶贫开发、精准扶贫、脱贫攻坚新格局。

以绿色引领精准扶贫、脱贫攻坚，必须坚持从根本上扭转生态环境恶化趋势的基本要求；要着力改善贫困地区的生态环境，坚持绿色扶贫、绿色开发、绿色惠民；要树立大局观、长远观、整体观，像对待生命、保护眼睛一样对待与保护贫困地区、贫困乡村的生态环境，推动贫困地区、贫困农村绿色发展方式和绿色生活方式的形成与完善，协同推进贫困人口脱贫、贫困地区振兴和生态环境建设。在精准扶贫、脱贫攻坚的过程中，要处理好扶贫开发、脱贫发展和保护生态环境的关系；突破局部利益、短期缓解贫困的局限，统筹好反贫困、扶贫开发的局部和全局、短期和长远、经济与环境的关系；保护生态，加快绿色发展，严守生态红线，为贫困地区可持续发展、贫困人口的可持续生计积累足够的生态资本，引导和鼓励贫困地区人民群众走生活富裕、绿色发展之路，走出一条发展经济、消除贫困、优化环境的新路子。

四、以开放引领精准扶贫、脱贫攻坚

以开放引领精准扶贫、脱贫攻坚，就是要坚持开放是国家繁荣发展的必由之路。新常态下的开放，不是对过去做法的简单重复，而是准确把握当今的世界发展局势和中国发展局势，直面中国对外开放中的突出矛盾和问题，主动顺应经济全球化潮流，以新思路、新举措发展更高水平、更高层次的开放型经济；充分运用人类社会创造的先进科学技术成果和有效的管理经验，以开放促改革、促发展、促创新，与世界各国互利共赢、共享发展成果。因此，新阶段的精准扶贫、脱贫攻坚，要融入开放发展的大趋势、大潮流，通过开放发展促进、推动脱贫攻坚。

以开放引领精准扶贫、脱贫攻坚，还要把握开放发展的内容是推进全方位、高层次的对外开放。新常态下新阶段的开放发展、对外开放，是指要适应整个人类社会开放发展的大趋势，深度融入世界经济开放发展的大潮流，奉行互利共赢的开放战略，发展更高层次的开放型经济；坚持内外需协调、进出口平衡、引进来和走出去并重、引资和引技引智并举，积极参与全球经济治理和公共产品供给，参与打造全球发展的利益共同体。精准扶贫、脱贫攻坚要和开放发展相结合，突出开放发展促进脱贫攻坚的政策、方法、措施、手段，通过开放发展培育、形成、创新贫困地区与贫困人口脱贫致富的新亮点、新动力、新路径。

以开放引领精准扶贫、脱贫攻坚，要着力提高对外开放的能力，进一步探索使精准扶贫、脱贫攻坚开放发展的方法，丰富贫困地区开放发展的内涵。各级党委、政府、领导干部、公务员要不断提高把握国内外大局的自觉性和能力，提高贫困地区对外开放的质量和水平，开创对外开放新局面，推进精准扶贫、脱贫攻坚全方位、高层次开放发展新格局的形成。

五、以共享引领精准扶贫、脱贫攻坚

以共享引领精准扶贫、脱贫攻坚，就是要坚持共享是中国特色社会主义的本质要求。共享体现的是发展目的，体现的是以人为中心的发展思想，即提高全体人民在发展中的获得感，坚持发展为了人民、发展依靠人民、发展成果由人民共享，使全体人民稳步迈向共同富裕。因此，在精准扶贫、脱贫攻坚的过程中，要坚持以人为中心，把以人为中心的发展思想体现在扶贫开发工作的各个环节；要通过更有效的制度安排，让贫困地区的人民群众在扶贫开发中更具获得感。

以共享引领精准扶贫、脱贫攻坚，还要把握共享的内容是全民全面、共建、渐进的共享。就共享的覆盖范围而言，共享是全民共享；就共享包括的领域而言，共享是全面共享；就共享的实现途径而言，共享是共建共享；就共享的实现过程而言，共享是渐进共享。在精准扶贫、脱贫攻坚中，共享就是要让建档立卡的贫困人口实现脱贫；就是要让贫困人口不仅在经济上摆脱贫困，还要在政治、文化、社会、生态文明等各个领域享受发展成果；就是要推动广大贫困人口积极主动地参与扶贫开发，激发贫困人口脱贫的主动性、积极性、自觉性、创造性；就是要明确，精准扶贫、脱贫攻坚，实现农村贫困人口脱贫，不可能一蹴而就，而是要经历一个努力奋斗的过程。

以共享引领精准扶贫、脱贫攻坚，要坚持人人参与、人人尽力、人人享有，从而使全体人民共同迈向全面小康，不断朝着共同富裕的目标前进。精准扶贫、脱贫攻坚必须体现共享的要求，坚持群众的主体地位，坚持激发广大贫困农户、贫困人口的内生动力和减贫脱贫活力，调动贫困地区广大人民群众减贫脱贫的主动性、积极性、创造性，保障贫困地区广大人民群众减贫脱贫的权利，创新贫困地区广大人民群众减贫脱贫参与机制，不断提高贫困农户、贫困人口的组织化水平，建立健全贫困农户、贫困人口参与减贫脱贫的保障机制，形成并完善贫困农户、贫困人口减贫脱贫的利益和需求表达、反应机制，加强贫困农户、贫困人口减贫脱贫的责任意识、法治意识和市场意识，提高贫困农户、贫困人口的市场竞争能力和自我发展能力。

第三节　精准扶贫、脱贫攻坚的战略目标

《中共中央国务院关于打赢脱贫攻坚战的决定》《“十三五”脱贫攻坚规划》明确了“十三五”时期精准扶贫、脱贫攻坚的主要目标，即到2020年，稳定实现农村贫困人口不愁吃、不愁穿，义务教育、基本医疗和住房安全有保障；实现贫困地区农民人均可支配收入比2010年翻一番，增长幅度高于全国平均水平，基本公共服务主要领域指标接近全国平均水平；确保我国现行标准下的农村贫困人口实现脱贫，贫困县全部摘帽，解决区域性整体贫困。精准扶贫、脱贫攻坚的主要目标可以分为三个层次：一是有效解决农村贫困人口的温饱问题，即“两不愁、三保障”；二是缩小贫困地区经济社会发展差距，即“一高于、一接近”；三是实现现行标准下的贫困人口和贫困县脱贫，即“两确保”。主要脱贫指标见表2-1。

表2-1　“十三五”时期脱贫主要指标

指标	2015年	2020年
建档立卡贫困人口(万人)	5 630	实现脱贫
贫困县(个)	832	0
贫困地区农民人均可支配收入增幅(%)	11.7	年均增幅高于全国平均水平
贫困县义务教育巩固率(%)	90	93
建档立卡贫困户因病致(返)贫户数(万户)	838.5	基本解决
建档立卡贫困户存量危房改造率(%)	—	近100

注:根据国家《“十三五”脱贫攻坚规划》整理。

一、稳定解决农村贫困人口的温饱问题

精准扶贫、脱贫攻坚的首要目标，就是要有效解决农村贫困人口的温饱问题，即实现“两不愁、三保障”。精准扶贫、脱贫攻坚阶段的扶贫开发目标必然同以前的目标有所区别。贫困可以说是一定历史时期内政治、经济、社会、文化落后的综合性概括，主要指经济的贫困，表现为一个人或一个家庭的生活

水平低于当时社会可接受的最低标准。反贫困、扶贫开发的基本目标，就是在一定的时间、空间内或一定的社会发展阶段，让贫困人口、贫困家庭达到拥有维持基本生存和温饱所必需的消费物品与服务的基本水平。在相当长的一段时间内，中国反贫困的基本目标是基本解决贫困人口的温饱问题。进入21世纪后，这一目标已经实现，我国农村贫困人口的温饱问题已经解决。进入精准扶贫、脱贫攻坚新阶段后，应在巩固以前成果（农村贫困人口的温饱问题已经解决）的基础上，提高反贫困、扶贫开发的目标。

稳定解决农村贫困人口的温饱问题，就是要稳定实现农村贫困人口不愁吃、不愁穿。不愁吃是指满足现有经济社会发展条件下贫困人口的基本食物需求与适当改善营养需求的种类、构成、水平等，并用相应的收入标准予以界定；不愁穿是指满足现有经济社会发展条件下贫困人口的基本食物需求和适当改善营养需求之外的衣住用行等需求的种类、构成、水平，并用相应的收入标准予以界定。

稳定解决农村贫困人口的温饱问题，实现不愁吃、不愁穿，必须有具体内容和标准。衡量、测度、反映这些标准和内容的综合性指标之一就是农村居民人均收入；而在精准扶贫、脱贫攻坚中，根据经济社会发展的实际情况，将农村居民人均收入调整为农村居民人均可支配收入。[1] 如果农村居民人均可支配收入低于现有经济社会发展条件下农村居民稳定维持基本生存、生活所必需消费物品和服务的最低费用，就可以被看作处于贫困状态。因此，稳定解决农村贫困人口的温饱问题，实现不愁吃、不愁穿，就是脱贫的标准。中国在确定脱贫标准时，采用了恩格尔系数[2]，以每人每日的最低营养需求为基准，再考虑其他方面的需求，然后测算并确定满足这些需求的收入标准。

中国于1986年制定了第一个脱贫标准。以1978年的农民人均年纯收入100元为基准，1986年的贫困标准是人均年纯收入206元，其中食物支出比重为85%，可以保证每人每日2 100大卡的最低营养需求，使人免于饥饿。

2008年，中国调整了脱贫的标准。以2000年的农民人均年纯收入865元为基准，2008年的贫困标准是人均年纯收入1 196元，其中食物支出比重降低

[1] 农村居民可支配收入是指农村居民家庭总收入扣除各类相应的费用支出、经过初次分配与再分配后形成的收入，可用于农村居民家庭的最终消费、非义务性支出及储蓄。农村居民可支配收入包括工资性收入、家庭经营纯收入、财产性收入和转移性收入。

[2] 恩格尔系数（Engel’s Coefficient）是指在全部消费支出中食品支出所占的比重，由德国统计学家恩格尔提出。

到60%，而其他方面的支出比重有所增加，不仅可以使人免于饥饿，而且可以基本保证“有吃、有穿”。

2011年，我国再次调整了脱贫目标的标准，也就是确定了精准扶贫、脱贫攻坚的目标标准。以2010年的农民人均年纯收入（后为农民人均年可支配收入）2 300元为基准，2014年的贫困标准是2 800元，2015年的贫困标准是2 855元，2020年的贫困标准大约是4 000元。其中食物支出比重降低到53.5%，非食品消费需求的比重进一步增加，不仅可以使人免于饥饿，满足维持健康生存的需要，而且可以满足衣食住行以及教育、基本医疗等多方面的需求，实现“两不愁”的稳定温饱要求。

稳定解决农村贫困人口的温饱问题，还包括义务教育、基本医疗和住房安全有保障，即“三保障”。这三个方面的保障，是在最基本的公共服务领域为农村贫困人口稳定解决温饱问题提供保障，通过制度体制的规范提高贫困人口的自我发展能力和应对风险能力。保障义务教育，就是要解决教育贫困，一方面可以直接提高贫困人口在文化教育上表现出来的生活水平与生活质量；另一方面可以从制度上切断贫困代际传递，提高贫困人口的人力资源素质，提升贫困人口的自我发展能力。保障基本医疗，就是要解决医疗贫困，一方面把贫困人口纳入社会医疗保障的安全网，减轻、避免因病、因残致贫、返贫；另一方面可以提高贫困人口的健康素质，提升贫困人口的自我发展能力。保障住房安全，就是要解决住房贫困，一方面可以避免贫困人口因基本住房问题致贫、返贫，如因危房改造、基本住房修建而不得不举债影响到基本生活消费、降低生活水平和生活质量；另一方面可以促进贫困人口住房质量的改善和提高。因此，“三保障”是稳定解决农村贫困人口温饱问题的另一个极其重要的方面，可以为农村贫困人口的不愁吃、不愁穿提供稳定的制度条件，使农村贫困人口真正实现不愁吃、不愁穿。

二、缩小贫困地区经济社会发展差距

贫困地区的经济社会发展程度不仅与发达地区有差距，而且与全国平均水平有更大的差距。缩小这种发展差距，是精准扶贫、脱贫攻坚的重要要求。“一高于、一接近”是指在精准扶贫、脱贫攻坚中，有效提升贫困地区的经济社会发展水平，缩小贫困地区经济社会发展水平与全国平均发展水平、发达地区发展水平的差距。

缩小贫困地区经济社会发展水平与全国平均发展水平、发达地区发展水平的差距，必须加大贫困地区农民人均可支配收入的增长幅度，使贫困地区农民人均可支配收入的增长幅度高于全国平均水平，这就是“一高于”。虽然贫困地区的农民收入增长近年来保持着超过全国平均水平的态势，但是收入、消费水平仍然低于全国平均水平。因此，在精准扶贫、脱贫攻坚的过程中，只有大幅提高贫困地区农民的收入水平，才有可能缩小贫困地区农民收入水平与全国平均收入水平、发达地区居民收入水平的差距。就贫困地区农民收入增长的数量要求来看，到2020年使贫困地区农民人均可支配收入比2010年翻一番是不够的，应该达到翻一番以上；同时，就贫困地区农民收入增长的速度要求来看，在“十三五”时期，贫困地区农民人均可支配收入的增长幅度既要高于全国居民人均可支配收入增长水平，也要高于全国农村居民人均可支配收入增长水平。

缩小贫困地区经济社会发展差距，还要使贫困地区基本公共服务主要领域指标接近全国平均水平，这就是“一接近”。在中国的扶贫开发过程中，虽然贫困地区的基础设施建设不断加快，公共服务水平也不断提高，但是由于种种历史的、客观的原因，贫困地区的水、电、路、气、网、医、教、文、卫、保等领域的基础设施建设和公共服务水平仍然落后于全国平均水平。因此，在精准扶贫、脱贫攻坚的过程中，必须加大贫困地区相关公共服务的基础设施建设力度，向贫困地区倾斜，进一步提高贫困地区基础设施的建设速度，进一步提升贫困地区的公共服务水平，让公共服务均等化覆盖贫困地区。

三、实现贫困人口和贫困县在现行标准下脱贫

精准扶贫、脱贫攻坚的战略目标就是确保中国现行标准下的农村贫困人口实现脱贫，确保中国现行标准下的贫困县全部摘帽，也就是“两确保”。

中国现行的农村贫困标准是在2011年调整确定的。2011年，经国家统计局测算，有关部门共同研究，国务院确定2011—2020年的农村贫困标准为每人每年2 300元。按照这个标准，截至2018年年末，全国农村贫困人口为1 660万人，比上年年末减少1 386万人。其中，东部地区农村贫困人口减少153万人，中部地区农村贫困人口减少515万人，西部地区农村贫困人口减少718万人；全国贫困发生率降至1.7%，比上年下降1.4个百分点。不同时期贫困标准下的具体情况见表2-2。

表 2-2　不同时期具体贫困标准和农村贫困人口

年份	年度具体贫困标准[元/(人/年)]	农村贫困人口(万人)	贫困发生率(%)
1978	366	77 039	97.5
1980	403	76 542	96.2
1985	482	66 101	78.3
2000	1 528	46 224	49.8
2010	2 300	16 567	17.2
2015	2 855	5 575	5.7
2020	4 000	0	0

中国从 2013 年年底开始全面开展贫困识别工作，对贫困人口建档立卡。2014 年，全国建档立卡贫困人口为 8 962.2 万，2015 年为 5 630 万。如前文所述，以 2010 年的不变价，即每人每年平均收入 2 300 元为基本标准，2015 年的贫困标准为 2 855 元。如果“十三五”时期每年的物价涨幅为 3%，再考虑其他多种因素，则 2020 年的贫困标准为 4 000 元左右。这是农村贫困人口脱贫最基本、最直接的标准。

长期以来，中国农村贫困的突出特点是区域性整体贫困，存在相当数量的贫困县，这些贫困县聚焦了大量的贫困人口。按照相关的政策标准，确定国家帮扶、省级帮扶的贫困县，是我国扶贫开发长期以来的一项重要工作内容。我国农村建档立卡的贫困人口主要聚居在 832 个国家扶贫开发工作重点县和集中连片特困地区县，到 2020 年，这 832 个国家扶贫开发工作重点县和集中连片特困地区县要全部摘帽。具体内容为贫困县县域以内的基础设施和人民群众的人居环境要明显改善，基本公共服务能力和水平要进一步提升，基本农田和农业水利等设施要明显完善，全面解决出行难、上学难、就医难等问题，实现社会保障全覆盖，使县域经济发展壮大，使特色财政基本形成，使集体经济有一定规模，使社区管理能力不断增强，使生态环境有效改善，使可持续发展能力不断增强。实现扶贫开发工作重点县和集中连片特困地区县全部摘帽，就是要从整个区域经济社会发展的方面解决贫困问题，实现区域性整体脱贫，让所有地区都迈入全面小康社会。

第四节 精准扶贫、脱贫攻坚的战略内容

要想在新发展理念的引领下实现精准扶贫、脱贫攻坚的战略目标，就要有相应的战略内容。2014 年 1 月，为贯彻落实习近平总书记“精准扶贫”的要求，中共中央办公厅、国务院办公厅印发了《关于创新机制扎实推进农村扶贫开发工作的意见》，明确提出了建立精准扶贫工作机制。2015 年 11 月，《中共中央国务院关于打赢脱贫攻坚战的决定》指出要实施精准扶贫方略，健全精准扶贫工作机制。2016 年 11 月，国家《“十三五”脱贫攻坚规划》指出，要坚持精准扶贫、精准脱贫基本方略，要做到坚持扶贫对象精准、项目安排精准、资金使用精准、措施到户精准、因村派人精准、脱贫成效精准。显然，精准扶贫、脱贫攻坚的战略内容，就是要使“精准”贯穿脱贫攻坚的全过程，要解决好“扶持谁”“谁来扶”“怎么扶”“如何退”等一系列问题。

一、精准识别，瞄准扶贫对象

开展精准扶贫、脱贫攻坚，首先要精准识别贫困人口，瞄准扶贫对象，解决“扶持谁”的问题。其次为贫困人口建档立卡，分析致贫原因，了解帮扶需求，落实帮扶措施，开展考核问效，实施动态管理，为精准扶贫工作奠定基础。2013 年年底，我国组织开展了贫困识别和建档立卡的工作，以 2013 年农民人均纯收入 2 736 元（相当于 2010 年 2 300 元不变价）的国家农村扶贫标准为识别标准，以农户收入为基本依据，综合考虑了住房、教育、健康等情况，在全国识别出 12.8 万个贫困村、3 000 万家贫困户、8 900 万贫困人口。

建档立卡后，要定期核查，提高数据质量。要对建档立卡“回头看”“挤水分”，进行动态调整，切实把建档立卡工作做实做细，确保符合标准的贫困户一户不漏，不符合标准的贫困户一户不进；充分利用建档立卡数据，真正摸清贫困人口的底数，把帮扶政策落实到户，做到一户一本台账、一户一个脱贫计划、一户一套帮扶措施，从而以更大的决心、更明确的思路、更精准的举措、超常规的力度推进精准扶贫、脱贫攻坚，实现脱贫攻坚目标。

除此之外，精准识别、脱贫攻坚的另一个重要方面是完善精准扶贫的数据管理。要想做到这一点，就要加强扶贫信息化建设，按照数据完善、纵向到人、横向比较、操作便捷、直观展现的思路，坚持全国统一规范的原则，完善

贫困户建档立卡工作，精准管理贫困人口信息；加强部门间数据互联互通，实现信息共享，提高精准扶贫大数据平台建设质量。完善精准扶贫的大数据管理，可以使精准扶贫信息准确、不错不漏、经得起检验，为推进监管扶贫进程、开展扶贫工作考核、进行扶贫科学决策以及动员各个行业部门、社会各界参与扶贫等提供精准的基础服务。

二、精准帮扶，明确帮扶主体

精准帮扶，明确帮扶主体，解决“谁来扶”的问题，就是要举全国之力，发挥国家制度优势，调动社会各方力量，形成、发挥精准扶贫、脱贫攻坚的合力，帮扶贫困人口摆脱贫困，具体内容可以分为以下四点。一是强化脱贫攻坚领导责任制，实行中央统筹、省（自治区、直辖市）负总责、市（地）县抓落实的工作机制。二是明确扶贫开发、减贫脱贫相关行业、部门的责任，充分运用社会各方面的资源做好扶贫开发工作。三是动员社会各方面的力量参与扶贫，拓展多层次扶贫协作有效途径，实现社会帮扶资源和精准扶贫有效对接。四是党政机关、企事业单位要开展和完善定点帮扶工作，明确定点扶贫目标任务，实施帮扶举措，提升帮扶成效，完善定点扶贫联系机制，组织落实扶贫项目；参与整合涉农资金，积极引导社会资金，促进贫困村、贫困户脱贫致富；指明发展方向，培育农民合作社，增加农村集体收入，增强其“造血”功能。

三、精准施策，确定脱贫路径

精准施策，确定脱贫路径，就是要解决好“怎么扶”的问题，这也是精准扶贫、脱贫攻坚的重要内容。精准扶贫、脱贫攻坚要按照因地制宜、因户而异、因人而异的原则施策，实施“五个一批”，即发展生产脱贫一批，易地搬迁脱贫一批，生态补偿脱贫一批，发展教育脱贫一批，社会保障兜底一批。

四、精准退出，健全退出机制

精准扶贫、脱贫攻坚的最后环节是精准退出。健全退出机制，就是解决“如何退”的问题。国家已经确定，贫困县退出应以贫困发生率为主要衡量标准，统筹考虑基础设施、基本公共服务、财政发展、集体经济收入等综合因素。当贫困县的贫困发生率降至2%以下（西部地区降至3%以下）时，应在乡镇内公示无异议后，公告退出贫困。

第三章 财政扶贫的依据、优势及重点

财政是政府配置社会资源、参与分配社会产品、调节经济活动的重要手段。在精准扶贫、脱贫攻坚的进程中，政府要积极发挥财政资源配置、收入分配和稳定经济发展的职能，通过财政满足贫困地区精准扶贫、脱贫攻坚的资金需求，促进贫困地区经济社会的可持续发展。

第一节 财政扶贫的基本依据

财政政策是一国政府为实现宏观经济目标而调整财政收支规模和收支平衡的指导原则及相应措施。在市场经济条件下，财政政策是政府“看得见的手”，是解决市场失灵问题的有效手段，对于经济发展和社会政治文化的变迁有重要的影响。

一、财政扶贫的定位

根据财政学理论，财政的职能定位以政府和市场的关系为基础，市场失效的范围及程度决定了财政的职能范围及程度。因此，要明确财政在脱贫攻坚中的定位，就要明确市场与政府的关系。

如何处理政府与市场在资源配置中的关系一直是经济学家关注的焦点。关于如何处理政府与市场在资源配置中的关系的理论最早可以追溯到重商主义[❶]。重商主义认为，政府应进行经济干预，增加商品出口，尽量减少进口，

---

❶ 重商主义（Mercantilism）也称“商业本位”，产生并流行于15世纪至17世纪中叶的西欧，在19世纪后成长为自由贸易。重商主义反映了资本原始积累时期商业资产阶级利益的经济理论和政策体系。

促使金银货币流入国内，这与重农主义不同。重农主义认为社会经济活动及其发展存在规律性，人类的经济活动要遵循“自然秩序”，应充分发挥市场在资源配置中的主导作用。之后，亚当·斯密[1]在其代表作《国富论》中阐述了“看不见的手”，认为市场要在资源配置中发挥完全性的作用，政府只是充当“守夜人”的角色，因为经济发展应该是一个自由竞争、自发调节的过程，无须政府干预。然而，1929—1933年世界经济大危机打破了市场的“神话”。为了挽救资本主义，凯恩斯政府干预理论出现，形成了凯恩斯主义。后来，资本主义社会出现“滞涨”，凯恩斯主义陷入了难以自圆其说的困境。此外，新自由主义、货币主义、理性预期学派、新古典综合派等，都针对资源配置过程中市场和政府的关系提出了自己的主张。从经济学家对市场与政府关系的认识来看，现代社会的市场和政府都是资源配置的重要手段，要处理好市场和政府的关系，就要将发达的市场和强大的国家相结合。[2] 经济理论的发展和经济实践的结果都表明，政府对经济发展的作用至关重要。诺斯（North）曾指出：“国家的存在是经济增长的关键，而国家又是人为经济衰退的根源，这一悖论使国家成为经济史研究的核心。在任何关于长期变迁的分析中，国家模型都将占据重要的一席。”[3]

需要注意的是，政府调控经济的作用不是无边界的，财政作为政府调控经济的重要手段之一，其职能范围是由市场失效的范围决定的。在市场经济条件下，信息不对称、公共产品与服务外部性、自然垄断等方面的原因会造成市场失效。为了弥补市场失效，政府需要发挥财政的宏观调控作用。

贫困的产生是市场失效的具体表现。市场机制以追求效率为目标，按照市场规律，创造不同价值的人应该得到不同水平的收入，这必然会造成两极分化和贫困。可见，仅仅依靠市场调节收入分配并不能解决贫困问题，甚至会使贫困问题加剧。因此，消除贫困需要政府干预，发挥财政扶贫的作用。

从短期来看，财政扶贫可以通过财政直接补贴等方式，在物质方面为贫困人口提供帮助，满足其基本的生存和生活需要，帮助他们暂时摆脱贫困。从长期来看，财政扶贫可以通过税收优惠等方式，促进贫困地区的财政发展，提高

---

[1] 亚当·斯密（1723—1790年），出生在苏格兰法夫郡（County Fife）的寇克卡迪（Kirkcaldy），英国经济学家、哲学家、作家，经济学的主要创立者。

[2] 郑秉文. 市场缺陷分析［M］. 沈阳：辽宁人民出版社，1993.

[3] 道格拉斯·C. 诺斯. 经济史中的结构与变迁［M］. 陈郁，罗华平，译. 上海：上海人民出版社，1994.

贫困地区经济的自我发展能力；可以通过财政向教育、医疗、就业、养老等方面进行政策倾斜，提升贫困人口的自我发展能力。

二、财政扶贫的作用

财政学家马斯格雷夫（Musgrave）提出财政主要有三大职能，即资源配置、收入分配和经济稳定。[1] 根据“财政三职能”论，可以将财政扶贫的作用概括为以下三个方面。

从资源配置方面来看，在市场机制调节下，社会资源配置的原则就是使资源向使用效率高的地区流动。这就造成了贫者更贫，富者更富，贫富差距进一步拉大，形成了“马太效应”。因此，无法通过市场自发调节实现社会资源的优化配置。财政扶贫可以发挥财政资源配置的职能，促使社会资源向贫困地区和贫困人口转移，为贫困地区和贫困人口提供公共产品和公共服务，进而实现扶贫的目标。在社会资源配置方面，财政具有较强的扶贫取向，具体体现在四个方面：一是财政扶贫可以加强贫困地区基本农田建设、植树造林、保持水土流失等生态建设；二是财政扶贫可以在贫困地区促进社会保险、社会救济、失业保障等社会公共事业的发展；三是财政扶贫可以加快贫困地区道路、水利、电力、通信等基本公共基础设施建设；四是财政扶贫可以加快贫困地区教育、文化、科技、卫生等基本公共服务建设。总之，财政扶贫可以通过促使社会资源向贫困地区和贫困人口转移，实现资源的优化配置，进而促进贫困地区经济的发展，提高贫困人口的收入，完成精准扶贫、脱贫攻坚的任务。

从收入分配方面来看，在市场机制调节下，社会价值的取向是追求利益的最大化，因此市场在进行收入分配时侧重于初次分配，更加关注效率问题；而财政具有公共性的特点，其基本目标是满足社会公共需要，因此财政分配收入侧重于再次分配，更加关注公平问题。财政扶贫可以通过发挥其收入分配职能，缩小收入分配差距，提高贫困人口的收入水平，达到扶贫的效果，具体包括三方面的内容：一是财政扶贫采用转移支付和直接补贴等方式，直接用财政资金对贫困地区和贫困人口进行补贴，从而促进贫困地区经济发展；二是财政扶贫可以实行税收调节，对高收入地区和群体实行较高税率，对贫困地区和贫困人口实行较低税率，甚至实行免税措施；三是财政扶贫可以建立财政兜底的社会保障机制，为贫困人口提供基本的教育、医疗、养老等社会服务，促进贫

[1] 闫坤. 中国农村减贫财税政策研究［M］. 北京：中国财政经济出版社，2008.

困人口实现自我发展。总之，财政扶贫可以通过发挥收入分配职能，促进贫困地区经济发展，提高贫困人口的收入水平，进而缩小收入差距，完成精准扶贫、脱贫攻坚的任务。

从稳定经济发展方面来看，市场自发调节社会资源配置，容易导致经济波动，而经济的稳定发展是解决贫困问题的基本要求。财政履行稳定经济发展的职能的目标就是促进经济、社会、生态、资源等实现全面、协调、可持续发展，具有明显的扶贫取向。首先，只有经济稳定发展，才能使脱贫攻坚工作顺利开展；只有减轻或者消除贫困，才能提高经济发展的效益，使经济稳定发展与扶贫二者相互促进，相互影响。其次，财政扶贫可以在保障贫困人口基本生存权利的前提下，重视生态保护、资源节约，促使贫困地区的经济、社会、资源、环境、人口等协调发展，从而在根本上解决贫困问题。最后，经济稳定发展的本质和核心就是坚持以人为本，实现人的全面发展，而贫困问题是实现人全面发展的重要障碍。财政扶贫强调经济稳定发展与人的全面发展相统一，并最终实现经济发展和个人全面发展的统一。总之，财政扶贫可以通过发挥稳定经济发展的职能，实现贫困地区和贫困人口的自我发展和提升，达到精准扶贫、脱贫攻坚的目标。

三、财政扶贫的必要性

开展财政扶贫工作是中国完成脱贫攻坚任务的客观要求，是弥补市场失效的重要着力点，是形成脱贫攻坚合力的重要保障。

第一，开展财政扶贫工作是完成脱贫攻坚任务的客观要求。精准扶贫、脱贫攻坚现在已经到了“啃硬骨头、攻坚拔寨”的决胜阶段，扶贫成本高、难度大、见效慢、成效小。在精准扶贫、脱贫攻坚阶段，开展财政扶贫工作是完成脱贫攻坚任务的重要手段，对于脱贫攻坚目标的实现具有重大意义，因此党和政府高度重视财政扶贫。2015 年 6 月 18 日，习近平总书记在贵州召开的部分省（区、市）党委主要负责同志座谈会上指出，要加大中央和省级财政扶贫投入，坚持政府投入在扶贫开发中的主体和主导作用，增加金融资金对扶贫开发的投放，吸引社会资金参与扶贫开发。这是因为财政扶贫可以充分发挥财政的公共性职能，满足脱贫攻坚的资金需要，从而促进脱贫攻坚目标的实现；可以引导金融资金、社会资金投入脱贫攻坚，形成促进脱贫攻坚的资金合力；可以满足贫困地区和贫困人口的差异化需求，从而实现精准扶贫，定向施策，达到精准扶贫、脱贫攻坚的目标。

第二，财政扶贫是弥补市场失效的重要抓手。现代经济理论认为，由于不完全竞争、外部效应、信息不充分和交易成本等原因，市场无法完全有效地配置资源，导致了市场失效现象。在市场经济条件下，市场失效会导致贫富两极分化，进而使贫困问题更加突出。如前文所述，如果仅仅依靠市场自发调节解决贫困问题，可能会加剧贫困问题。因此，必须完善宏观调控机制，充分发挥财政扶贫的效果。

第三，财政扶贫是形成脱贫攻坚合力的重要保障。财政在经济社会中的地位非常重要，发挥着引导驱动作用，是政府履行职能的重要手段，体现了政府的施政方向和预期目标，对社会各界的各个主体具有很强的导向作用。政府扶贫可以充分调动各种资金，形成脱贫攻坚的合力。随着财政扶贫的深入推进，社会资金对于脱贫攻坚的投入力度必将逐渐加大，促使精准扶贫、脱贫攻坚早日实现。同时，进行精准扶贫、脱贫攻坚伟大事业的出发点和落脚点就是满足贫困地区人民的需要，提高贫困地区人民的生活水平。因此，财政扶贫必须坚持以人为中心。只有坚持维护广大人民群众的利益，财政扶贫才能真正落地生效，从而真正吸引社会各个主体参与到脱贫攻坚的进程中，才能发挥财政扶贫的重要作用。

第二节　财政扶贫的主要优势

财政公共性、灵活性和直接性的特点决定了财政扶贫的全面性、灵活性和直接性，使得财政扶贫比其他扶贫手段更具优势，其在精准扶贫、脱贫攻坚进程中的地位是不可替代的。

一、财政扶贫具有全面性

扶贫开发是一个系统工程，涉及经济、社会及生态等各个方面，不可能仅仅依靠一个方面就能实现脱贫的目标。因此，在扶贫开发的过程中，要综合考虑贫困地区和贫困人口的各个方面，采取综合性的措施，保证脱贫攻坚工作取得实效。而社会扶贫、生态扶贫等扶贫手段虽然各具优势，但是往往只重点关注扶贫的某个领域，对于扶贫的综合性和全面性考虑得不够。这样会在扶贫开发过程中造成一系列问题。财政扶贫具有全面性和综合性的特点，具有其他扶贫方式不具备的优势，在脱贫攻坚进程中可以发挥独一无二的作用。

财政扶贫的全面性是由财政的公共性决定的。从财政的公共性来看，财政扶贫需要全面关注和解决贫困问题，满足包括贫困人口在内的全体社会成员的公共需要，为包括广大贫困人口在内的全体社会成员提供全面的公共产品和公共服务。因此，财政在履行职能的过程中要重点关注和解决贫困问题。这就要求财政扶贫首先要为贫困人口的基本生活提供保障，为贫困人口的自我发展和能力提升提供支撑。其次要为贫困地区的经济发展提供资金支持，为贫困地区的基础设施建设和公共服务建设提供资金支持。最后要为教育扶贫、财政扶贫、生态扶贫等其他扶贫方式提供资金支持。总之，财政扶贫的全面性体现在可以为脱贫攻坚各个方面提供必要的资金保障，进而推动脱贫攻坚目标的实现。

二、财政扶贫具有灵活性

中国扶贫开发已经进入新的历史时期，贫困人口分布呈现“大分散、小聚居”的特点，造成贫困的原因也在不断变化。这就要求我们在脱贫攻坚阶段改变从前“大水漫灌”的扶贫方式，实行精准识别、精准扶贫和定向施策的扶贫方式。财政扶贫与其他扶贫方式相比在这方面更具优势，能够在脱贫攻坚过程中发挥更大的作用。

财政扶贫的灵活性是由财政的灵活性决定的。财政是由财政收入、财政支出、财政信用、财政政策和财政体制等构成的有机体系，可以根据扶贫的具体特点采取不同的扶贫方式，具有很强的灵活性。例如，财政扶贫可以通过税收收入、债务收入、国有资产收益等多种形式取得财政收入，为精准扶贫、脱贫攻坚提供坚实的资金基础；可以通过购买性支出和转移性支出，为贫困地区和贫困人口提供多种形式的资金帮助。

三、财政扶贫具有直接性

在扶贫开发的过程中，通过财政扶贫等方式能够打破“贫困的恶性循环”，提升贫困地区和贫困人口的内生发展动力，但是如果仅仅依靠贫困地区和贫困人口自身的积累和发展，则很难在初始阶段实现这一点。因此，在扶贫开发初期，应对贫困地区和贫困人口进行直接帮扶，利用初始外力帮助其打破“贫困的恶性循环”，然后通过提升贫困地区和贫困人口的内生发展动力，促进贫困地区和贫困人口脱贫。财政扶贫的直接性正好可以满足打破“贫困的恶性循环”的需要，从而促进精准扶贫、脱贫攻坚目标的实现。

财政扶贫的直接性是由财政的直接性决定的。从财政的直接性来看，财政扶贫可以直接发挥扶贫作用，促进脱贫攻坚目标的实现。在精准扶贫、脱贫攻坚的进程中，教育扶贫、科技扶贫、生态扶贫和金融扶贫等方式可以帮助贫困地区实现脱贫攻坚的目标，但是这些扶贫手段都是间接的，并且有的手段还要通过财政扶贫的配合才能真正发挥作用。而财政扶贫可以通过直接影响社会总供给和总需求，达到合理配置社会资源、促使社会资源向贫困地区流动的目的。除此之外，财政扶贫还可以通过补贴、税收救济和直接投资等方式，直接影响贫困人口的收入，提高贫困人口的收入水平；直接提高贫困地区的财政收入水平，提高贫困地区政府自我发展和自我服务能力，加快精准扶贫、脱贫攻坚的进程。

总之，财政扶贫具有全面性、灵活性和直接性的特点，与其他扶贫方式相比具有明显的优势；同时，财政扶贫的特点符合新时期脱贫攻坚的客观要求。因此，在精准扶贫、脱贫攻坚阶段，要尽可能发挥财政扶贫的优势，明确脱贫攻坚的主攻方向，早日实现脱贫攻坚的目标。

第三节　财政扶贫的重点内容

随着精准扶贫、脱贫攻坚的推进，扶贫开发的难度越来越大，财政扶贫的效果呈现出边际递减规律，财政扶贫存在的问题更加突出，主要表现为资金投入不足、精准度不高、分配不规范、管理体制不完善等。因此，在精准扶贫、脱贫攻坚的进程中，财政扶贫要继续加大对脱贫攻坚的资金投入力度，精准对接扶贫需求，确保财政资金流向重点领域，建立财政资金利用协调机制和监督考核制度等，保障贫困地区脱贫攻坚的资金需求得到满足。

一、加大资金投入力度

实现精准扶贫、脱贫攻坚目标的前提是加大政府的财政投入力度。从未来几年精准扶贫、脱贫攻坚的深度和难度来看，财政投入不足的问题将继续存在。因此，要通过财政政策的调整不断加大中央政府和各级地方政府对扶贫开发的财政投入力度，为按时完成精准扶贫、脱贫攻坚任务提供充足的资金。加大资金投入力度主要从以下三方面入手。

第一，中央财政要加大支持力度。改革开放以来，随着国家经济的发展，中央财政收入也实现了大幅增长，中央财政对于扶贫的投入也大幅增加。然而，由于中国在经济建设方面的财政投资比较多，其他社会事业开支也比较大，中央财政资金对脱贫攻坚的支持力度略显不足。因此，中央财政要继续加强对精准扶贫、脱贫攻坚的投入。一是中央政府要继续加大对贫困地区的转移支付力度，实现中央财政扶贫专项资金和其他民生资金的投入向贫困地区和贫困人口倾斜；二是要发挥彩票公益金（政府非税收入形式之一，指按照国家规定发行彩票取得销售收入和扣除返奖奖金、发行经费后的净收入）的公益性质，加大彩票公益金对精准扶贫、脱贫攻坚的支持力度。

第二，地方财政要加大支持力度。中央财政扶贫资金下达时多数要求地方政府具有相应的配套资金，但是贫困县由于自身财力等方面的原因，申请中央财政资金的积极性并不高，造成地方财政投入的扶贫资金较少。地方各级财政应在自己的财政能力范围内，继续加大对脱贫攻坚的支持力度，并结合中央财政资金投入的地区和项目进一步调整地方财政支出结构，形成财政资金投入合力，共助精准扶贫、脱贫攻坚。

第三，建立财政扶贫资金正常增长机制。我国应通过制度化和法治化建设，扩大财政扶贫资金投入规模，加强财政扶贫资金投入的制度建设，通过制度的刚性约束要求各级财政必须根据财政收入的增长规模和速度，同比例地扩大财政扶贫资金的规模。只有建立财政扶贫资金正常增长机制，采取制度化的措施，才能真正实现财政扶贫资金投入规模的扩大。

二、满足资金精准对接的需求

为了提高财政扶贫的针对性和精准度，财政扶贫必须精准对接贫困地区和贫困人口的特殊需求，满足不同贫困地区、不同贫困人口多样化的扶贫需求。

一方面，要完善财政扶贫的精准识别机制。精准识别机制是实现财政精准扶贫的前提和基础，具体包括两方面的内容。一是要实现对象的精准识别，对其实行建档立卡，减少贫困人口的遗漏，并在此基础上建立贫困人口动态管理机制，根据贫困人口的实际情况，实时调整、更新建档立卡的贫困人口，全面、准确、实时地掌握贫困人口的变化情况。二是要对已经建档立卡的贫困人口的需求进行精准识别，分析和考察不同贫困人口的不同需求，从而为财政精准扶贫提供依据。

另一方面，要完善项目精准对接机制。在精准扶贫的过程中，由于贫困人口受到自身技能等方面的限制，导致扶贫项目并不能惠及特困人口。因此，完善扶贫项目精准对接机制成为实现精准扶贫的必然要求。在财政扶贫项目的选择上，要选择符合贫困地区和贫困人口特点的项目，真正实现扶贫项目惠及贫困人口的目标；在财政扶贫项目的实施上，要调动贫困地区和贫困人口参与扶贫项目的积极性和主动性，使贫困人口真正进入项目的实施过程，真正享受到项目实施带来的收益；在财政扶贫项目资金的使用上，要加强群众监督，防止财政扶贫项目资金被侵占以及财政扶贫项目资金使用目标偏离，从而保证财政扶贫项目资金精准惠及贫困人口。

三、确保资金流向重点领域

在财政资金投入相对有限的情况下，财政资金使用很难做到面面俱到，只能按照精准扶贫、脱贫攻坚的要求，精准发力、重点投放，充分发挥财政资金的引领、带动作用，让财政资金向基础设施建设、特色财政发展和教育发展等重点领域倾斜。具体内容包括以下四方面。

第一，财政扶贫资金要重点支持贫困地区基础设施建设。基础设施建设是一个地区经济社会发展的前提和基础，但是由于历史和地理等方面的原因，贫困地区的基础设施建设通常较为落后，成为贫困地区经济发展的“瓶颈”之一。因此，财政扶贫资金要重点关注完善贫困地区基础设施，大力促进贫困地区道路、水利、燃气、电力和互联网等方面的建设，以基础设施建设带动贫困地区经济发展。

第二，财政扶贫资金要重点支持贫困地区特色财政的发展。贫困地区财政落后容易导致就业困难、地方政府财政收入不高等问题。财政扶贫资金支持贫困地区财政发展是开发式扶贫的重要内容，它可以发挥财政扶贫资金“四两拨千斤”的作用，进一步增强贫困地区的“造血”功能，促进贫困地区的可持续发展，从而实现脱贫攻坚的目标。

第三，财政扶贫资金要重点支持贫困地区的教育发展。要从根本上铲除贫困，就必须转变贫困人口的思想观念，也就是重点发展教育。因此，财政扶贫资金要重点向教育倾斜，提高贫困地区的教育服务水平。一是要加大贫困地区基础教育的财政投入，提高贫困地区的总体教育水平，让贫困家庭的子女享受高质量的基础教育，从而提高贫困人口的科学文化素质；二是要加大对贫困地区职业教育的投入力度，扩大贫困人口的职业教育规模，提高贫困人口的劳动技能和就业能力，进而扩大贫困人口的就业规模，提高贫困人口的收入水平，从而促使贫困人口摆脱贫困。

第四，财政扶贫资金应重点支持集中连片特困地区。我国经济社会发展不平衡，贫困地区集中在中西部，尤其是革命老区、边疆地区、少数民族地区，形成了集中连片特困地区。在精准扶贫、脱贫攻坚阶段，集中连片特困地区是扶贫开发的重点，财政扶贫尤其是中央财政扶贫要加大对集中连片特困地区经济发展、生态保护等方面的投入，充分发挥当地的资源优势，促使区域协调发展，实现集中连片特困地区共同脱贫。

四、完善资金利用协调机制

脱贫攻坚的财政资金来源是多渠道、多部门和多层次的，因此如何使各种脱贫攻坚财政资金发挥最大效益，使各种脱贫攻坚资金实现“1＋1＞2”的效果，是脱贫攻坚财政资金面临的主要难题。要解决这个难题，就要树立“大扶贫”的理念，建立多部门的协调机制、上下联动机制以及内外联动机制等，统筹利用各种资金，充分发挥各种资金的作用，为脱贫攻坚提供资金保障。

首先，要建立多部门协调机制。要按照权责一致、功能整合、效益最大的原则，整合多部门的资金，打破财政资金使用的部门分割；要建立财政资金使用的多部门协调机制，以重点扶贫项目为平台，将目标相近、性质相似的扶贫资金集中起来，实现财政资金的横向整合，全力助推扶贫攻坚。

其次，要建立上下联动机制。要建立激励机制，充分调动中央和地方的积极性，在加大中央政府财政资金投入力度的基础上，加大地方政府尤其是省级政府的财政资金投入力度；要确保公益性扶贫建设项目在县级和西部连片特困地级市的落实，取消配套资金政策，真正实现财政资金使用精准发力、精准扶贫；通过建立上下联动机制，实现财政资金纵向整合，助力精准扶贫、脱贫攻坚的实现。

最后，要建立内外联动机制。在扶贫开发中，除了要建立财政资金横向和纵向相结合的体制机制外，还要推动财政资金与社会资本的合作，通过财政资金购买服务、政府财政资金引导社会投资、政府财政资金补贴社会资本等方式，建立财政扶贫资金内外协调机制，整合财政资金和社会资金，充分发挥财政资金和社会资金的合力，助力脱贫攻坚。

五、健全资金监督考核制度

建立财政扶贫资金使用监督考核制度的主要目的是提高资金使用效率，规范财政扶贫资金的使用。对财政扶贫资金使用效率高、扶贫成效突出的地区，可以给予适当的奖励；对财政扶贫资金使用效率低、扶贫成效不突出的地区，可以给予适当的惩戒。

一方面要强化监督执纪。扶贫资金在项目申报审批，资金的分配、管理和应用等过程中存在资金闲置等问题。要想解决这些问题，就要做到两点。一要加强审计监督。现阶段，中国审计部门对扶贫资金的审计还存在绩效审计未成为重点、审计范围有限、审计深度和力度不够、审计未形成合力及审计结果影响力不大等问题。因此，要强化审计意识，整合审计资源，加大审计结果公开力度，进一步推动审计工作的改进。二要加强社会监督，建立财政扶贫资金流向公示制度，引导新闻媒体及社会组织等对财政扶贫资金的流向进行监督，保证财政扶贫资金的运用公开透明。

另一方面，要建立资金使用绩效考核制度。加强对财政扶贫资金的监督是提高财政扶贫资金使用效率的关键所在。因此，要建立严格的财政扶贫资金绩效考核制度，确保扶贫资金的使用效果；要通过建立财政扶贫资金绩效考核制度，提高扶贫资金的使用效率，使财政扶贫资金最大限度地发挥作用；要发挥考核结果的作用，在绩效考核的基础上，对财政扶贫效果突出的单位和个人给予一定的奖励，对财政扶贫效果不明显的单位和个人进行适当的问责。

第四章 农村财政扶贫政策的演进及评价

第一节 农村财政扶贫政策的演变历程

长期的战乱和动荡造成了经济凋敝，1949—1977年（除1956年），我国食物短缺严重，绝大部分人处于极度贫困的状态，经济重建面临着巨大的挑战。改革开放后，农村贫困发生率由1978年的30.7%下降到2018年的1.7%，扶贫成效显著。根据公共财政理论，扶贫是具有公共产品属性和外部性属性的逆市场调节行为，因此政府在扶贫工作中一直扮演着主要角色。政府主要通过财政手段实现资源优化配置、收入公平分配、经济社会稳定发展的减贫目标。随着贫困现象的突出问题和致贫因素的变化，我国一直在调整农村财政扶贫政策。我国农村财政扶贫政策的演进主要经历了六个阶段。

一、救济式财政扶贫阶段（1949—1977年）

1949—1977年（除1956年），国民人均每日摄入能量少于2千克，食物短缺严重，绝大部分人处于极度贫困的状态，经济重建面临巨大挑战。在此期间，政府并没有针对贫困问题制定专项扶贫政策，而是通过土地改革、合作社、人民公社化、粮油统购统销、就业统一分配等社会主义运动，建立了一个以集体为单位的社会网络，以保障人民的基本生活。对于因病、因灾加重贫困的特殊群体，国家建立了以单位、集体为主导的救助体系，即群众依赖于集体，通过生产实现自给自足，由国家提供必要的福利救助。

当时的农村主要实施以人民公社集体经济体制为依托的救济式农村社会保障体系。该体系在通过平均主义收入分配制度为大多数农民提供最基本的生活保障的同时，建立了“五保”救济制度，为村里的老人、孩子、残疾人等弱势群体提供食物、衣服、住处、医疗和教育等方面的帮助。这种平均分配与社会救济相结合的“救急不救穷”的民政救济体系，在当时社会资源极度短缺的条件下，有效地防止了收入分配不均的问题导致更多人成为绝对贫困人群。然而，这只是一种暂时性的救济活动，并不能从根本上促进贫困地区的经济发展，提高贫困人口的自我脱贫能力。1966—1977 年，农村居民人均纯收入只增加了 18 元，年均递增不足 1.5%，甚至低于 1979 年的农民收入增长额。由于优先发展工业，工农业之间的“剪刀差”不断加大。严格的户籍制度限制了农村剩余劳动力的流动，致使城乡两极分化愈加严重，进一步加深了农村贫困地区的贫困程度。直到 1978 年，中国农村地区仍有将近 1/3 的人口的基本生活没能得到保障，全国农民平均每人每年只能吃到 247.8 公斤的粮食，平均每天约 1.4 斤；农民人均纯收入从 1957 年到 1978 年，平均每年增长不到 3 元；商品匮乏，各种票证成了不可缺少的“护身符”。❶

二、体制改革推动财政扶贫阶段（1978—1985 年）

十一届三中全会明确了改革开放政策的实施。以土地经营体制改革为核心的一系列农村制度改革，成为当时减缓农村贫困的主要推动力。1979—1985 年，农户人均收入增长了 2.5 倍，农村绝对贫困人口由 1978 年的 2.5 亿人减少到 1985 年的 1.25 亿人，贫困发生率由 1978 年的 30.7% 下降到 1985 年的 14.8%，如图 4-1 所示。

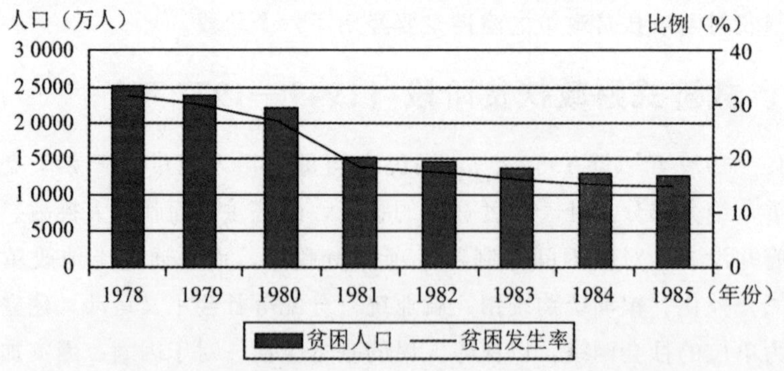

图 4-1 1978—1985 年农村贫困人口和贫困发生率❷

❶ 秦兴洪，廖树芳，谢迪斌. 新中国农村 6 年农村发展之路［M］. 广州：广东高等教育出版社，2009.

❷ 数据整理自中国农村贫困监测报告（2015）.

1978年，家庭联产承包责任制的实施赋予了农民土地经营的自主权，极大地激发了农民的生产积极性，农村生产力得到了前所未有的解放。粮食总产量由1978年的30 476.5万吨增加到1984年的40 716.6万吨，6年间增长了33.6%；人均粮食产量由1978年的318.7公斤增加到1984年的392.96公斤，6年间增长了23.3%。农产品价格形成机制和流通体制以市场化为导向进行了改革，不仅实现了18种主要农产品平均提价24.8%，而且缩小了农产品统购派购的范围和数量。到1984年，全国农副产品收购价格总水平比1978年提高了53.6%，工农“剪刀差”缩小了29.9%。农产品贸易条件的改善和农户经营主体地位的确立，大大激发了农民的生产积极性，提高了农民的收入，城乡收入差距进一步缩小，由1978年的2.57∶1下降到1985年的1.86∶1。通过人口流动制度改革，政府放宽了对人口流动的限制，提倡发展乡镇企业，促进农村劳动力非农化转移，推动了农村经济结构优化调整和农业化进程。

在此期间，依托整体经济体制改革和经济增长，中央政府转变了对贫困的认识态度，并高度关注农村贫困问题。1978年，国家统计局以人均年收入100元为界线，确定了2.5亿贫困人口，贫困发生率为30.7%；同期，落实了一些局部性和区域性的财政扶贫政策，具体包括以下几方面。

（一）设立“支援经济不发达地区发展资金”

1980年，中央财政设立了第一笔与反贫困直接相关的“支援经济不发达地区发展资金”，专门支持“老（革命老区）、少（少数民族自治地区）、边（陆地边境地区）、穷（贫穷地区）”发展农业、乡镇企业和文化医疗事业。在刚刚设立时，该项资金的规模为5亿元，之后该资金的规模逐年增大，成为中央财政转移支付制度的一部分，标志着财政扶贫资金投入机制正式确立。

（二）设立“三西”农业建设专项补助资金

1982年，中央财政设立了20亿元的“三西”农业建设专项补助资金，计划用10年时间（每年2亿元），在干旱和贫瘠的甘肃定西、河西地区和宁夏回族自治区西海固地区实施“三西”农业建设计划，重点支持“三西”地区改善农业基础设施条件，推广农业生产科学技术，提高当地经济的自我发展能力。这项政策的实施开辟了中国区域扶贫的先河。

（三）实施“以工代赈”政策

1984年，中央政府决定实施“以工代赈”政策，采取实物与资金投入相结合的方式，一方面支持贫困地区农田水利等基础设施的建设，另一方面促使贫困人口通过参与基础设施工程建设获得实物和现金收入。“以工代赈”所需资金分别由中央财政和中国人民银行按照62%和38%的比例承担。1996年，“以工代赈”发生费用全部进入中央财政预算的专项拨款，全年预算资金规模为40亿元，并且直接向劳动者支付货币，不再投入实物。

1984年，中共中央、国务院发布了《关于帮助尽快改变贫困地区面貌的通知》，划定了重点扶贫区域，提出要集中力量解决十几个连片贫困地区的贫困问题，进一步确立了政府主导型农村扶贫开发的政策框架和区域性倾向。

三、区域开发式扶贫阶段（1986—1993年）

20世纪80年代中期，农村制度改革推动减贫的效应逐渐释放完毕，农村经济增长趋缓，农民收入增速开始回落，“老、少、边、穷”地区的贫困状况更加突出，其经济社会发展严重落后于沿海发达地区，区域经济发展不平衡问题开始显现。因此，这一阶段的农村体制改革出现了新的变化，区域经济发展动力强劲，尤其是大规模开发式扶贫的实施，使贫困人口稳定减少，由1986年的1.31亿人减少到了1992年的8 000万人，6年间贫困人口减少了38.9%；贫困发生率由1986年的15.5%下降到了1992年的8.8%，具体如图4-2所示。

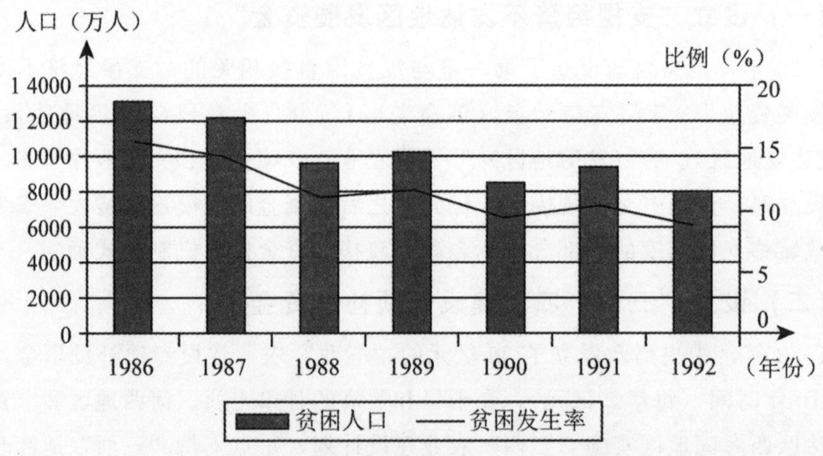

图4-2　1986—1992年农村贫困人口和贫困发生率

1985年，农产品出现低水平结构性过剩的现象，国家逐步取消了农产品统派购制度，并放松了对农业生产资料价格的控制，农业生产资料价格出现大幅上涨的态势，导致粮棉生产规模波动，农民人均纯收入年均增幅仅为2%～3%。1989年，为了抑制经济增长，国家实施了紧缩的宏观经济政策，农业得到了一定的发展。一方面，农产品产量大幅提高，1990 年的粮食产量比 1989 年上涨了近十个百分点；另一方面，国家在全国范围内实行了“购销同价”改革，粮棉等主要农产品的订购价格大大低于市场价格，出现了农业增产不增收的情况。随着市场经济改革的逐步展开，虽然农民生活得到了改善，但是由于受到粮食流通体制等因素的制约，农村经济增长缓慢，地区之间以及城乡之间的差距逐渐扩大。

由于当时的农村贫困具有区域性特点，中央政府调整了扶贫方式和政策，改变了传统的救济式扶贫，确定了“开发式扶贫”的方针，主要通过发挥市场经济的引导作用帮助贫困地区发展经济，减少贫困人口。在此期间，国家“七五”和“八五”规划都将扶贫开发作为一项主要内容，并确定了扶贫开发工作的重点对象是“老、少、边、穷”地区。1986 年，国务院成立了“贫困地区经济开发领导小组”，直接负责制订全国性扶贫规划和指导方案，组织和领导全国的扶贫开发活动，标志着有组织、有计划、大规模的政府扶贫工作正式在全国范围内展开。在此期间，财政扶贫政策体系逐步形成。

（一）确立“区域瞄准”扶贫思路

1986 年，国家统计局划定了 1985 年农村绝对贫困人口的标准线，为人均纯收入 206 元/年，并在此基础上确定了贫困县的划定标准。确定贫困县要遵循三方面的原则。首先，一般地区以农村居民纯收入低于 150 元/（人/年）为标准；其次，老革命根据地、少数民族自治县和半牧区以农村居民纯收入低于 200 元/（人/年）为标准；最后，井冈山地区、大别山地区、太行山地区等对中国革命做出过巨大贡献的老革命根据地，以及内蒙古、新疆、青海等省、自治区中有特殊困难的少数民族自治县和牧区县的贫困标准为低于 300 元/（人/年）。根据上述标准，政府划定了 331 个国家级贫困县和 368 个省（自治区）级贫困县，共计 699 个贫困县。然而，由于地区经济发展不平衡以及各地物价水平和消费水平存在差异，当时各省区确定的省级贫困县标准并不完全统一，如地处西南地区的云南省贫困线标准为 120 元/（人/年），东部地区经济较发达的江苏省为 400 元/（人/年），约为云南省的 3 倍。

（二）确定“经济开发式”扶贫战略

改变过去单纯救济“输血式”的扶贫方法，针对不同贫困地区的特点，采取不同方式开发贫困地区的自我发展潜能和自我脱贫能力，提高贫困地区的“造血功能”。例如，对于革命老区，重点改善交通条件，促进山区商品经济发展；对于少数民族地区，发挥当地资源优势，使生态环境良性循环；对于陆地边境地区，在努力发展地方工业的同时，积极开展边境小额贸易。

在此期间，形成了财政发展资金、扶贫贴息贷款资金、以工代赈资金三条主要的政府扶贫资金投入渠道。1988 年，财政部设立了“预算扶贫基金”，以财政周转金方式对国定贫困县予以支持；1989 年，财政部设立了“少数民族地区温饱基金”；1992 年，财政部设立了“新增发展资金”，按照有偿使用的原则，重点投向少数民族自治区以及少数民族人口聚居的贫困地区，主要用于富民富县相关项目。早在 1984 年，以银行信贷方式进行扶贫的资金投入就已经出现。中国人民银行以每年 10 亿元的额度发放了支持“老、少、边、穷”地区的贷款，年利率为 3.9%；中国农业银行以每年 3 亿元的额度发放了“发展贫困地区经济贷款”，属于普通利率贷款。1986 年，中国农业银行开始向贫困地区提供专项扶贫贴息贷款，以每年 10 亿元的额度支持国家级贫困县；1991 年，中国农业银行每年提供 5 亿元扶贫专项贴息贷款用于支持省、区重点扶持贫困县（由省、区财政贴息）。在此期间，政府扶贫资金投入总量达到 416 亿元。其中，中央财政扶贫资金投入为 81 亿元，财政扶贫贴息贷款累计发放额为 246 亿元，以工代赈的资金投入为 89 亿元，具体见表 4-1。

表 4-1　中央政府财政专项扶贫投入情况（1986—1993 年）❶

单位：亿元

年份	中央政府扶贫资金投入总量	中央财政扶贫基金	财政扶贫贴息贷款	以工代赈
1986	42	10	23	9
1987	42	10	23	9
1988	39	10	29	0
1989	41	10	30	1
1990	46	10	30	6
1991	63	10	35	18
1992	67	10	41	16
1993	76	11	35	30

❶ 姜爱华．政府开发式扶贫资金绩效研究［M］．北京：中国财政经济出版社，2008．

四、开发式扶贫攻坚阶段（1994—2000 年）

经历了以上扶贫阶段后，虽然中国农村的贫困人口明显减少，但是东西部地区的发展差距仍在持续加大，贫困人口集中分布在西南大石山区、西北黄土高原区、秦巴贫困山区以及青藏高寒山区等。这些地区或是缺少耕地，或是严重缺水，或是山高坡陡、交通闭塞，或是地势高、有效积温不足。此外，部分少数民族地区和革命老区由于受到地理位置和历史文化等的约束，也处于较为贫困的状态。恶劣的地理条件、脆弱的生态环境以及落后的基础设施，使贫困人口的地缘性特征日益凸显。

这些地区并不是由于土地分配不均、农产品贸易存在壁垒等制度性因素导致贫困，而是因为自然条件过于恶劣，造成常规农业投入产出率过低，农户自我积累能力弱。这种地缘性贫困分布特征意味着通过制度改进和区域经济增长无法带动地缘性贫困人口超越温饱线进入发展阶段，只能依靠“项目开发”一种方式。因此，针对农村贫困状况的新变化，中央政府果断推行了扶贫到户的战略方针，改变了以“县”为单位的“区域瞄准”扶贫思路，从以“县”为单位转变为以“户”为单位，从原来的以一片区域为攻坚对象转变为以一户为攻坚对象，通过有针对性的项目开发，解决了贫困地区人民穿衣、吃饭的温饱问题，带动了贫困人口脱贫致富。

基于以上背景，国务院于 1994 年 3 月制定并公布了《国家八七扶贫攻坚计划》，对扶贫的对象、目标、任务以及扶贫措施和时限都进行了明确的规定，标志着中国扶贫工作进入了扶贫攻坚阶段。政府承诺要在 20 世纪的最后 7 年解决农村 8 000 万剩余贫困人口的温饱问题。针对地缘性贫困的成因，政府提出要把解决贫困人口吃饭、穿衣等基本生存问题放在促进区域经济发展目标之前。这就意味着扶贫任务的重点要有所调整，由原来的“经济开发”改为“扶贫开发”，将相应的扶贫领导机构更名为“国务院贫困地区扶贫开发领导小组”。1994 年，我国政府按照“四进七不出”[1] 的原则对 1986 年确定的国家级贫困县进行了重新划定，并将其更名为“国家扶贫工作重点县”，数量由原来的 331 个增加到 592 个。其中，中西部地区贫困县数占总贫困县的 82%，其贫困人口数占总人口的 80.3%。值得一提的是，中共中央、国务院于 1996 年

[1] 即农民人均纯收入低于 400 元/年的县全部划为国定贫困县，农民人均纯收入不足 700 元/年的原国定贫困县仍保留在国定贫困县名单中。

10月公布的《关于尽快解决农村贫困人口温饱问题的决定》，将贫困村和贫困户确定为扶贫攻坚的“主战场”。在此期间，政府主要采取开发式扶贫方针，通过土地有偿租用和转让使用权的方式，开发利用中西部贫困地区的荒山、荒地、荒坡、荒滩；发展资源开发型和劳动密集型的乡镇企业，增加农户的非农就业机会；发展农村贫困地区劳务输出，在极少数生存和发展条件特别困难的地区实行开发式移民，使农村劳动力资源配置更加合理，生产效率进一步提高；对所有尚未解决温饱问题的贫困户，免除粮食定购任务，减免农业税和农业特产税。

此外，政府鼓励沿海省份和发达城市加强与贫困地区的交流与合作，完善“定点扶贫”和“对口扶贫”政策。组织东西部地区开展对口支援，缩小东西部差距，促进各地区经济均衡发展，具体情况见表4-2。2016年12月，中共中央办公厅、国务院办公厅印发《关于进一步加强东西部扶贫协作工作的指导意见》，对原有的结对关系进行了适当调整，覆盖了所有西部贫困程度较深的市、州。

表4-2　东西对口协作扶贫单位与扶持国定贫困县数

协作省市	帮扶对象	参加扶贫的区县和单位数(个)	对口帮扶的国定贫困县数(个)
上海	云南	12	22
北京	内蒙古	18	18
天津	甘肃	14	15
辽宁	青海	13	14
江苏	陕西	45	48
浙江	四川	37	12
福建	宁夏	8	8
山东	新疆	26	26
广东	广西	9	28
大连、青岛、深圳、宁波	贵州	53	48

“八七扶贫攻坚计划”对于财政扶贫资金的管理使用进行了严格的规定：财政扶贫资金主要用于社会效益较好的项目；银行扶贫贷款主要用于经济效益

较好、能还贷的开发项目；新增的以工代赈资金主要用于修筑公路，以及解决人畜饮水困难问题；调整结构，改革管理，建立约束和激励机制，减少资金漏损，提高财政扶贫资金的使用效率；加强资金管理，实行“省（自治区）扶贫责任制”；将中央的各类专项扶贫资金全部用于国定贫困县；中央专项扶贫资金的分配和使用，须与解决温饱问题的进度直接挂钩；落实以省（自治区）为主的扶贫责任制，所有到省（自治区）的扶贫资金，一律由省（自治区）政府统一安排使用。

1999 年 6 月，中共中央、国务院召开了全国扶贫开发工作会议，颁布了《关于进一步加强扶贫开发工作的决定》。会议重申了“扶贫到村到户”的政策思路，强调扶贫资金要严格用于能解决贫困人口温饱问题的项目，包括家畜和水产养殖、小水利以及优质粮食和经济作物等。至此，我国的扶贫到户开发式扶贫战略框架基本形成。1994—2000 年，中央财政直接用于扶贫开发的预算内资金为 154.2 亿元，财政扶贫贴息贷款为 554.1 亿元。2000 年中央政府扶贫资金投入总额是 1994 年的 2.1 倍，具体情况见表 4-3。

表 4-3　中央政府财政专项扶贫投入情况（1994—2000 年）

单位：亿元

年份	中央政府扶贫资金投入总量	中央财政扶贫基金	财政扶贫贴息贷款	以工代赈
1994	97	12	45	40
1995	98	13	45	40
1996	108	13	55	40
1997	153	28	85	40
1998	154.3	24.8	78.5	51
1999	206.2	26.7	125.3	54.2
2000	207.7	36.7	120.3	50.7

得益于中央政府高度重视财政扶贫资金投入的增加，经过七年的扶贫攻坚，已经有 2 亿多农村贫困人口基本解决了温饱问题。到 2000 年年底，中国农村贫困人口由 1994 年的 7 000 万下降到了 3 209 万，七年间平均每年减少了 542 万人，年均递减 10.5%；农村绝对贫困发生率由 7.7%减少到 3.5%，如图

4-3 所示。

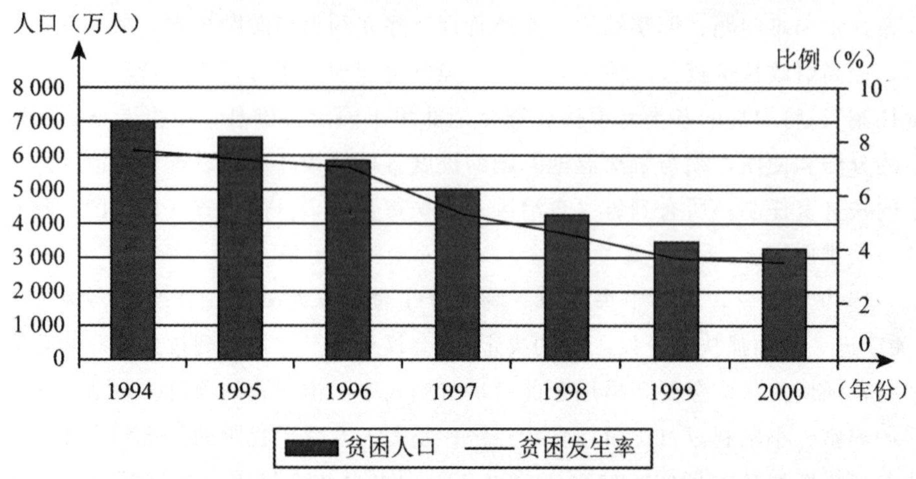

图 4-3　1994—2000 年农村贫困人口和贫困发生率

然而，随着政府扶贫工作的不断深入和剩余贫困人口脱贫的难度日益加大，扶贫方式存在的一些问题逐步凸显。从 1986 年政府确立“开发式”扶贫战略到 2000 年“国家八七扶贫攻坚计划”完成，政府扶贫的政策目标思路始终是促进贫困地区整体经济实力的增长，通过区域经济增长带动区域内贫困人口脱贫致富。虽然开发式扶贫政策规定由国家和省级政府按照“公平原则”把资金分配到各个贫困县，再由各贫困县使用这笔资金开展扶贫行动，但是地方政府基于利益考量，会将资金优先投放到工业项目、大中型基建项目等有利于县级经济发展的项目。虽然这些项目在广义上具有促进区域脱贫和贫困人口脱贫的作用，但是很难直接解决贫困人口的温饱问题。扶贫资金瞄准对象出现偏离，在一定程度上降低了扶贫资金的使用效率。

五、全方位开发式扶贫阶段（2001—2010 年）

这一阶段，是开发式扶贫与多项惠农减贫政策并举的整合阶段，兼顾提高贫困人口收入和全面改善人力资本、福利状况，以期实现贫困地区的经济可持续发展与社会和谐稳定。

《国家八七扶贫攻坚计划》规定的扶贫目标和任务完成后，国务院于 2001 年 6 月颁布了新的指导全国扶贫开发工作的纲领性文件——《中国农村扶贫开发纲要（2001—2010 年）》（以下简称《纲要（2001—2010 年）》），指明了中国 2001—2010 年扶贫开发的奋斗目标。按照集中连片的原则，贫困人口集中的

“老、少、边、穷”地区是国家扶贫开发的重点，应在“老、少、边、穷”地区确定扶贫重点县，扶贫开发的首要对象是贫困地区中尚未解决温饱问题的贫困人口。2001年9月开始实施的村级扶贫规划和“整村推进”扶贫开发措施，将农村扶贫瞄准单位从贫困县延伸到贫困村和贫困户，确定了149 131个重点村，覆盖了全国80%的贫困人口。这一阶段的扶贫政策主要包括以下几个方面。

（一）确立“一体两翼”扶贫开发战略

根据《纲要（2001—2010年）》的扶贫政策设计思路，国务院扶贫开发领导小组办公室于2003年发布了《关于进一步做好贫困村扶贫工作的通知》，确定了14.8万个贫困村为“整村推进计划村”（占当时村庄总数的20.9%），计划在2010年之前完成对所有贫困村的扶持。2004年12月，中共中央、国务院发布了《关于进一步加强农村工作提高农业综合生产能力若干政策的意见》，一方面强调在农村地区全面开展农民职业技能培训工作，扩大“农村劳动力转移培训阳光工程”的实施规模，增加农民职业技能培训的财政投入；另一方面，重点强调促进农业财政化经营，加大对农业财政化龙头企业和乡镇企业的政策扶持力度，通过税费优惠措施，支持农民专业合作组织及其所办加工、流通实体的发展。2005年，农村“一体两翼”扶贫战略基本形成。“一体”就是以财政扶贫为主体，通过培育龙头企业调整贫困地区的财政结构，发展县域经济；“两翼”就是整村推进和农村劳动力转移培训。其中，实现整村推进，要以农民参与村级事务，尤其是村级扶贫规划为契合点，改善贫困农户的生产生活条件；以劳动力培训转移为切入点，提高贫困农民的综合素质和非农就业能力。

（二）出台系列具有减贫效果的惠农政策

在此期间，国家出台了多项具有积极减贫效果的惠农政策。2000年的农村税费改革，从根本上减轻了农民的负担；2002年的退耕还林还草生态建设工程，受益人口绝大部分是贫困农户；2004年的种粮补贴政策和良种补贴政策，让从事农业生产的农户直接受益，尤其是以种植业为主的贫困农户；2006年全面取消了农业税，全国农民减负总额约1 250亿元，人均减负约140元；2007年的农村学杂费减免政策，减轻了农民的教育负担，极大地增加了贫困家庭子女的受教育机会；2007年的新型合作医疗制度和最低生活保障制度以及2008年的农村危房改造项目试点，意味着“为民解困”行动在农村地区全面铺开，为持久、稳定、有效地解决农村贫困人口的温饱问题奠定了制度基础；2009 年，国家把低收入人口纳入扶贫对象，意味着更多的贫困人群可以从国家扶贫政策中受益。

(三) 进一步加大财政扶贫开发投入力度

为保证《纲要（2001—2010 年）》所确定的目标顺利实现，国家还进一步加大了财政扶贫资金的投入力度。2001—2010 年，中央财政累计安排扶贫资金 2 337.2 亿元，年均增长 6.65％（见表 4-4）；各级地方政府尤其是省级政府，在此期间根据本地的实际需要和财力状况，以平均每年 23.9％的增幅不断增加扶贫投入。

表 4-4　中央政府财政专项扶贫资金投入情况（2001—2010 年）

单位：亿元

年份	中央政府扶贫资金投入总量	中央财政扶贫基金	财政扶贫贴息贷款	以工代赈
2001	197.3	40.8	105.9	50.6
2002	200.8	58.4	102.5	39.9
2003	206.3	77.0	87.5	41.8
2004	217.8	91.1	79.2	47.5
2005	193.6	91.9	58.4	43.3
2006	194.2	100.1	55.6	38.5
2007	229.4	123.5	70.5	35.4
2008	253.9	130.0	84.0	39.3
2009	315.4	167.3	108.7	39.4
2010	328.5	172.0	116.1	40.0

通过持续稳定地增加财政扶贫开发投入，以及对《纲要（2001—2010 年）》有关部署的贯彻，农村贫困人口数量进一步减少。需要注意的是，2008 年，国家大幅提高了农村贫困标准，使农村贫困人口出现了技术性反弹（4 007 万人）。参照新的农村贫困标准，农村贫困人口在 2008—2010 年年均减少 18.1％，贫困发生率由 2001 年的 9.8％下降到 2010 年的 2.8％，如图 4-4 所示。

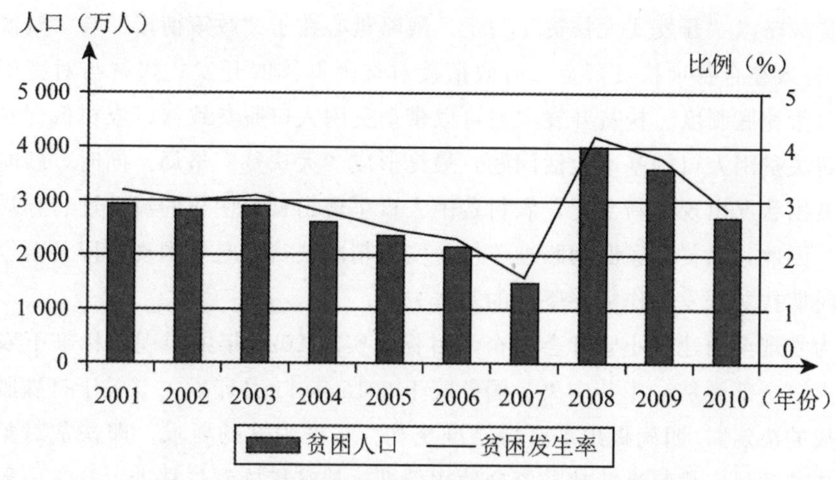

图 4-4 2001—2010 年农村贫困人口和贫困发生率

注：2001—2007 年采用农村绝对贫困标准，2008—2010 年采用农村低收入标准。

虽然《纲要（2001—2010 年）》的目标基本实现，但是区域发展不平衡的问题依然突出。根据 2010 年国家统计局数据，西部地区的各省（区、市）中，除了重庆市外，其余 11 个省（自治区）的经济社会综合发展指数均低于全国平均水平，而且发展不平衡导致连片特困地区的贫困问题更加突出；2001 年之后的十年间，西部地区的贫困人口比例不降反增，提高了 5 个百分点，民族八省区的贫困发生率由 34％增加到了 40.4％。

六、财政精准扶贫脱贫攻坚阶段（2011 年至今）

为实现“十二五”规划目标，缩小地区之间的发展差距，提高贫困人口的生产生活条件，到 2020 年全面建成小康社会，中共中央、国务院于 2011 年 5 月颁布了《中国农村扶贫开发纲要（2011—2020 年）》（以下简称《纲要》（2011—2020 年））。该文件明确了 2011—2020 年的政府扶贫奋斗目标、扶贫战略以及工作对象和政策重心，标志着中国农村扶贫开发工作步入了新的阶段。在这个阶段，巩固之前取得的温饱成果、提高贫困群体的内生发展能力成为实现脱贫致富、缩小发展差距目标的主要任务。

为了实现《纲要》（2011—2020 年）提出的 2011—2020 年农村扶贫开发总体目标，中国的扶贫开发工作应做到以下三点：一是改善贫困人口的生活条件，实现“两不愁、三保障”；二是稳定提高贫困地区农民的收入水平，巩固脱贫成效；三是实现城乡地区基本公共服务均等化，缩小城乡差距。这一阶段的扶贫战略以“开发式大扶贫”为主，战略重心在于“政策衔接”与“资源整合”，有效整合各项扶贫资金，有效衔接对贫困群体的开发式扶贫与对特困群体的政策兜底制度。扶贫开发项目可以带动贫困人口脱贫致富，农村低保制度可以解决贫困人口的基本生活问题，最终形成“大扶贫”格局。同时，新时期农村贫困状况出现了新变化，农村贫困人口呈现出日趋明显的流动性、异质性特征。因此，以贫困家庭为瞄准单位，实施精准扶贫，是中国现阶段乃至今后一段时期扶贫开发工作需要坚持的基本方略。

为实现全面建成小康社会的奋斗目标，实现2020年中国现行标准下农村贫困人口全部脱贫，中共中央、国务院于2015年11月印发了《关于打赢脱贫攻坚战的决定》，明确提出了坚持精准扶贫、精准脱贫的要求，即扶贫对象精准、扶贫项目安排精准、扶贫资金使用精准、扶贫措施到位精准、扶贫因村派人精准、脱贫成效精准。根据不同贫困地区和贫困人口的贫困成因及特点，主要可以通过“五个一批”的措施实现农村贫困人口全部脱贫：一是针对有劳动能力的贫困人口，通过政策引导和支持，立足当地资源，实现就地脱贫；二是针对生活在受到自然环境、生态环境双重约束的贫困地区的贫困人口，组织实施有计划、分年度的易地搬迁；三是针对生活在肩负着生态保护重任区域的贫困人口，通过增加重点生态功能区转移支付，加大贫困地区生态保护修复力度，优先安排有劳动能力的贫困人口从事生态保护工作，以补偿的方式实现脱贫；四是针对因不能接受公平教育的农村贫困人口，通过实施教育扶贫工程让贫困家庭的子女接受公平的、有就业潜力的教育，从而将受教育程度转化为人力资本，阻断贫困的代际传递；五是针对完全或部分丧失劳动能力，无法通过开发式扶贫措施实现脱贫的贫困人口，由社会保障兜底，保障其基本生活和基本公共服务。

2018年是全面贯彻党的十九大精神的开局之年，是打赢脱贫攻坚战三年行动的开局之年。财政作为国家治理的基础和重要支柱，应积极履行脱贫攻坚政治责任——成立财政部脱贫攻坚领导小组，统筹研究、协调推进和督促落实财政扶贫重点工作；发挥扶贫投入的主体和主导作用，多渠道增加扶贫开发投入；聚焦深度贫困地区，集中资源啃“硬骨头”。一系列高含金量的政策、行动和措施，可以使财政扶贫开发水平不断提升，为打赢脱贫攻坚战提供有力支撑。

第二节　现行的农村财政扶贫政策及其资金支持

农村财政扶贫政策是以政府为实施主体，针对农村贫困人口（贫困地区）采取的旨在实现改善贫困地区落后状况的宏观经济目标的资金援助计划、社会救济和保障方案以及相应的资金支持政策等。改革开放以来，财政扶贫政策从最早的单纯支持农业生产的经济开发，解决绝大多数贫困人口的温饱问题，逐渐转变为推动农村地区经济和社会的共同发展，进而逐步形成综合性扶贫政策体系。

一、经济开发扶贫政策

发展经济学派早已从理论角度分析了资本形成对摆脱贫困的决定性作用，中国改革开放 40 年以来的经济增长对改善农村地区贫困状况的贡献度也从实践的角度论证了资本积累的积极减贫效应。因此，通过大规模的扶贫开发资金投入促进贫困地区摆脱“低水平均衡陷阱”，打破“贫困恶性循环”，实现贫困地区经济增长，仍然是新时期中国政府扶贫政策的主要切入点，具体措施包括以下几方面。

（一）基础设施建设

中国的贫困人口主要分布在规模不大，分布较为分散，道路、水利等基础设施条件落后，自然条件恶劣的村落。目前，中国财政主要投向基本农田、水利设施、乡村道路、人畜饮水以及牧场建设和小流域治理等方面，将相应资源向贫困地区倾斜，以改善贫困地区的基础设施状况。2017 年，连片特困地区的道路通达情况继续改善，所在自然村通公路、进村主干道路硬化、能便利地乘坐公共汽车的农户比重分别为 99.9%、97.3%和 65.7%，比 2016 年分别提高了 0.1%、1.7%、4.5%。通信设施状况进一步改善，所在自然村通电话的农户的比重为 99.9%，与 2016 年持平；所在自然村通宽带和能接收有线电视信号的农户比重分别为 8.6%和 96.3%，比 2016 年分别提高了 8.2%和 2.9%。其中，最为典型的是“以工代赈”政策。在支持并改善农村中小型基础设施建设的同时，解决部分贫困人口的短期就业问题，为其发放现金劳务报酬，可以直接提高贫困人口的可支配收入。

（二）财政化扶贫

美国经济学家阿尔伯特·奥赫奇曼（Albert O.Herchman）的不平衡增长理论认为，在发展中国家经济不发达、资本投资能力差、产业间相互依存度低的情况下，需要采取不平衡发展战略，优先选择财政链较长、具有强关联效应的主导财政和部门，再通过这些主导财政的关联扩散和梯度转移形成“涓滴效应”，促进区域内其他相关财政整个区域经济的发展，最终摆脱贫困。财政扶贫主要针对贫困地区和贫困人口的生产要素缺乏问题，通过引入资金、技术以及市场等要素，形成贫困地区和贫困人口的内生发展机制。其核心是在贫困地区当地培育龙头企业，通过政策倾斜和税费优惠措施，为企业创造良好的经营环境，由企业或基地为其周边的贫困农户提供技术、信息和销售服务，使政府、企业和基地与农户形成利益共同体。这些龙头企业平均每家辐射的农户数为 1 161～6 198 个，辐射的贫困农户数为 578～2 391 个。[1] 财政化扶贫是当前中国促进贫困地区经济发展的重要手段，其资金主要来源于财政贴息贷款。

此外，实施整村推进、易地移民搬迁以及农村妇女小额信贷计划，建立“村级发展互助资金”，立足于自然资源、资本等要素投入，可以实现贫困地区的内生经济发展，提高贫困人口的收入，改善贫困人口的生活。

二、财政扶贫政策

财政扶贫政策是国家财政实施的各项有助于农村减贫脱贫的政策措施的总称。

财政扶贫政策不仅立足于对贫困地区和贫困人口的经济开发，还包括社会保障政策以及人力资源开发政策，具体内容如下。

（一）社会保障政策

让每一位社会公民享有平等的社会福利是政府的责任，也是维护社会和谐稳定的主要手段。纵观中国政府的扶贫历程，社会救助等保障政策在减贫方面发挥着重要的作用。在新时期，我国坚持对有劳动能力的贫困人口实施开发式扶贫，实施扶贫开发与社会保障政策衔接的双支点扶贫战略，并不断增加资金投入，逐步形成了以农村最低生活保障制度和农村“五保”供养制度为基础，以医疗、住房等方面的专项扶持为重要内容，以临时救助为补充的农村社会保

[1] 数据整理自中国农村扶贫开发纲要（2001—2010 年）实施效果的评估报告。

障体系。

（二）人力资源开发政策

根据阿玛蒂亚·森（Amartya Sen）的能力致贫说，贫困的实质在于贫困人口缺乏“可行能力”。因此，只有重视贫困地区的人力资源开发，尤其是初等教育和技术培训，提高农民的农业生产技术，才能打破传统农业的内部均衡和停滞状态，提高农业产出水平，最终实现减贫目标。

1. 教育扶贫

2017 年，教育部深入学习、领会了习近平新时代中国特色社会主义思想，贯彻落实了党中央、国务院的决策部署，以教育扶贫工程和《教育脱贫攻坚“十三五”规划》为着力点，聚焦深度贫困地区和贫困人口，坚持精准扶贫、精准脱贫，以补齐教育短板为突破口，以解决瓶颈制约为方向，充分调动了各方面的积极性、主动性和创造性，实施了一系列教育扶贫重大工程项目，使贫困地区教育和基本公共服务水平得到了稳步提升，切实打好了教育脱贫攻坚战。

（1）全面改善贫困地区义务教育薄弱学校的基本办学条件

2017 年 7 月，教育部会同财政部印发了《关于进一步加强全面改善贫困地区义务教育薄弱学校基本办学条件中期有关工作的通知》（教督〔2017〕9 号），对进一步完善工程规划、加快实施进度、强化资金落实、加强质量管理、加大公开力度和加强督导检查提出了明确的要求。2017 年，中央财政安排专项资金 358 亿元，用于全面改善贫困地区义务教育薄弱学校基本办学条件的工作，全国累计新建、改扩建校舍面积 1.93 亿平方米，占 5 年规划任务的 93%；累计采购价值 931 亿元的设施设备，占 5 年规划任务的 91%；全国 832 个贫困县有 10.3 万所义务教育学校办学条件达到了“底线要求”，占行政区域内义务教育学校总数的 94.7%。

（2）农村义务教育学生营养改善计划

2017 年，中央财政安排营养膳食补助资金 185 亿元。全国共有 29 个省（京、津、鲁单独开展了学生供餐项目）、1 631 个县实施了营养改善计划，超过全国县级行政区总数的 1/2，覆盖了 8 个国家扶贫开发工作重点县；覆盖学校约 14 万所，超过全国义务教育学校总数的 1/2。营养改善计划试点地区学校食堂供餐比例为 75.86%，受益学生总数 3 700 多万人，约占全国义务教育阶段学生总数的 1/4。其中，国家试点县学校食堂供餐比例为 82.95%，比 2016 年增长了约 5 个百分点；地方试点县学校食堂供餐比例为 66.28%。

（3）农村中小学数字教育资源全覆盖

2017年，完成了小学四年级1个教材版本的英语、音乐和美术学科的106学时的新课标资源的重新开发和160学时已有资源的整合加工，共计266学时。数据资源可以依据学校教学进度，通过卫星和宽带网络播发到全国的农村中小学校，帮助教学点开展国家规定课程。

（4）第二期特殊教育提升计划

2017年7月，教育部、国家发展改革委、民政部、财政部、人力资源和社会保障部、卫生计生委、中国残联联合印发了《第二期特殊教育提升计划（2017—2020年）》（教基〔2017〕6号），明确要求中央财政特殊教育专项补助资金重点支持困难地区和薄弱环节，加强省一级对特殊教育的统筹。2017年，中央财政安排特殊教育专项经费4.1亿元，用于支持特殊教育学校改善办学条件、建设特殊教育资源中心（教室）等。特殊教育学校学生人均公用经费提高到6 000元以上，纳入义务教育经费保障机制，由中央和地方按比例分担。其中，西部地区为8∶2，中部地区为6∶4。

（5）高中阶段教育普及攻坚计划

2017年，教育部、国家发展改革委、财政部、人力资源和社会保障部联合印发了《高中阶段教育普及攻坚计划（2017—2020年）》（教基〔2017〕1号），提出以中西部贫困地区、民族地区、边远地区、革命老区等教育基础薄弱、普及程度较低的地区，特别是集中连片特殊困难地区为攻坚重点，到2020年实现全国、各省（区、市）毛入学率均达到90%以上的总体目标。教育部与四川、江西、河南、广西、海南、贵州、云南、西藏、青海、新疆这10个中西部省（区）签署了《高中阶段教育普及攻坚备忘录》，建立了部省协同推进机制。2017年，中央财政安排了普通高中改造计划和教育基础薄弱县普通高中建设项目，投入资金分别为45.4亿元和47.7亿元，以期各地改善高中学校办学条件。

（6）重点高校招收农村和贫困地区学生专项计划

2017年，专项计划录取学生10万余人，实现了区域全覆盖，包括集中连片特困县、农村以及边远、贫困和民族地区，形成了保障农村和贫困地区学生上重点高校的长效机制。

（7）中西部农村订单定向免费本科医学生招生培养工作

通过明确招生计划、报考方式、报考条件、招生程序等工作要求，坚持为中西部乡镇卫生院培养从事全科医疗工作的本科医学毕业生。2017年，中央财政支持59所高等医学院校为中西部乡镇卫生院培养订单定向免费五年制本科医学生，共计5 810人，培养方向为临床医学、中医学、蒙医学、藏医学、维医学、哈医学和傣医学。

（8）职业教育资助政策体系

实施中等职业教育免除学杂费政策，对所有农村学生、涉农专业学生和家庭经济困难学生免除学费。2017年，中央财政安排免学费补助资金107亿元，中职免学费覆盖了超过90%的学生；提高中等职业教育国家助学金资助标准，将涉农专业学生和非涉农专业家庭经济困难学生，以及六盘山等1个国家连片特困地区和“三区三州”中等职业学校全部纳入享受助学金范围，每生每年享受2 000元国家助学金。2017年，中央财政安排中西部中职国家助学金29.5亿元，受助学生达到在校生人数的40%以上。此外，高等职业教育建立了“奖助贷勤工助学”的多元资助体系，奖学金覆盖了近30%的学生，助学金覆盖了25%以上的学生。

（9）网络扶智工程

2017年1月，教育部印发了《2017年教育信息化工作要点》（教技厅〔2017〕2号），召开了全国教育信息化工作会议，部署了教育信息化工作，落实了“网络扶智工程”任务；通过“政府政策支持、企业投资建设、学校持续使用”的机制，调动了各方参与建设的积极性，特别是大型电信运营企业的积极性，为学校接通了宽带网络；启动了宽带卫星联校试点工作，在甘肃省舟曲县、四川省雷波县、云南省彝良县3地开展了试点工作。

我国将学校网络教学环境建设纳入了“全面改善贫困地区义务教育薄弱学校基本办学条件”重点任务。全国中小学（除教学点外）中，92%的学校实现了网络接入，配备多媒体教室303万间；87%的学校拥有多媒体教室，其中有62%的学校实现了多媒体教室全覆盖。

（10）国家通用语言文字普及攻坚工程

2017年，教育部、国家语委联合印发了《国家通用语言文字普及攻坚工程实施方案》和《关于开展普通话基本普及县域验收工作的通知》。这两个文件可以指导各地开展普通话基本普及县域验收工作，并在摸清目前普通话普及情况的基础上，制定本地区普及攻坚和县域验收工作的时间表和路线图。到2017年年底，县域普通话普及状况调查和达标验收深入推进，27个省（区、市）的2 193个县域完成了田野调查。

(11) 教育脱贫攻坚工作财政投入信息报告制度

2017 年，教育部会同财政部印发了《关于建立教育脱贫攻坚工作财政投入信息报告制度的通知》(教财司函〔2017〕701 号)，指出要建立教育脱贫攻坚工作财政投入信息报告制度，要求各省（区、市）每年报送两次教育脱贫攻坚工作开展情况，西藏、新疆、四川、云南、甘肃、青海和新疆生产建设兵团还需重点报送“三区三州”教育脱贫攻坚工作开展情况。报送内容主要包括教育脱贫攻坚规划及年度工作进展情况、中央与地方财政安排用于教育脱贫攻坚的经费情况，以及教育脱贫攻坚工作的经验做法和意见建议等。

(12) 滇西脱贫攻坚部际联席会议

2017 年 3 月 28 日，教育部在云南省昆明市召开了滇西脱贫攻坚部际联席会议。该会议学习领会了习近平总书记关于扶贫开发的重要战略思想，贯彻落实了党中央、国务院脱贫攻坚的决策部署，总结交流了 2016 年滇西边境片区区域发展与扶贫攻坚工作情况，听取了云南省对滇西边境片区联席工作的意见建议及 2017 年对中央有关部委的政策、项目支持需求，交流了各部委对滇西边境片区的支持情况及下一步打算，研究了片区发展面临的重大问题，从而推进了滇西脱贫的各项工作。

(13) 直属高校定点扶贫

从 2011 年开始，教育部组织了 44 所直属高校承担 44 个国家扶贫开发重点县的定点扶贫任务，2 所直属高校、9 家直属单位承担滇西专项扶贫任务。直属高校充分发挥了学科、人才、科研等方面的优势，与贫困地区密切配合，通过教育扶贫、咨政扶贫、产业扶贫、服务扶贫，为定点扶贫县提供了大力帮扶。2017 年 9 月，教育部在湖南省长沙市举办了第二届教育部直属高校精准扶贫精准脱贫十大典型项目推选活动。本次活动由 44 所直属高校代表从 42 所高校申报的 47 个项目中投票选出湖南大学、南京农业大学、中国药科大学、华南理工大学、上海交通大学、浙江大学、厦门大学、重庆大学、中国农业大学、华中科技大学共 10 所直属高校的典型项目。其中包括产业扶贫项目 4 项、健康扶贫项目 2 项、教育扶贫项目 1 项、乡村扶贫项目 1 项、典型扶贫模式 2 项。

2. 健康扶贫

健康从生理层面保障着劳动者的劳动能力和收入水平，是人力资本的重要组成部分。2016 年 6 月，国家卫计委发布了《关于实施健康扶贫工程的指导意见》，指出要建立多种医疗救助制度的衔接机制，形成保障合力；开展对口帮扶，提升贫困地区医疗服务的软硬件水平；开展健康管理，实施分类医疗等，改善贫困地区的医疗条件，满足贫困人口的医疗资源需求，提高贫困地区群众的健康水平。

在财政扶贫政策和资金的强力推动下，中国农村的贫困状况开始由普遍性贫困向区域性贫困转变。按照现行农村贫困标准衡量，1978 年农村贫困发生率为 97.5%，以乡村户籍人口进行总体推算，农村贫困人口规模约 7.7 亿人；2017 年农村贫困发生率为 3.1%，贫困人口规模为 3 046 万人。从 1978 年到 2017 年，我国农村贫困人口减少了 7.4 亿，年均减贫人口规模接近 1 900 万人；农村贫困发生率下降了 94.4 个百分点，年均下降 2.4 个百分点；贫困地区农村居民人均可支配收入的增速高于全国农村平均水平，缩小了贫困地区农村居民人均可支配收入与全国农村平均水平的差距，使中西部一些连片极度贫困地区的温饱问题得到了解决，具体体现在以下几方面。

（1）贫困地区的生产生活条件不断改善

2017 年，贫困地区饮水困难的农户比重为 10.8%，比上年下降 1.3 个百分点。其中，2.1%的农户单次取水往返时间超过半小时，4.3%的农户存在间断或定时供水，4.4%的农户当年连续缺水时间超过 15 天。贫困地区使用管道供水的农户比重为 70.1%，比上年提高 2.7 个百分点；使用经过净化处理的自来水的农户比重为 13.7%，比上年提高 2.9%。显而易见，农村贫困地区的饮水质量得到了提高。

（2）贫困地区的基础设施状况持续改善

2017 年，通电话、通有线电视和主干道路经过硬化处理的自然村比重分别达到 99.8%、96.9%和 97.6%。[1]

（3）贫困地区的学前教育和高中教育得到加强

2017 年，自然村中可以很方便地让孩子上幼儿园、上小学的农户比重分别为 84.7%和 88%，分别比 2016 年提高了 5%和 3.1%。有文化活动室的行政村比重为 89.2%，比上年提高了 2.7 个百分点。在义务教育阶段，近九成的贫困地区儿童上学花费的时间在 30 分钟以内。其中，56%在 15 分钟以内，32.1%在 15～30 分钟，11%在 30 分钟以上。在普通高中教育阶段，近八成贫困地区的学生上学花费的时间在 30 分钟以内。其中，34.7%在 15 分钟以内，36.9%在 15～30 分钟之间。

---

[1] 数据整理自中国农村贫困监测报告（2018）。

(4) 贫困地区劳动力的素质提高，非农就业机会增加

在2017年的贫困地区常住劳动力中，不识字或识字不多的人占7.8%，具有小学文化程度的人占34.3%，具有初中文化程度的人占46%，具有高中文化程度的人占8.7%，具有大专及以上文化程度的人占3.2%，与2016年相比，贫困地区的劳动力中具有初中及以上文化程度的人所占的比重提高了0.3%。贫困地区农村劳动力中有20.8%的劳动力接受过农业技术培训，有12.8%的劳动力接受过非农技能培训。

(5) 贫困地区农村外出劳动力增多

贫困地区农村外出劳动力中，有8.5%从事第一产业，有56.7%从事第二产业，有34.8%从事第三产业。62.3%的外出劳动力外出时间超过半年，37.7%的外出劳动力外出时间在半年之内。贫困地区农村劳动力外出主要以自发和亲戚朋友介绍为主。2017年，以自发形式外出的劳动力占全部外出劳动力的56.3%，由亲戚朋友介绍外出的占36.4%。在劳动力外出地区中，乡外县内占30.8%，县外省内占30%，省外占39.3%。2017年，贫困地区外出劳动力在省内就业的比重较2016年提高了1.1%。

三、农村财政扶贫政策的资金支持

根据中国扶贫工作的发展历程以及扶贫政策的实施强度，财政扶贫资金经历了从专项扶贫资金向综合扶贫资金转变的历程。

(一) 财政专项扶贫资金

财政专项扶贫资金是国家落实财政经济开发扶贫政策，旨在改善贫困地区的生产和生活条件，支持贫困地区发展经济和社会事业，提高贫困人口的生活质量和综合素质的专项资金。财政专项扶贫资金主要包括中央财政扶贫专项资金以及地方政府的配套资金。

(二) 财政综合扶贫资金

财政综合扶贫资金是国家为落实财政综合扶贫政策，解决绝大多数贫困人口的温饱问题，推动农村地区经济和社会共同发展而安排的资金的统称。因此，财政综合扶贫资金不仅涵盖专项扶贫资金，还包括促进贫困地区农村农业发展的强农、惠农补贴，如支持农村贫困地区教育、医疗卫生社会保障等事业发展的资金以及用于农村贫困地区的一般性转移支付资金。财政综合扶贫资金可以提高贫困地区财政的保障能力，促进贫困地区各项民生政策的落实，改善

贫困地区落后的生产条件，增强贫困地区和贫困人口的自我发展能力。

第三节　农村财政扶贫政策的国际经验及启示

一、农村财政扶贫政策的国际经验

收入差距与贫富悬殊是市场机制按照生产要素分配原则和经济效率原则运行的正常结果。因此，贫困并不是发展中国家特有的现象，即使是在经济发展水平和居民人均收入位居世界前列的发达国家，也同样存在贫富差距。无论是发展中国家还是发达国家，政府在缓解贫困、帮助穷人方面都扮演着重要角色。

（一）农村财政扶贫政策的政策路径

一国政府扶持贫困农村的政策路径往往与一国的经济发展阶段、实际贫困状况以及政府对贫困问题的认识和态度密切相关。然而，所有国家在选择本国财政扶贫资源输入点时，都主要围绕着三条路径。

1. 依赖经济增长

该路径主要通过区域援助发展政策发挥极化或扩散效应，带动周围贫困地区的经济发展，以经济增长促进不发达地区的贫困人口自上而下地分享经济增长的成果。不同的发展中国家针对本国贫困人口集中区域的不同特点，采取了不同的缓解措施。例如，贫困人口主要集中在农村地区的印度、印度尼西亚和泰国，推行了“绿色革命”“缓解农村贫困计划”（印度）、“稻米增产计划”（印度尼西亚），创建了“乡村发展基金”（泰国）等。这些措施都以扶持农业和农村经济发展为切入点，通过引进、培育和推广高产农作物品种，运用一系列综合性农业技术措施提高产量，促进农业增产、农民增收。贫困人口主要集中在口岸地区的巴西，通过建立进出口自由贸易区，培育“经济发展极”，对确定的目标“发展极”给予重点投资，并制定特殊的优惠政策，推行各种落后地区开发计划，带动了周边地区的经济增长。拉丁美洲的墨西哥、哥伦比亚、智利、哥斯达黎加、委内瑞拉以及亚洲的巴基斯坦均采取了类似的政府扶贫措施，形成了物质相对充裕而人力资本相对短缺的资本结构，具有资本密集型产品生产的相对优势。发达国家在早期同样存在区域性贫困问题，因此政府也会选择区域开发政策，对贫困地区实行经济援助。例如，美国 1933 年确立的

《麻梭浅滩与田纳西河流域开发法》，1965年颁布的《阿巴拉契亚区域开发法》，都有扶贫政策的明确区域指向；意大利政府长期对南部落后地区的财政扶持也极大地改善了意大利南北经济发展不平衡的局面。

2. 增加人力资本投资

良好的国民整体素质有利于提高国家的经济发展质量和可持续性，而初等教育、技术培训和医疗服务政策，可以提高贫困人口的素质，开发贫困地区的人力资源。例如，亚洲的韩国、马来西亚和菲律宾等，在经济发展早期侧重人力资本投资，通过限制工业化投资将有限的政策资源优先安排于教育领域，使中等学校实际入学率在60%以上。其他发展中国家在经历了经济快速增长所带来的减贫加速效应后，也逐渐出现了贫困发生率下降速度放缓、贫富差距扩大的问题，从而开始注重提升贫困人口素质。例如，印度在“绿色革命”后，发现这项旨在通过引进新品种和新技术以提高粮食产量的举措需要农户提供一定的配套资金，从中获益的并不是贫困人口。于是，政府开始实施以自主谋生为核心的“青年职业培训计划”，免除农村贫困家庭子女的各项学杂费，各地方政府每月还会为其提供定额的生活费补贴以及服装、文具补贴等，并初步建立为贫困人口提供免费基础医疗服务的公共卫生系统。印度尼西亚也从20世纪70年代开始广泛实施人力投资计划。巴西从2003年起制订并实施了成人扫盲计划、职业培训计划等，从2005年起开始在部分公立大学试行为农村贫困生保留一定比例的入学名额的政策。此外，巴西还举办了培训班，以提高农民的种植技术和就业技能；实行全民免费医疗制度，使贫困人口能得到基本的医疗保障。贫困人口从经济增长中的获益程度有赖于其自身的接受和掌握能力以及对新技术和新机会的利用。归根结底，可以说增加人力资本投资是减轻贫困的根本途径。

3. 实施社会保障

美国经济学家保罗·斯特雷坦（Paul Steretein）指出：“从把经济增长作为通过就业和再分配衡量发展的主要标准到基本需求的演进，是从抽象目标到具体目标、从重视手段到重新认识结果以及从双重否定（即减少失业）到肯定（满足基本需求）的演进。”社会保险、社会福利和社会救济政策可以为贫困人口提供基本的卫生和教育保障以及其他生活补助，满足其最基本的生理需要和安全需要。实施社会保障，一方面要直接向贫困人口提供保健服务以及教育、卫生和供水设施；另一方面要加速经济增长，提高贫困人口的劳动生产率和收入水平。普惠型社会保障措施的实施有赖于雄厚的经济实力，因此是发达国家扶贫的主要措施，如实施历史最悠久、涉及面最大、保障条款最完整的英国，以及德国、美国、澳大利亚等国家。虽然福利扩张和收入援助方案并不是解决贫困的根本方法，但是它们确实是贫困减少的主要原因。社会保障是国家通过财政手段实施的国民收入再分配，通过缩小各阶级之间的实际收入差距，满足贫困人口的基本需要，对于城乡差距、地区差距以及农村内部居民收入差距日益扩大的中国而言具有指导意义。

（二）农村财政扶贫政策的国际实践经验

面对庞大的贫困群体，受制于资本规模约束的发展中国家往往面临着将有限资本优先安排于经济增长还是人力资源开发的困扰，而发达国家一般选择在实施普惠型社会保障政策的基础上，对少数贫困人口和后进地区采取更有针对性的收入援助计划和区域开发计划。因此，根据不同的社会历史条件和经济发展阶段，各国政府都实行了与本国经济综合实力相适应的反贫困政策，并且在不断地进行改革和调整。

1. 立法保障

发达国家的减贫行动基本遵循“立法先行”的原则。英国在1536年颁布的《亨利济贫法》是世界上第一部扶贫法。美国政府于1862年颁布的《宅地法》、1873年颁布的《鼓励西部植树法》、1877年颁布的《沙漠土地法》和1961年颁布的《地区再开发法》，为美国“西进运动”提供了完善的法律保障。日本政府于1909年颁布的《农业巩固法》确立了灌溉和排水在土壤改良工程中的关键地位；1893年颁布的《技术补充学校法》确立了小学后农业教育制度；《北海道开发法》《孤岛振兴法》《偏僻地区振兴法》等法律保证了政府实施区域援助计划的连贯性。其中，《北海道开发法》确立了北海道开发的基本原则和方针。在法律规制下，北海道开发严格按照计划执行每一期开发重点。第一期的重点是开发资源和振兴财政；第二期的重点是实现财政结构现代化；第三期的重点是提高民众生活水平，加强社会福利设施建设；第四期的重点是提高社会经济的安全性和促进综合环境的形成；第五期的重点是提高北海道在国内外的经济竞争力。澳大利亚政府于1998年颁布的《预算报表诚信法》和1999年颁布的《公共服务法》使政府减贫公共支出绩效的评价工作有法可依。选择人力资本开发优先序的韩国在1967年颁布了《职业培训法》，把参与培训作为在岗员工的权利和义务，并纳入了法律条款。20世纪70年代，韩国政府又先后颁布了《国家技术资格法》《技能奖励法》《职业技能开发法》《企业法》，以法律的形式确定了对技术资格获得者的各种鼓励和优待政策。

发展中国家也非常注重通过立法保障政府扶贫政策的连贯性和一致性。印度尼西亚政府于1960年颁布的《土地基本法》和《收成分配法》保护了农民对一定量耕地的拥有权和农民所得占总收成的比重。2000年，墨西哥出台了《农村发展法》，为解决农村贫困人口就业、促进农村劳动力转移提供了法律依据；2004年颁布的《社会发展法》规定地主在雇用农民帮工时，必须为农民购买基本保险。

2. 实行区域援助政策扶持贫困地区

发展中国家的区域援助政策目标主要着眼于促进地区（区域）经济增长和贫困人口自我脱贫能力的提升；发达国家的区域倾斜政策目标主要是缩小地区间贫富差距，实现社会公平和经济均衡发展。具体措施包括以下几点。

(1) 加大财政投入，调整财政支出结构

意大利政府为改变“南贫北富”的经济不均衡局面，对落后南方地区的扶贫开发提供了强大的财政资金支持。1950年，在南方基金局成立之初，便以法律形式确定了政府需每年拿出不少于10%的财政预算作为南方基金局开发基金，用于南方地区经济开发。其后几年，不断出台的法律确保了中央政府对南方地区的投资力度。例如，1957年规定政府必须把投资总额的40%投入南方，并从南方购买不少于其采购总额的30%的产品和劳务；1981年规定新建工业投资的80%和工业投资总额的60%必须投入南方。在1951—1984年的33年间，意大利政府对南方地区的投资总额高达147万亿里拉，特别是1985—1994年的10年间，政府拨款120万亿里拉用于南方开发建设，相当于政府对南方地区前34年的实际投资总额，折合人民币约为每年投资400多亿元。[1] 意大利政府将在南方落后地区设立的“工业发展区”作为“发展极”，以促进当地工业经济的发展。“工业发展区”选择的新财政立足于自身资源禀赋，尽量与北方财政形成结构互补，选择地点尽量避开能源、交通极不方便的偏僻山区，不搞“全面开花”。意大利政府还通过实施各种优惠政策吸引企业投资向“工业发展区”集中，如1971—1975年国家对固定资产投资在1亿～15亿里拉的企业创建、改造或设备更新提供所需资金35%的补贴；对固定资产投资在15亿～50亿里拉的企业提供所需资金15%～20%的补贴以及35%～50%的优惠贷款[2]，包括给予新办企业10年免征税的优惠，对新建、扩建、

[1] 左晓民. 中国与欧美的反贫困行动及政策比较［J］. 商洛师范专科学校学报，2005（9）：18.

[2] 王俊文. 当代中国农村贫困与反贫困问题研究［M］. 长沙：湖南师范大学出版社，2007.

改造企业给予占固定资产投资40%的优惠贷款，对更新设备和进行结构改造的企业给予占投资总额70%的优惠贷款等。

从20世纪五六十年代开始，美国联邦政府通过设定专项补助和分类补助的形式，补贴州政府和地方各级政府，以消除区域之间的差距。美国行政管理和预算局的统计资料表明，1997年联邦政府财政补贴高达2 752亿美元，占联邦支出的16.3%，占国内生产总值的3.5%。此外，联邦政府还设定了补贴基本形式。一是专项补助，主要是为支持特别专门化项目而设计的一种有条件的补助，其用途、金额、使用期限和各种具体要求由联邦政府规定，州政府和各级地方政府不得挪作他用。专项补助中约有70%将人口、人均收入或者财政能力等作为衡量需要程度的标准，合格者均可获得补助。二是分类补助。与专项补助相比，分类补助的约束性不强，联邦政府只规定了其作用范围，没有资金配置方面的相应要求。分类补助可以为州政府和地方各级政府提供更有效的收入来源，以此消除区域之间的差别。从支出结构看，联邦政府对州、地方财政补助主要集中在医疗卫生、收入援助以及教育培训和社会服务等四个方面。其中，用于人力资源开发方面的补贴额不断增加，医疗卫生方面的补贴由1955年的3.9%上升到1991年的36.7%，36年间提高了32.8个百分点；用于教育培训、就业方面的补贴由10.1%提高到17.1%；用于收入援助方面的补贴支出日益强调直接面向“最贫穷的人”，直接支付给个人的补贴额占比在1991年上升到59.2%。[1] 美国政府除增加财政拨款和补贴外，还制定了一整套招商引资政策。一是执行低税率政策，如西部的亚利桑那州不征收存贷税和法人专利税，并对企业免征红利所得税；蒙大拿州地方政府有权按照50%的比例对新创办企业征收最初5年的财产税；南部的路易斯安那州的新创办企业在10年内可享受免缴财产税和建筑税的待遇。二是由政府补贴开展劳动力就业培训，满足企业的劳务需求。

日本针对经济发展水平不同的地区实行了区别对待政策，旨在缩小地区间的发展差异。20世纪60～80年代，日本政府先后制定了《山村振兴法》《过疏地域振兴特别措施法》《欠发达地区工业开发促进法》《新产业城市建设促进法》《工业再配置促进法》等若干法律，并划定了91个欠发达地区和15个新财政城市地区。日本政府对欠发达地区实施高投入扶持政策、特殊信贷政策（如成立专门金融机构筹集开发资金及进行低息或无息长期贷款）和特别税法

[1] 王俊文．当代中国农村贫困与反贫困问题研究［M］．长沙：湖南师范大学出版社，2007.

（如享有减免税收等优惠待遇），即后进地区享有减免税收等优惠待遇，其工业开发和经济增长可以得到有效提高；城市基础设施建设和财政布局改善以及减免固定资产税，可以诱导新财政城市地区进行基础设施建设，防止人口、财政过度向大城市集中，促进工厂从工业过度集中地区向工业开发水平较低的地区转移，实现国民经济均衡发展。

印度政府为促进农村贫困地区发展提供了重要的财政支持。为了确保东北边疆贫困地区获得充足的投入资金，印度政府于1996年出台了“看东北”政策，要求所有中央政府部委将年度预算资金的10%定向投入东北地区；同时，政府还专门成立了“中央节余资金管理委员会”，负责统一收集、使用各部委剩余的东北开发资金。1998—1999年，该委员会将约2 744万美元的剩余资金全部用于东北地区新开发项目。印度国家有关部门统计资料表明，1999—2000年，印度政府计划为东北边疆开发提供约22.24亿美元的资金，实际投入约28.77亿美元。2004—2005年，印度政府拨款1 388亿卢比（约合32.3亿美元）用于农村地区发展，并额外投入800亿卢比专项用于农村基础设施建设。2006年，印度政府再次增加了33%的财政支出用于农村地区扶贫开发，并拨款1 028亿卢比用于促进农村地区公共健康事业的发展，拨款1 100亿卢比继续推进农村就业保障计划。

巴西促进落后地区经济开发的减贫措施始于20世纪60年代。巴西政府分别在贫困落后的亚马孙地区和东北部农村地区实施了“发展极战略”。一方面，政府在亚马孙地区的马瑙斯建立了自由贸易区，以此为“发展极”带动周边区域经济开发。巴西政府对该地区实行了进出口自由贸易政策和一系列财税优惠刺激政策，如对在自由贸易区内投资设厂的企业给予“亚马孙开发私人投资基金”赞助，规定贸易区内企业免缴利润税、工业产品税、商品流通税，免缴工业生产所需进口机器设备、零配件和材料税。“发展极战略”有力地推动了亚马孙地区的发展。1989年，该自由贸易区内共有工业企业577家，雇员约2.7万人，产品销售额约70亿美元，建起了170多个农场和畜牧场，带动了周边农牧业的发展，成为巴西轻工业产品重要的生产基地。另一方面，政府在东北部推行了“东北部农业发展计划”，通过土地再分配和提供优惠贷款、科技农机、化肥、农药等服务，在东北部培育农业区域“发展极”；通过推行“全国一体化计划”修建多条公路干线，把边远地区与发达地区连成一片，充分发挥“发展极”的扩散效应。这些计划使巴西形成了以规模不等的发展极为核心的区域经济发展极网络，增强了边疆地区对中央地区的向心力，起到了很好的减贫效果。在1960—1980年的20年间，巴西的经济增长率一直保持在8%以上，贫困发生率也从50%下降到21%。[1] 另外，巴西政府还实施了贫富区域之间的财政收入转移支付制度，以支持发展相对落后地区的教育和卫生事业。1999年，东北地区在一年的时间内就获得了财政转移支付资金80 128亿雷亚尔（约合43.2亿美元），占该地区当年财政收入的71.7%，相当于同期中国西部一个人口大省的全年财政收入。[2] 这些资金主要用于当地公立学校的免费午餐、免费医疗和免费教育支出。

（2）重视加强贫困地区基础设施建设

1965年，美国政府颁布了《公共工程和经济开发法》和《阿巴拉契亚区域开发法》，指明对贫困地区的援助重点围绕公共工程投资展开。阿巴拉契亚山区是美国主要的贫困区域，横跨美国东部13个州。该地区区域失业率高，人均收入水平、居民受教育程度较低。根据《阿巴拉契亚区域开发法》成立的“阿巴拉契亚区域委员会”由美国联邦政府和州政府联合组成，具体负责对阿巴拉契亚山区的援助开发工作。政府首先把公路建设作为援助发展重点，在首期11亿美元的联邦政府拨款中，公路投资占到77%。此外，委员会还要求各州拿出30%～50%的援助发展配套资金。公路系统建设完成后，委员会又把投资重点转向教育、卫生等基础设施建设方面。自该法案实施以来，阿巴拉契亚山区的人均GDP成倍增长，从仅为全国平均水平的78.2%提高到84.8%，上升了6.6%。

在意大利政府实施的南方地区（区域）援助计划中，第一阶段的开发重点是加大对农业和基础设施建设投入。政府征收了50万公顷的土地，以分期付款和优惠贷款方式分配给无地或少地农民。这一时期60%的南方基金局开发基金都用于农业，其余40%则用于水路、电网、公路等方面的基础设施建设。到20世纪50年代末，南部地区现代化交通运输网络基本形成，农业灌溉面积大幅增加，为南方经济的进一步发展打下了坚实的基础。

印度政府早在第一次“绿色革命”时期，就在干旱地区、沙漠地区、山区等落后地区推行公路建设计划、电气化计划和普及初等教育计划等。20世纪70年代中期的第二次“绿色革命”更是注重对农村道路、供水、电力、住房等社会经济基础设施的建设。尤其是由国家和各邦政府拨款拨粮进行的类似于

---

[1] 赵曦. 中国西部农村反贫困模式研究［M］. 北京：商务印书馆，2009.

[2] 朱欣民. 巴西落后地区的产业开发成效评价［J］. 拉丁美洲研究，2005（8）：21.

“以工代赈”的农村基本建设，利用农闲季节、用粮食代替现金作为工资支付给农民，不仅为农村创造永久性财产，也解决了农村劳动力的就业和温饱问题。另外，印度政府还推行了“农村综合发展计划”“贾瓦哈尔就业计划”，由中央和各邦政府共同出资，向贫困人口提供补助和贷款以及种子、化肥、农药等方面的技术服务，兴修水利设施，为贫困群体创造修建住房和挖掘水井等方面的就业机会。

（3）重视扶持农业发展和农业技能培训

意大利政府通过组建加工、销售农业生产合作社促进农业商品化。这些合作社大多是以家庭生产为基础的加工、销售企业，不需要向国家交税，企业所得即农户所得，利润除必要开支外全部返回农户。

针对农村地区经济不发达、劳动生产率下降、人口增长过快和农村劳动力外流等问题，美国前总统克林顿于1993年签署颁布了《联邦受援区和受援社区法案》，拨款25亿美元用于税收优惠，10亿美元用于城市不发达社区和农村的各项综合性援助，为受援地区或社区创造经济机会，使地方参与者能自我选择可持续发展的成功方式，最终摆脱联邦政府和州政府的救济。

韩国农水产部在1955年设立了农业教育科，在各道、郡相继成立了农业教导所并配备技术员，建立了较完整的农业发展教育指导和组织体系。1957年，政府制定了《农业教育法》，组建了统一管理农业教育和科学实验的农事院（现改名为“农村振兴厅”），负责农业教育和农业技术的开发、推广和应用。为了稳定农村就业人口和提高农业生产者的职业水平，韩国政府于1980年颁布了《农渔民后继者育成基金法》，规定为35岁以下、安心务农且具有一定能力的农渔民后代提供701万韩元农技培训贴息贷款；对各级农协职员定期进行农业经营管理方面的培训；在各地农村兴建一批图书馆，普及电化教育。

印度在20世纪70年代中期开始实施以自主谋生为核心的“青年职业培训计划”，在农村地区建立若干培训中心，对18～35岁的失业青年进行技能培训，提高其就业能力。

1953年，泰国政府成立了“边境巡逻警察组织”，为贫困山区农民提供食物、药品等救济，并对山民进行农业培训，给予种子、种猪等方面的技术帮助。20世纪60年代，泰国政府成立了“山民自助组”和“发展与福利中心”，为山区农民进行农业技术交流提供机会，并着手改善山区交通状况和卫生设施。其间，普密蓬·阿杜德（Bhumibol Adulyadej）国王还亲自批准设立了王室项目，在北部清迈府的六个农业实验站开展蔬菜、水果、花卉、咖啡等多种作物培育，把实验成功的品种和技术无偿传授给山民。1983年，普密蓬·阿杜德国王创建了华赛皇家发展研究中心，向贫困地区农民传授农业知识和技术，形成了农业种植与渔牧养殖相结合的综合农业发展模式，较好地提升了当地农民的生活品质。2001年，泰国政府专门从财政预算中拨出了4 000万美元用于农民职业技能培训，计划每年培训30万人，以配合农村地区财政化经营，增强农民的偿债能力。2005年年初，泰国政府拨款3亿美元，开始实施为期两年的农业改革计划，核心是在农业生产中推广信息技术和建立经济作物分区生产制度。泰国政府针对农村地区实施的一系列发展计划广受好评，在2005年的一项民意测验中，政府的农业扶持措施获得了近90%的支持率。

3. 建立和完善社会服务体系

社会服务主要包括使贫困人口及其子女获得教育、卫生保健以及其他社会福利。由于经济实力的差距，发达国家和发展中国家的政府在构建本国社会服务体系时存在很大差异。

(1) 发达国家的社会服务体系

德国是世界上最早实行社会保障制度的国家，其社会保障体系由社会保险制度、社会福利和社会救助制度构成，以强制性社会保险为主体，辅之以社会救助和社会福利。德国的社会保险包括养老保险、医疗保险、失业保险和工伤保险，社会救助主要针对受灾居民、贫困者、低收入家庭等弱势群体，社会福利包括家庭补助、住房补助、教育福利等。社会保险资金主要来源于个人和企业，国家财政辅以补贴。德国财政部门负责编制全德国社会保险预算，联邦劳动就业部和劳动社会事务部负责制定社会保险决策和管理办法。同为欧洲国家的英国，其社保主管部门是英国社会保障部，社保资金通过个人缴纳、雇主缴纳、财政预算和国民保险基金投资收入四部分筹集。英国的社保资金主要用于失业保险、病患津贴、低收入补贴、退休金等9个部分，体现了“全民保障”和“全面保障”的特点。20世纪90年代，英国社会福利津贴约占全国公共支出的35%，全国约有450个社会保障办事处为市民提供相关的福利资料，协助市民申请各种社会福利。

美国自1980年以来所采取的主要扶贫举措，是包含抚育未成年儿童家庭援助、额外保障收入、公共医疗补助、食品券和儿童营养项目、一般援助、社会服务和儿童福利服务、住房补助、教育补助等八个核心内容的政府公共福利方案。近年来，美国用于各种福利项目的开支在财政收入中约占10%。在全部福利支出中，近30%专门用于贫困人口。为了支持各种各样的贫困人口资助项目，联邦政府每年的福利开支都在500亿美元以上，对治理和遏制贫困人口增加具有重要作用。

澳大利亚的贫困发生率介于英、美和加拿大之间，由于其实施的是具有针对性的资产测试型社会援助方案，其在社保方面的支出相对较小。澳大利亚政府一方面设立了专门组织机构进行系统规范的资产测试，包括界定“收入贫困人口”标准、确定分享资源的家庭单位标准、区分不同家庭结构及规模、准确测量收入与开支的关系等，以提高对社会上需要援助的贫困者的准确识别率；另一方面大幅提高了资产测试社会援助金比例，基本上将所有的社会保障开支都用于消除贫困，大大降低了资金使用成本，提高了社会救助资金的使用效率。

(2) 发展中国家的农村社会服务体系

作为墨西哥政府减贫的重要举措，“机会均等项目”早在1997年就在农村地区启动，通过“教育、健康与营养计划”，旨在提高贫困人口的人力资本质量，并于2001年推广至城市地区。负责该项目的社会发展部每年投入近7 000万美元，用于向贫困人口提供技能和职业培训，并在住房和子女教育方面给予帮助。截至2004年，共有500多万个家庭受益。2004年，政府颁布了《社会发展法》，规定地主在雇用农民帮工时，必须为农民购买基本保险。同年，政府建立了“大众医疗保险”公共医疗保险体系，由联邦政府承担60%的保险基金，州政府出资35%，参保人仅需支付5%。所有农民和无固定职业者以自愿参保的形式，每年缴纳65～1 000美元不等的保费（最贫困的20%参保家庭可以免缴保费），使全家都能享受大众医疗保险提供的医疗服务。

20世纪70年代初，印度尼西亚政府制订了以保证国民享受完整教育为目标的人力资源开发计划。具体措施包括改善并放宽所有适龄儿童的入学条件，主要针对贫困、偏远的地区；加强教育基础设施的建设和维修；通过立法规范全国教育标准；区分各种学校的教育职能，加强社区对教育的监督和管理。自1977年起，印度尼西亚政府对贫困家庭子女免收学费，使全国范围内的初中入学率持续提高，在1987年达到了95%，小学教育质量也有所改善。在增加教育投入的同时，印度尼西亚政府逐步提高了基本医疗服务。首先，在全国范围内推广政府基础医疗义诊；其次，在全国的三个等级医院里推广面向贫困人口的免费医疗，并为贫困人群设立相应的医疗保险制度，以提高贫困人口的人

力资本素质。❶

基于“贫困人口也有信贷的基本权利，政府和社会有责任帮助他们通过自身努力用好贷款、摆脱贫困”的理念，1977年，穆罕默德·尤努斯（Muhammad Yunus）创办了孟加拉农业银行（Grameen Bank），开始向最为贫困的农户，尤其是贫困妇女提供小额、低息、连续贷款服务。根据“越穷的人应越优先得到贷款，无论什么活动，只要能产生收入，银行都应给予贷款”的放贷原则，孟加拉农业银行帮助近100万个贫困家庭获得了生产经营启动资金，走上了发展生产和增加收入的正常轨道。目前，这种将扶贫资金直接无抵押贷放给贫困户的小额信贷已经成为世界银行重点推荐的扶贫方式，在发展中国家普遍推行并形成了多种运行模式，如印度尼西亚BRI的村信贷系统、玻利维亚的班科西奥（Bancosio）以及在拉丁美洲14个国家开展项目的国际社区资助基金会。

二、国外财政扶贫政策的启示

农村财政扶贫政策的核心是通过扶贫资源的有效配置，实现在最短时间内将贫困人口规模降低到最小值的政策目标。因此，在不同时期选择正确的、符合本国国情的扶贫资源输入点至关重要。各国政府根据本国的社会历史条件、贫困特征以及经济发展水平，实施了各具特色的扶贫政策，积累了丰富的扶贫经验，为中国的财政扶贫提供了借鉴。

（一）重视法律在政策执行中的作用

发达国家和一些发展中国家成功的减贫经验表明，通过制定法律、法规可以有效地约束和规范政府在扶贫政策执行过程中的计划性和延续性，提高减贫效率。没有健全的法律法规，扶贫资金的投入对象、投入规模、投入目标就无章可循，财政投入必然会出现随意性、易变性和不稳定性，不仅不利于扶贫行动的长期规划，也不利于减贫效果的稳固。许多国家在建国之初便以立法形式明确政府在扶贫行动中的责任、基本原则和目标，如英国的《济贫法》。之后，随着国内贫困状况的变化和反贫困战略的调整不断出台相应的法律、法规，如日本的《北海道开发法》、韩国的《职工培训法》和墨西哥的《农村发展法》，其目的是将政府扶贫援助置于严格的立法、执法和司法过程中，以保证援助政策的完整性和连贯性，维护贫困人口的基本利益。目前，我国应完善与扶贫开

❶ 汤平山. 发展中的印度尼西亚经济［M］. 厦门：鹭江出版社，1995.

发工作相关的法律、法规，使政府扶贫政策的执行实现法制化和规范化。这是提高财政资金减贫效率、增强减贫效果可持续性的关键。

（二）重视扶贫资金投入的规模和力度

扶贫资金是扶贫工作顺利开展并卓有成效的动力，从某种意义上讲，它在扶贫工作中起着决定性的作用。大规模财政投入是帮助贫困地区摆脱“贫困恶性循环陷阱”的关键，各国政府都十分重视通过加大财政扶贫资金投入来提高减贫效果。1997 年，美国联邦政府用于扶持贫困地区发展的财政补贴高达 2 752亿美元，占同期联邦财政支出的 16.3％，占国内生产总值的 3.5％。墨西哥政府公布的数据显示，墨西哥中央政府每年直接投入的扶贫资金约为 30 亿美元，按照 2008 年极端贫困人口 1 950 万（国家贫困标准）计算，平均每个贫困人口达到 154 美元，折合人民币 1 069 元（按 2008 年人民币兑美元平均汇率 6.944 4 计算），[1] 政府承诺还将进一步增加扶贫财政投入。玻利维亚虽然全国人口只有 720 万，但是每年也有数亿美元的国际、国内援助用于解决贫困问题。

1986—1990 年，我国政府平均每年投入扶贫资金约 42 亿元，按照 1990 年绝对贫困人口 8 500 万人计算，平均每个贫困人口不足 50 元；2000 年，政府投入扶贫资金 207.7 亿元，与 1986 年 42 亿元相比增加了近 5 倍，但是 2000 年的贫困人口为 9 422 万人，每个贫困人口只有 220 元。虽然随着国家财力的增强，政府专项扶贫资金投入不断增加：中央专项扶贫资金 351.17 亿元，加上 2018 年 10 月提前下达的 909.78 亿元，2019 年中央财政补助地方专项扶贫资金 1 260.95 亿元已全部下达，比 2018 年同口径增加了 200 亿元，增长了 18.85％，连续四年保持每年 200 亿元的增量。但是，无论与发达国家还是其他发展中国家相比，中国政府财政扶贫资金投入的规模和力度都需要进一步加强。

（三）重视改善农村社会服务水平

如果一国经济增长有利于贫困人口脱贫致富，就可以保证社会稳定和可持续发展。向农村贫困人口提供水平更高的社会服务，改变其被医疗费用和教育费用拒之门外、获得的公共支出份额低于平均水平的不平等状况，才是消除农村贫困根源的有效措施。

---

[1] 林乘东．反贫困模式比较研究［J］．中央民族大学学报：社科版，1997（8）：64．

发展中国家受限于自身经济实力，在社会服务体系建立之初只能面向部分城镇人群，只有在服务体系扩大后，处于弱势地位的农村贫困人口才能逐步受益。例如，印度在20世纪90年代初建立了公共分配系统，由各邦设立平价商店，按照低于市场的价格（价差由中央政府给予补贴）专门向低收入居民提供小麦、大米、布匹等7种生活必需品。这些平价商店一开始主要设立在人口较集中的城镇地区，到20世纪90年代中期才逐步向农村地区特别是边远山区和少数民族地区扩展。印度尼西亚、泰国社会服务体系的建立基本都遵循“先城镇、后农村”的模式，重视贫困人口技术训练和管理人才的培养，并为培养农村企业家设立了许多专门机构，使培训者牢固树立起“三自意识”，即自主意识、自强意识、自助意识。“增加穷人获得信贷的机会”是政府构建社会服务体系的一项重要内容。孟加拉国的孟加拉农业银行开创的小额信贷模式，以扶贫贷款高到户率和100%回收率，被誉为世界上最有效率的扶贫模式。实施小额信贷需要政府扶持和良好的信用环境。2006年，印度政府成立了信贷扶贫委员会，通过农户信贷卡的形式搜集农户的信用偿还信息并提供给信贷银行。这一做法值得中国借鉴。

发达国家在社会服务体系建立之初便面向全体民众（包括贫困人口），强调政府财政“公平”。例如，20世纪70年代，美国联邦政府通过转移支付实施的社会福利援助项目高达530个，总金额约240亿美元。[1] 除美国之外，英国、德国等国家的社会服务体系水平也都很高。相对于一些国家凭借雄厚经济实力实行的普惠型社会福利计划而言，澳大利亚政府所采取的对贫困人口更具针对性的资产测试型社会援助方案，对于目前正在致力于加强农村社会服务体系建设的中国政府而言可能更具现实启示意义。

（四）重视动员社会各界参与扶贫

政府虽然是“扶贫”公共服务的最优供给者，但并不是唯一利益相关者，贫困人口、非政府组织（NGO）、私人部门以及经济“一体化”背景下的国际机构也会直接影响一国扶贫财政投入的减贫效率。

扶贫政策的最终目的是提高贫困人口的生活水平，使贫困人口真正受益，而尽可能地让贫困人口直接参与是达到这一目的的最有效方式。提高贫困人口的参与度有利于扶贫资源的传递和接受，但其“参与程度是否充分”取决于两方面：一是贫困人口的表达能力，涉及贫困人口的自身素质培养和主体意识，

---

[1] 姜爱华. 政府开发式扶贫资金绩效研究［M］. 北京：中国财政经济出版社，2008.

要使贫困人口意识到自己才是主宰自己命运的主体；二是贫困人口表达渠道，即贫困人口的话语权问题。政府有责任在社区和国家机构维护贫困人口的发言权，支持弱势群体代表参与社会事务讨论。印度、巴西、马来西亚的经验表明，只有“自上而下”和“自下而上”双向互动扶贫方式，才能获得良好的减贫效果。

近年来，非政府组织和私人机构的扶贫作用得到了许多国家的认可。在扶贫工作中，非政府组织具有一些政府扶贫机构不具备的优势。例如，他们比政府组织更了解地方基层情况，工作方法和传递机制更加灵活，扶贫效率更高等。孟加拉国有世界上最大的非政府组织——孟加拉农业银行，其小额信贷项目为南亚非政府组织扶贫实践提供了有益的借鉴。各国政府日益重视通过优惠税率、贴息贷款等各种措施鼓励私人机构参与扶贫活动。例如，美国联邦政府近年来大力提倡和推进社会福利保障的民营化和市场化，允许各州通过与慈善组织、宗教团体或私人组织签订契约的方式实施福利项目。这种由政府、社会和企业共同承担社会福利责任的模式能有效地缓解政府的财政压力，有利于提高社会服务水平。

发展中国家的减贫成效经常受制于扶贫资源投入不足，而积极利用国际援助（包括国际组织援助和国家间双边援助）是一条重要的经验。国际援助的减贫成效一方面取决于资金规模大小，另一方面取决于受援国家的资金管理水平和援助项目。韩国政府将大量国外贷款用于加强本国的农业基础设施建设，集中用于农田整治和开垦、农村供水、灌溉系统、农村道路等方面，仅 20 世纪六七十年代用于农业部门和农村贷款就高达 13.94 亿美元，有效地促进了本国农业的发展。印度尼西亚政府在 1970—1987 年获得国外援助 129 亿美元，是当时第七大受援国。这些援助主要用于农业、教育等方面，对缓解农村贫困起到了关键作用。[1]

[1] 张新伟. 扶贫政策低效性与市场化反贫困思路探寻［J］. 中国农村经济，1999（5）：52.

第五章 财政扶贫政策减贫效应的实证分析

本章在第四章研究的基础上，进一步扩大了财政扶贫的研究范围。本章将选取省级面板数据，构建固定效应模型和门槛模型，实证分析不同性质的财政扶贫投入的减贫效应及其差异。[1] 根据中国农村贫困监测报告（2018），可以发现 2010—2014 年的减贫效果是最好的，因此本章选取了这一期间的数据进行实证分析。

第一节 理论模型的提出

拉瓦雷（Ravallion）和申（Chen）提出的贫困模型为：

$$\ln H_{it} = \alpha_{it} + \beta \ln Y_{it} + \gamma t + \varepsilon_{it} (i = 1,\ 2\cdots,\ N;\ t = 1,\ \cdots,\ T) \tag{5-1}$$

其中，H_{it} 表示地区 i 在 t 期的贫困指标，α_{it} 表示地区差异的固定影响，β 是贫困的经济增长弹性，Y_{it} 是地区生产总值，ε_{it} 为随机误差项。[2]

为使以上方程更具一般性，可以将其转换为：

$$H_{it} = e^{\alpha_0} Y_{it}^{\alpha_1} \tag{5-2}$$

根据本书的研究目的，农村地区被锁定为研究区域。根据阿罗（Arrow）和库尔茨（Kurz）的研究，在新古典经济模型的基础上，将公共支出引入宏观经济生产函数，构建农村地区的经济增长函数：

$$Y_{it} = F(K_{(t)},\ G_{(t)},\ L_{(t)} e^{\tau t}) = A_{it} K_{it}^{\beta_1} G_{it}^{\beta_2} L_{it}^{1-\beta_1-\beta_2} \tag{5-3}$$

其中，K_{it} 为地区 i 在 t 期的私人资本存量，L_{it} 表示地区 i 在 t 期的劳动力，G_{it}

---

[1] 周艳. 财政农村扶贫政策及其减贫效应研究［M］. 北京：中国时政经济出版社，2018.

[2] Ravallion M, Chen S H. *What Can New Survey Data Tell Us About Recent Changes in Distribution and Poverty*［J］. World Bank Econ Rev, 1997 (11).

表示地区 i 在 t 期的政府投入量。除了自有资金外，财政投入是农村地区具有正规性和持续稳定性的主要资金来源。财政投入依据投向领域和功能差异，可细分为生产性支出、社会性支出和救济性支出。因此，农村地区财政投入可表示为：

$$G_{it}=(\mathrm{EFF}_1\times \mathrm{sup})^{\gamma 1}\ (\mathrm{EFF}_2\times \mathrm{edu})^{\gamma 2}\ (\mathrm{EFF}_3\times \mathrm{wel})^{\gamma 3} \tag{5-4}$$

其中，sup 表示农村生产性扶贫投入，edu 表示农村社会性扶贫投入，wel 表示农村救济性扶贫投入，EFF_i（$i=1$，2，3）表示相应的投资转化效率。将式（5-3）和式（5-4）代入式（5-2），整理可得：

$$H_{it}=\mathrm{e}^{\alpha_0}A^{\alpha_1}(\mathrm{EFF}_1\times \mathrm{sup})\alpha_1\beta_2\gamma_1(\mathrm{EFF}_2\times \mathrm{edu})\alpha_1\beta_2\gamma_2(\mathrm{EFF}_3\times \mathrm{wel})\alpha_1\beta_2\gamma_3 \\ (\mathrm{EFF}_4\times k)^{\alpha_1\beta_2\gamma_4}L^{\alpha_1(1-\beta_1-\beta_2)} \tag{5-5}$$

对式（5-5）两边取对数，可得：

$$\mathrm{ln}H_{it}=\alpha_0+\alpha_1\mathrm{ln}A+\alpha_1\beta_2\gamma_1\mathrm{lnEEF}_1+\alpha_1\beta_2\gamma_2\mathrm{lnEEF}_2+\alpha_1\beta_2\gamma_3\mathrm{lnEEF}_3+ \\ \alpha_1\beta_2\gamma_4\mathrm{lnEEF}_4+\alpha_1\beta_2\gamma_1\mathrm{lnsup}+\alpha_1\beta_2\gamma_2\mathrm{lnedu}+\alpha_1\beta_2\gamma_3\mathrm{lnwel}+ \\ \alpha_1\beta_2\gamma_4\mathrm{ln}k+\alpha_1(1-\beta_1-\beta_2)\mathrm{ln}L \tag{5-6}$$

基于本书研究的需要，假设各时期资金投入的转化效率均为常数，农村劳动力随着时间的变动较小，并且为常数，同时农村贫困人口自有资金非常有限且变动较小，将其作为控制变量进行考量。基于以上假设，可将式（5-6）改写成式（5-7），即财政综合扶贫政策减贫效应的计量模型为：

$$\mathrm{ln}H_{it}=\mathrm{C}+\lambda_1\mathrm{ln\ sup}_{it}+\lambda_2\mathrm{lnedu}_{it}+\lambda_3\mathrm{lnwel}_{it}+\varepsilon_{it} \tag{5-7}$$

第二节　实证研究设计

一、数据来源和样本选择

采用面板数据，不仅能提供更多的个体动态信息，而且能有效解决遗漏变量问题。鉴于数据的可得性和准确科学性，本章所用数据主要来自历年的《中国统计年鉴》《中国财政年鉴》《中国农村贫困监测报告》《中国农村住户调查年鉴》以及国研网等。对于个别年份缺漏值，采用五年移动平均法进行补缺。

研究将时间区间划分为 1995—2007 年和 2010—2014 年两个时间段。剔除了 2008 年和 2009 年的主要原因有两个方面：一方面，2007 年政府收支分类科目进行了重大调整，财政支出科目在改革前后的统计口径发生了较大变化，相关指标在改革前后没有严格的对应关系，可比性较弱；另一方面，中国在2008年和2010年大幅上调了农村贫困标准，致使此期间的农村贫困人口数产生了技术性反弹，出现了特殊极值。之所以选取1995年作为起始年份，其原因有两点：一是数据可得性，二是政策背景。中国于1994年开始实施“八七扶贫攻坚计划”，中央和地方明显加大了对农村贫困人口的扶持力度；与此同时，1994年中国财政体制进行了分税制改革，对中央和地方政府的财政支出规模和结构都产生了深远影响。考虑到政策的时滞性，研究选取了1995年作为起始年份。

本研究在全国各省（区、市）的基础上对观察样本进行了筛选。上海市、北京市和天津市在研究时间段内，按照官方贫困线标准，基本消除了绝对贫困，因此将其剔除；由于重庆市、西藏自治区在研究时间段内的数据缺失严重，也将其剔除；增加了全国整体作为一个样本，最终得到观察对象27个。在此基础上，本研究参照国家统计局对东中西部地区的划分标准[1]，划分了东部地区和中西部地区两个子样本。

二、变量说明

（一）被解释变量

农村贫困情况（H_{it}），通常可以由贫困发生率、贫困缺口率和FGT指数进行衡量。其中，贫困缺口率和FGT指数需要通过核算各省（区、市）历年的农村居民收入分组数据获得。由于相关数据缺失严重，本书选择贫困发生率作为衡量农村贫困的主要指标。农村贫困人口主要指只能维持简单再生产，物质生活特别困难的绝对贫困群体。鉴于数据的准确性和可比性，1995—2007年的各省（区、市）贫困人口数据来自国务院扶贫办，贫困发生率依据国家统计局发布的各省（区、市）当年的农村人口数量计算。2010—2014年的贫困发生率来自国家统计局住户调查办公室的农村贫困监测数据。

（二）解释变量

财政扶贫支出是基于财政综合扶贫范畴的资金支出。根据财政综合扶贫的投向和功能属性的差异，将扶贫支出进一步分为生产性扶贫支出、社会性扶贫

[1] 依据国家统计局对东中西部的地区划分，东部样本包括河北、江苏、浙江、福建、山东、广东、海南、辽宁8个省；中部样本包括山西、安徽、江西、河南、湖北、湖南、吉林、黑龙江8个省；西部样本包括内蒙古、广西、四川、贵州、云南、陕西、甘肃、青海、宁夏、新疆10个省（区）。

支出和救济性扶贫支出，可以更为客观、有效地评价和比较不同功能属性的财政扶贫支出效益。

1. 生产性扶贫支出（sup）

该项指标包括涉农的基建和科技等生产性投入，用于衡量开发式扶贫变“输血”为“造血”的有效性。1995—2007 年，该指标包括农业支出、林业支出、农林水利气象费支出以及农业基础设施建设支出和农业科技三项等预算支出。2007 年政府收支科目调整后，2010—2014 年，该指标数据来自农林水事务支出。本书依据历年各地区的农村人口规模，对生产性扶贫支出总额进行了人均换算。为了消除价格因素的影响，以 1995 年为基期，采用居民消费价格指数进行平减，并对所得数据进行对数化处理。这样一方面可以解决变量间的非线性关系问题，另一方面可以有效减少异方差现象。

2. 社会性扶贫支出（edu）

该项支出主要包括教育支出和医疗支出。教育和医疗是关系人力资本素质和质量的重要因素，也是导致能力贫困的重要因素。1995—2007 年的社会性扶贫支出通过文化教育支出和医疗卫生支出加总进行总额核算；2007 年政府收支科目调整后，2010—2014 年的社会性扶贫支出通过教育支出和医疗支出加总进行总额核算。本书依据历年各地区的总人口规模进行人均化换算，以 1995 年为基期，采用居民消费价格指数进行平减和对数化处理。

3. 救济性扶贫支出（wel）

该指标主要衡量政府财政扶贫兜底政策的有效性。鉴于数据的可得性和准确性，1995—2007 年该指标采用农村社会救济费支出进行度量，具体包括受灾地区救济和农村“五保”救济；2007 年政府收支科目调整后，社会救济费支出被归并，因此 2010—2014 年该指标采用社会保障与就业支出进行度量。本书依据历年各地区的农村贫困人口规模进行人均化换算，以 1995 年为基期，采用农村居民消费价格指数进行平减和对数化处理。

（三）控制变量（X_{it}）

为准确衡量和评价各类扶贫支出的减贫效应，本书在参阅和借鉴相关文献的基础上引入了以下控制变量。

1. 经济增长变量（GDP）

国内外的众多研究表明，经济增长有利于减贫，经济增长的成果可以通过“涓滴效应”使贫困人口受益。这样一来，贫困人口收入就会伴随经济增长逐步提高，从而摆脱贫困。从政府的角度来看，经济增长意味着政府有更多的财

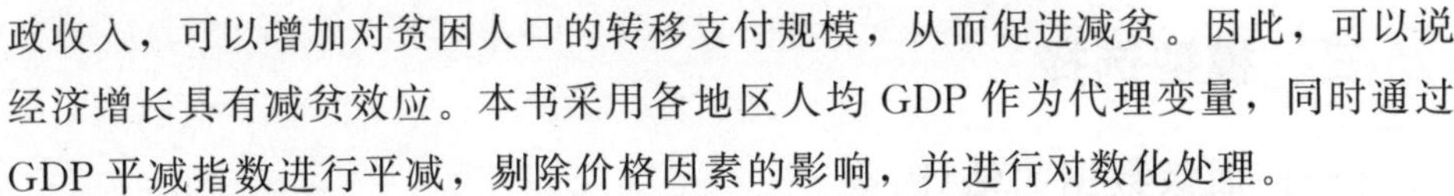

政收入，可以增加对贫困人口的转移支付规模，从而促进减贫。因此，可以说经济增长具有减贫效应。本书采用各地区人均GDP作为代理变量，同时通过GDP平减指数进行平减，剔除价格因素的影响，并进行对数化处理。

2. 城镇化水平变量（urban）

本书采用各地区城镇人口在总人口中所占的比重进行衡量。城镇化水平是一个国家的经济发展，特别是工业经济发展的重要标志。中国经济正处于转型期，工业化、城镇化并进，人口由农村向城市进行大量转移。城镇化对于农村贫困的影响具有两面性：一方面，城镇化推动了第二产业和第三产业的发展，增加了农民非农就业的机会，有助于提高贫困人口的收入水平；另一方面，随着越来越多的人口进入城市，越来越多的资源将更倾向于投向城市，而农村资源投入会相应减少，导致农村贫困状况恶化。

3. 收入分配变量（distr）

本书采用各地区城乡居民人均收入比（以农村居民人均纯收入为1）进行衡量。已有的研究文献表明，经济增长并非是减贫的最主要方法，收入分配政策也应受到重视。因为贫困作为一种收入分配现象，是以占有生产要素多寡的原则进行初次分配的结果。收入分配差距的缩小，有助于提高贫困人口分享的经济增长成果的份额，有助于促进减贫。

4. 产业结构变量（indus）

中国的产业结构以“二产化”为主，与发达国家工业化完成时期的以“三产化”为主的产业结构比较来看，中国尚未完成工业化，仍处于经济转型期。第三产业的发展将有效促进社会就业的增加，减少能源消耗，改善生态环境，拉动经济增长；第一产业的发展，将有效带动农民增收。据此推断，产业结构优化，将有利于减少贫困。本书主要采用各地区三次产业比重作为产业结构的代理变量。

5. 自然资源变量（area）

本书根据各省（区、市）有效灌溉面积总量和当地农村总人口规模进行了人均化处理。土地作为贫困人口最重要的生产资料和财产，是贫困人口基本生活的重要保障和收入的主要来源。因此，贫困人口拥有的土地使用面积越大，越有利于减贫。

三、模型选择

（一）面板数据的估计

估计面板数据的一种极端策略是忽略截面个体间的异质性，将面板数据作为截面数据进行混合回归；另一种极端策略是忽略截面个体间的同质共性，进而将面板数据化为各个个体，每一个个体单独进行回归。

因此，通常假定每个截面的回归方程拥有相同的斜率，以体现共性，并采用截距项反映截面个体间的异质性。这种模型被称为“个体效应模型”。例如：

$$y_{it}=x_{it}'\beta+z_i'\delta+u_i+\varepsilon_{it}(i=1,\cdots,n;\ t=1,\cdots,T) \tag{5-8}$$

其中，Z_i 为不随时间变化的个体特征，比如性别；而 x_{it} 可以随时间而变。扰动项由（$u_i+\varepsilon_{it}$）两部分构成，称为“复合打动项”；不可观测的随机变量 u_i 是代表个体异质性的截距项；ε_{it} 为随时间而改变的扰动项。

如果 u_i 与某个解释变量相关，则称为“固定效应模型”；如果 u_i 与所有解释变量（x_{it}，z_i）均不相关，则称为“随机效应模型”。

（二）模型设定

本书采用 Stata12.0[1] 进行数据处理和模型估计。

首先，通过 F 检验选择混合回归或固定效应模型。本书中 F 检验的 p 值为 0.000 0，固定效应模型明显优于混合回归。采用 LSDV 法添加个体虚拟变量后，大多数个体虚拟变量均很显著（p 值为 0.000），再次说明存在个体效应。

其次，通过 LM 检验选择混合回归或随机效应模型。个体效应可能以随机效应形式存在。LM 检验的原假设为“H_0：$\sigma_u^2=0$”，备择假设为“H_0：$\sigma_u^2\neq 0$”。本书中 LM 检验的 p 值为 0.000 0，强烈拒绝原假设，说明模型中存在 u_i 体现出个体特征效应，不应进行混合回归。

最后，通过豪斯曼检验确定使用固定效应模型还是随机效应模型。豪斯曼检验的原假设为“H_0：u_i 与（x_i，z_i）不相关”。本书中的检验结果强烈拒绝原假设，表明应该使用固定效应模型。

根据以上分析，本书构建了以下回归模型：

$$H_{it}=\alpha_i+\beta_i^s\,\mathrm{sup}_{it}+\beta_i^e\,\mathrm{edu}_{it}+\beta_i^w\,\mathrm{wel}_{it}+\gamma_i X_{it}+\varepsilon_{it} \tag{5-9}$$

---

[1] Stata 是一套提供其使用者数据分析、数据管理以及绘制专业图表的完整及整合性统计软件。它提供许许多多功能，包含线性混合模型、均衡重复反复及多项式普罗比模式。

其中，X_{it} 表示控制变量，ε_{it} 表示随机误差项。

第三节 估计结果分析

一、变量描述项统计

本书运用 stata12.0 统计软件对筛选出的有效样本进行了描述性统计，见表 5-1 和表 5-2。通过软件处理农村财政扶贫有效样本数据，可以得到平均值、标准差、最大值和最小值等统计信息。各指标除了比例化数值外，均进行了对数化处理。

表 5-1 变量描述性统计（1995—2007 年）

变量名称	均值	标准差	最小值	最大值
H(%)	6.084 6	6.870 0	0	55.15
L_{sup}	4.929 8	0.754 9	3.21	6.80
L_{edu}	5.549 6	0.982 3	2.96	8.86
L_{wel}	0.608 0	1.539 5	−2.16	3.95
L_{GDP}	8.837 7	0.552 6	7.51	10.32
urban(%)	37.198 3	12.799 3	16.17	78.64
indus(%)	35.921 9	3.720 8	24.60	43.30
distr	2.899 3	0.655 0	1.71	5.12
area	1.683 0	3.950 5	0.24	24.75

由表 5-1 可知，1995—2007 年，贫困问题的代理变量 H 的平均值为 6.084 6，说明中国的绝对贫困发生率比较高；H 的最小值为 0，最大值为 55.15，标准差为 6.870 0，说明各省（区、市）的绝对贫困状况存在较大差异。扶贫支出 L_{wel}、L_{sup} 和 L_{edu} 的平均值分别为 0.608 0、4.929 8 和 5.549 6，说明从整体来看，扶贫支出的不同投向在规模上存在较大差异；最大值分别为 3.95、6.80 和 8.86，最小值分别为−2.16、3.21 和 2.96，说明各省（区、市之间在扶贫支出规模上存在差异。urban 的均值为 37.198 3，说明中国城镇化水

平处于推进阶段，最小值为16.17，最大值为78.64，意味着各省（区、市）的城镇化水平差异很大。indus（%）的均值为35.921 9，说明中国的第三产业在总产出中的平均比重超过$\frac{1}{3}$。distr的均值为2.899 3，最小值为1.71，最大值为5.12，说明中国存在一定程度的城乡收入差距，同时各省（区、市）存在较大差异。由L_{GDP}和area的最小值和最大值可知，中国各省（区、市）的经济发展水平和人均有效灌溉面积存在较大差异。

表5-2 变量描述性统计（2010—2014年）

变量名称	均值	标准误	最小值	最大值
H(%)	13.152 6	9.282 8	1.10	45.10
L_{sup}	7.600 1	0.480 1	6.54	8.85
L_{edu}	7.637 0	0.428 3	0.00	10.05
L_{wel}	5.020 2	0.421 0	3.93	5.88
L_{GDP}	10.059 8	0.418 9	9.00	10.89
urban(%)	51.279 8	8.273 2	33.81	68.71
indus(%)	40.157 5	5.193 2	28.60	53.30
distr	2.855 7	0.474 6	2.03	4.07
area	1.646 5	0.362 2	0.30	23.78

由表5-2可知，2010—2014年，由于2008年和2010年两次上调农村贫困标准线，致使农村贫困发生率（H）发生技术性反弹，均值由1995—2007年的6.084 6增长到313.152 6，取值区间有所缩小，最小值为1.10，最大值为45.10。从数值来看，生产性扶贫支出和救济性扶贫支出在此期间出现了大幅增长；从地区经济发展水平来看，相较于1995—2007年，剔除了价格因素影响后，出现了一定幅度的提高；从城镇化来看（urban），在此期间均值为51.279 8，相较于1995—2007年，城镇化水平得到了大幅提高，城镇人口在总人口中的比重超过半数；从收入分配来看（distr），在此期间的均值与1995—2007年相比出现了小幅下降，说明中国城乡收入差距在整体上有所缩小；从最大值和最小值来看，不同省（区、市）的收入差距相比于1995—2007年也有所缩小。此外，土地资源有限，同时又不可再生，虽采取了拓荒

以及土地改良等措施，但是总体而言，人均有效灌溉面积（area）在不同时期的保有量相对稳定。

为保证估计参数的有效性，本书对所有变量进行了相关性分析。其中 H 与各类扶贫支出的相关性显著，符合本书研究预期。同时其他变量间的共线性问题并不严重，意味着方程中的解释变量及控制变量等各变量间不存在高度相关性。

二、回归结果分析

为全面考察中国财政扶贫政策对农村贫困的影响，本部分通过逐步纳入变量并加以控制的方法进行逐步回归，再运用 Stata12.0 对固定效应进行聚类稳健[1]估计，从而有效避免异方差。回归结果见表 5-3，分别列示了 1995—2007 年和 2010—2014 年的完整估计形式。

表 5-3 财政扶贫支出对贫困的影响

变量名称	1995—2007 年			2010—2014 年		
L_{sup}	−0.507＊＊＊ (0.091 7)	−0.154＊ (0.087 6)	−0.132＊ (0.078 3)	−1.236＊＊＊ (0.116)	−0.818＊＊＊ (0.173)	−0.822＊＊＊ (0.193)
L_{edu}	−0.179＊＊＊ (0.053 5)	−0.154＊＊＊ (0.055 6)	−0.167＊＊＊ (0.055)	−0.048 1 (0.053 4)	−0.064 9 (0.049 6)	−0.174＊ (0.047)
L_{wel}	0.006 21 (0.005 23)	0.006 69 (0.004 7)	0.005 31 (0.004 33)	0.000 22 (0.000 66)	0.000 564 (0.000 77)	0.006 12 (0.000 67)
L_{GDP}		−1.096＊＊＊ (0.175)	−0.119＊＊＊ (0.175)		−0.628 (0.465)	−1.269＊＊＊ (0.412)
distr		−0.295＊＊ (0.131)	−0.284＊＊ (0.111)		−0.377＊＊＊ (0.111)	−0.535＊＊＊ (0.149)
urban			−0.006 2＊＊＊ (0.005 56)			−0.080 7＊＊＊ (0.028 6)

[1] 面板数据通常假设不同个体之间的扰动项相互独立，同一个体在不同时期的扰动项自相关。此时，对标准差的估计应该采用聚类稳健的标准差。

续表

变量名称	1995—2007 年			2010—2014 年		
indus			−0.010 7 (0.014 7)			−0.034 5＊＊＊ (0.008 18)
area			−0.051 8＊＊＊ (0.012 8)			−0.038 6＊＊ (0.015 3)
Constant	4.734＊＊＊ (0.506)	11.59＊＊＊ (1.299)	12.05＊＊＊ (1.256)	11.27＊＊＊ (0.838)	14.08＊＊ (3.767)	18.13＊＊＊ (3.157)
观察数	351	351	351	135	135	135
F 统计量	29.49	27.27	30.49	111.8	114.74	300.16
$R2$	0.479	0.556	0.577	0.882	0.908	0.931

注：＊、＊＊和＊＊＊分别表示在 10%、5%和 1%的水平上显著。括号内数据为标准差。

通过表 5-3 中不同形式的回归结果对比，可以发现大多数变量的系数符号和显著性没有发生实质性变化，说明回归结果具有较强的稳健性。同时，鉴于贫困发生率取值在 0～1 之间，本书还采用 xttobit 估计方法进行了估计，结果与表 5-3 基本一致，再次说明回归结果具有较强的稳健性。

总的来看，生产性扶贫支出和社会性扶贫支出在所有的时间段均发挥了积极的减贫效应。这一方面证明了中国一直以来以开发式扶贫为主的扶贫政策的有效性，检验了经济增长"涓滴效应"扶贫理论的适用性；另一方面证明了促进人力资本提高的投入对于减少贫困的有效性。需要注意的是，救济性扶贫支出并未产生积极的减贫效应。

第一，生产性扶贫支出的回归系数均为负值，说明生产性扶贫支出的增加有助于减少农村贫困。无论是 1995—2007 年还是 2010—2014 年，无论是何种形式的回归模型，其减贫效应都非常显著。1995—2007 年，生产性支出每增加 1%，贫困发生率减少 0.132%；而 2010—2014 年，生产性支出每增加 1%，贫困发生率平均减少 0.822%。

归结原因，本书认为开发式扶贫一方面有利于鼓励和带动市场和社会主体参与农村扶贫，让更多的资源流入农村，带动农村经济发展；另一方面，开发式扶贫有利于鼓励贫困地区和贫困人口自力更生，在市场经济背景下，开发当地资源优势，开发荒山荒地，使土地资源得到有效利用。开发式扶贫带动了内源性经济增长，通过经济增长的“涓滴效应”，促进了贫困人口生活水平的提高。

第二，社会性扶贫支出的回归系数均为负值，说明社会性扶贫支出的增加有助于农村贫困人口的减少。在所有的时间区间，其减贫效应都非常显著。1995—2007 年，社会性扶贫支出每增加 1%，贫困发生率就减少 0.167%；而 2010—2014 年，社会性扶贫支出每增加 1%，贫困发生率平均减少 0.174%。如前文所述，人力资本水平较低是中国农村贫困人口的共同特征。以教育、健康等形式存在的人力资本，不仅是贫困的表现，更是贫困产生的最主要内因和根源。由以上回归结果可知，中国政府通过社会性扶贫支出进行人力资本投资，提高了贫困人口的教育水平，改善了贫困人口的健康状况，促进了贫困人口的减少。本书与储雪玲、张川川通过研究得出的健康水平与居民收入正相关的结论以及刘修岩、章元、贺小海和蒋选、韩林芝通过研究得出的教育投资的减贫效应显著的结论一致。

第三，救济性扶贫支出在所有的时间区间的减贫效应均不显著。中国在 1949 年至改革开放期间，为满足贫困人口的基本生存和发展需求所采用的主要方式就是救济式扶贫，而实行单纯救济的效果并不理想。一是贫困人口容易形成“等、靠、要”的“福利依赖”，二是不利于贫困人口提高自我发展能力。虽然改革开放以后，尤其是 1986 年以后，中国确定了“开发式扶贫”方针，开始了有计划、大规模的扶贫开发，但是本着社会稳定的目标和人道主义精神，救济性扶贫一直都是保障农村最贫困、最困难群体的基本生活的重要方式，对于保障农村“五保户”、低保户和特困户的生活具有重要作用。2000 年以后，中国在农村地区相继试点建立农村低保、新农合以及农村养老保险等社会保障制度，对于贫困的预防和贫困人口的减少具有积极意义。

第四，人均 GDP 作为经济增长的代理变量，其回归系数在所有的时间区间均为负值，说明地区经济发展水平的整体提高有助于农村贫困人口的减少，并且减贫效应显著，体现了中国自 1994 年相继实施“八七扶贫攻坚计划”、《纲要》（2001—2010 年）和《纲要》（2011—2020 年）后，经济增长实现了

“涓滴效应”，并且具有益贫性，符合我们的现实判断。

城乡收入比作为收入分配的代理变量，其回归系数在所有时间区间均为正值且较为显著，说明城乡居民收入差距的拉大不利于农村贫困人口的减少。

人均有效灌溉面积的回归系数，在所有时间区间均为负值且较为显著，说明土地作为农民最重要的财富和生产资料发挥着重要的减贫作用。然而，由于土地资源具有不可再生性，有效灌溉面积有限，其扩张受到存量制约，耕地保护制度应该持续推进和改革落实。

第三产业占比作为产业结构的代理变量，其回归系数在所有的时间区间均为负值且较为显著，说明第三产业比重的提高有利于农村贫困人口的减少。这与张萃、郭熙保和罗知等的研究结论不一致。本书认为，随着中国产业化进程的加快，第三产业所占比重在不断提高；同时劳动力密集度较高的交通运输、批发零售以及住宿餐饮等传统行业，在第三产业劳动力就业结构中仍占据较高比重，促进了低技能贫困人口的非农就业，提高了低技能贫困人口的收入。

第五，城镇化水平的回归系数在所有的时间区间均为正值且较为显著，说明城镇人口比重的增加不利于农村减贫。本书认为其主要原因在于中国自1992年开始进入城镇化快速推进阶段，各项政策和资源都优先投向于城镇，农村资源投入相对减少；同时在城镇化的浪潮下，大批农民弃耕抛荒进城务工，他们一方面缺失了最稳定、最可靠的农业经营收入，另一方面由于欠缺技能，进城务工收入微薄且不稳定。因此，城镇化的快速推进，在一定程度上加剧了农村的贫困问题。但从长远来看，随着城镇化的快速推进，城镇化进程逐渐进入了稳定期，可以创造出较多的就业机会，吸收大量的农村剩余劳动力；同时城镇化会带动广大农村发展乡镇企业，改善农村地区的产业结构，缩小城乡发展差距。此外，配套试点和土地制度改革以及土地确权赋予农民土地流转权利等，有助于促进农村减贫。

三、地区比较

中国的区域发展不平衡，东部地区和中西部地区无论是先天的地理位置和自然资源，还是后天的经济发展水平、市场化和城镇化水平，都存在着显著的差异。前面关于农村贫困现状的分析，也表明中国东部地区和中西部地区的贫困程度及其变动趋势均存在较大差异。因此，本部分将总样本细分为东部地区和中西部地区两个子样本，深入研究不同属性的扶贫支出的减贫效应的地区差异。由于划分子样本后的样本量会减少，为提高估计结果的精准性，本书采用了 Bootstrap[1] 自体抽样 300 次的方法进行估计，结果见表 5-4。总的来看，东部地区各类扶贫支出的减贫效应要高于中西部地区。

表 5-4 财政扶贫投入对贫困影响的地区比较

变量名称	1995—2007 年		2010—2014 年	
	中西部地区	东部地区	中西部地区	东部地区
L_{sup}	−0.115 * (0.054 6)	−0.465 * (0.195)	−0.288 * (0.115)	−1.262 * * * (0.441)
L_{edu}	−0.000 46 (0.036 5)	0.12 (0.068 2)	−0.003 64 (0.006 73)	0.266 (0.363)
L_{wel}	0.059 4 * (0.032 8)	−0.016 5 (0.081 5)	0.090 6 (0.115)	−0.367 (0.247)
L_{GDP}	−1.251 * * * (0.182)	−0.812 (0.523)	−1.652 * * (0.606)	−1.125 (1.336)
distr	−0.249 * * (0.099)	0.185 (0.261)	0.164 * (0.090 3)	0.902 (0.587)
urban	0.018 0 * * * (0.002 91)	0.022 2 (0.013 8)	0.034 5 (0.03)	0.155 * * * (0.055 6)
indus	−0.003 45 (0.014)	0.048 7 * (0.017 6)	−0.031 9 * * * (0.008 32)	−0.012 1 (0.026 4)
area	−0.042 5 * * (0.016 8)	−0.561 * * * (0.111)	−0.010 7 (0.021 6)	−0.232 (1.031)
Constant	11.91 * * * (1.256)	7.871 (4.307)	20.80 * * * (4.278)	11.64 (11.24)
观察数	234	104	90	40
F 统计量	70.97	91.27	572.18	255.9
$R2$	0.634	0.535	0.946	0.967

从表 5-4 中可以看出，1995—2007 年，中西部地区的生产性扶贫支出和

[1] Bootstrap 是非参数统计中一种重要的估计统计量变异性，进行统计量区间估计的统计方法，也称为“自助法”。

救济性扶贫支出均发挥了减贫效应，且在统计意义上显著。这表明这两类支出对中西部地区的减贫发挥了积极作用。从边际减贫效果来看，东部地区的生产性扶贫支出的减贫效应高于中西部地区。东部地区的生产性扶贫支出每增加1%，贫困就会减少0.465个百分点，高于同期中西部地区0.35个百分点。同时，中西部地区的救济性扶贫支出的减贫效应显著，表明在经济发展相对落后的地区，救济性支出发挥了积极的兜底保障功能。

从表5-4中可以看出，2010—2014年，中西部地区的生产性扶贫支出发挥了积极的减贫作用，且在统计意义上具有显著意义；东部地区的生产性扶贫支出和救济性扶贫支出均发挥了积极的减贫作用，且在统计意义上具有显著意义；从边际减贫效果来看，东部地区的生产性扶贫支出每增加1%，贫困就减少1.262个百分点，高于同期中西部地区近1个百分点。

四、财政扶贫减贫效应的门槛检验

由于各地区在地理禀赋、经济基础、发展政策等方面存在差异，财政扶贫投入对各地区的影响不尽相同。根据财政扶贫投入对贫困影响的地区差异，可以初步判断，扶贫投入的减贫效用可能受到经济发展水平和收入分配状况的影响，即随着农村居民人均收入水平的提高和农村居民收入分配差距的扩大，财政扶贫投入的减贫效应可能会出现非线性变化，财政扶贫对贫困发生率的影响可能存在“门槛特征”。为进一步明确财政扶贫对农村贫困的影响效果，本部分构建了面板门槛模型，考察了经济增长和收入分配影响贫困的门槛水平以及受此影响的财政扶贫投入对贫困影响的差异程度。

（一）门槛面板回归模型的设定

本书所构建的模型基础是汉森（Hansen）提出的门槛面板模型。这种模型将门槛值作为一个位置变量，通过构建分段函数进行回归，并对该“门槛特征”及相应的门槛值进行实证估计和检验。该模型依据渐进分布理论，建立了待估参数的置信区间，并运用Bootstrap方法估计门槛值的统计显著性。门槛值及数量完全由样本数据内生决定，方程为非线性形式，[1] 其基本模型为：

$$y_{it}=u_i+\beta_1' x_{it}\times I(q_{it}\leqslant\gamma)+\beta_2' x_{it}\times I(q_{it}>\gamma)+\varepsilon_{it} \tag{5-10}$$

其中，i 表示个体，t 表示时间，q_{it} 为门槛变量，γ 为待估计的门槛值，扰动项

[1] Hansen B. *Threshold Effects in Non-dynamic Panels: Estimation, Testing, and Inference*[J]. Journal of Econometrics, 1999, 93 (2).

ε_{it} 为独立同分布，$I(*)$ 为示性函数（若括号内的表达式为真，则取值为 1，否则取值为 0）。

根据前文的分析，经济增长和收入分配不均有可能是财政减贫的门槛变量。本书分别选取了农民人均纯收入（income）和城乡收入比（distr）作为财政投入影响贫困的门槛测定对象，构建了财政减贫的多重门槛面板模型，数学表达式如下：

$$\begin{aligned}\ln H_{it} = {} & c_0 + c_{11}\text{lnsup} * I(\text{lnincome} \leqslant \lambda_1) + c_{12}\text{lnsup} * I(\lambda_1 < \text{lnincome} \leqslant \lambda_2) + \\ & \cdots + c_{1n}\text{lnsup} * I(\lambda_{n-1} < \text{lnincome} \leqslant \lambda_1) + c_{1(n+1)}\text{lnsup} * \\ & I(\text{lnincome} > \lambda_n) + c_{21}\text{lnedu} * I(\text{lnincome} \leqslant \lambda_1) + c_{22}\text{lnedu} * I(\lambda_1 < \\ & \text{lnincome} \leqslant \lambda_2) + \cdots + c_{2n}\text{lnedu} * I(\lambda_{n-1} < \text{lnincome} \leqslant \lambda_1) + \\ & c_{2(n+1)}\text{lnedu} * I(\text{lnincome} > \lambda_n) + c_{31}\text{lnwel} * I(\text{lnincome} \leqslant \lambda_1) + \\ & c_{32}\text{lnwel} * I(\lambda_1 < \text{lnincome} \leqslant \lambda_2) + \cdots + c_{3n}\text{lnwel} * I(\lambda_{n-1} < \text{lnincome} \leqslant \\ & \lambda_1) + c_{3(n+1)}\text{lnwel} * I(\text{lnincome} > \lambda_n) + c_4\text{lnincome}_{it} + c_5\text{lndistr}_{it} + \\ & c_6\text{lnindus}_{it} + c_7\text{lnurban}_{it} + c_8\text{lnarea}_{it} \end{aligned} \tag{5-11}$$

$$\begin{aligned}\ln H_{it} = {} & c_0 + c_{11}\text{lnsup} * I(\text{distr} \leqslant \delta_1) + c_{12}\text{lnsup} * I(\delta_1 < \text{distr} \leqslant \delta_2) + \\ & \cdots + c_{1n}\text{lnsup} * I(\delta_{n-1} < \text{distr} \leqslant \delta_1) + c_{1(n+1)}\text{lnsup} * I(\text{distr} > \\ & \delta_n) + c_{21}\text{lnedu} * I(\text{distr} \leqslant \delta_1) + c_{22}\text{lnedu} * I(\delta_1 < \text{distr} \leqslant \delta_2) + \\ & \cdots + c_{2n}\text{lnedu} * I(\delta_{n-1} < \text{diser} \leqslant \delta_1) + c_{2(n+1)}\text{lnedu} * I(\text{diser} > \delta_n) \\ & + c_{31}\text{lnwel} * I(\text{lndistr} \leqslant \delta_1) + c_{32}\text{lnwel} * I(\delta_1 < \text{lndistr} \leqslant \delta_2) + \\ & \cdots + c_{3n}\text{lnwel} * I(\delta_{n-1} < \text{lndistr} \leqslant \delta_1) + c_{3(n+1)}\text{lnwel} * I(\text{lndistr} > \delta_n) + \\ & c_4\text{lnincome}_{it} + c_5\text{lndistr}_{it} + c_6\text{lnindus}_{it} + c_7\text{lnurban}_{it} + c_8\text{lnarea}_{it} \end{aligned} \tag{5-12}$$

其中，λ_1，λ_2，…，λ_n 和 δ_1，δ_2，…，δ_n 分别为待估计的农村人均纯收入和城乡收入比的门槛值；$I(*)$ 为示性函数；c_{11}，c_{12}，…，c_{1n}，c_{21}，c_{22}，…，c_{2n}，c_{31}，c_{32}，…，c_{3n} 为不同门槛区间内的估计系数。

（二）门槛特征检验及分析

首先确定门槛的数目。根据汉森的分析，F 检验的原假设是不存在门槛特征，备择假设是存在一个门槛值，而采用 Bootstrap 方法可以获得其渐进分布，进而获得对应的 LM 值。如果 LM 值大于既定显著性水平，则拒绝原假设，表示模型至少存在一个门槛值。然后检验是否存在第二个门槛值，依此类推，直至所得的门槛值不再显著为止。

门槛效应采用 F 统计量和 Bootstrap 方法进行检验（见表 5-5）。检验结果表明，当以农民人均纯收入为经济增长的替代变量时，单一门槛的 LM 值高于显著性水平 1%的临界值，而双重门槛的 LM 值低于显著性水平 10%的临界值。因此，经济增长存在单一门槛。当以城乡收入比为收入分配的替代变量时，单一门槛的 LM 值高于显著性水平 5%的临界值，而双重门槛的 LM 值低于显著性水平 10%的临界值。因此，收入分配存在单一门槛。

表 5-5 门槛效应检验结果[1]

门槛变量	模型	Bootstrap LM 值	*P* 值	不同显著水平临界值		
				10%	5%	1%
income	单一门槛	49.41 * * *	0.004	27.54	30.39	44.42
	双重门槛	26.74	0.260	69.88	76.61	95.93
distr	单一门槛	32.48 * * *	0.018	23.07	27.51	34.99
	双重门槛	21.02	0.186	25.58	29.02	42.93

门槛特征检验表明应该采用单一门槛模型。之后，采用汉森的三步法确定各变量的门槛值，同时确定各门槛的估计值，结果见表 5-6。经过指数运算还原，可得农村居民年人均纯收入的单一门槛值为 7 942.632 元，城乡收入比的单一门槛值为 2.37（农村居民收入为 1）。

表 5-6 门槛值估计结果

门槛变量	门槛模型	门槛估计值	95%置信区间
income	单一门槛	8.98	[8.94,9.01]
distr	单一门槛	2.37	[2.32,2.38]

（三）门槛结果分析

从门槛模型的估计结果来看（表 5-7），不同属性的财政扶贫投入的减贫效应并非单调递增，而是存在“拐点”或“门槛”。从经济增长的角度看，当农民人均纯收入低于门槛值 7 942.632 时，各类扶贫支出的减贫作用较小，分

[1] *P* 值和临界值均为采用 bootstrap 方法反复抽样 500 次后得到的结果。

别为 0.379、0.005 68 和 0.226，但具有积极的隐形积累效应；当农民人均纯收入跨过 7 942.632 这一门槛时，各类财政扶贫投入呈现出显性加速效应，相应的参数估计值分别增长 0.436、0.767 和 1.351。从收入分配不平等的角度看，当城乡收入比小于门槛值 2.37 时，生产性扶贫支出和救济性社会扶贫支出的参数估计值分别为 0.569 和 0.24；当超过该门槛值时，相应的参数估计值分别为 0.447 和 0.197。这表明随着城乡收入差距的增加，财政扶贫的减贫效应有所降低。

表 5-7　门槛模型估计结果（2010—2014 年）

变量	income 单门限模型		distr 单门限模型	
	系数估计值	标准误	系数估计值	标准误差
income	−2.123 * * *	0.283	−1.599 * * *	0.342
distr	−0.134	0.114	0.166	0.128
urban	0.0825 * * *	0.015	0.0808 * * *	0.0177
indus	0.00831	0.00602	−0.00417	0.00663
area	0.0138	0.0206	0.0275	0.0237
0b._cat # c.L_{sup}exp	−0.379 * * *	0.124	−0.569 * * *	0.17
1._cat # c.L_{sup}exp	−0.436 * *	0.181	−0.447 * * *	0.132
0b._cat # c.L_{edu}exp	−0.00568	0.0122	−0.0217	0.0178
1._cat # c.L_{edu}exp	−0.767 * * *	0.153	−0.154 * *	0.0628
0b._cat # c.L_{wel}exp	−0.226 * * *	0.0707	−0.24	0.19
1._cat # c.L_{wel}exp	−1.351 * * *	0.3	−0.197 * *	0.0855
Constant	20.20 * * *	1.815	16.95 * * *	2.18
F 统计量	200.1		170.09	
$R2$	0.958		0.951	

根据发展经济学理论，由于规模报酬递增的存在，一国或地区的经济增长存在处于缓冲期的“门槛”，只有越过“门槛”，才能实现发展，否则容易在低水平徘徊，形成恶性循环，进而陷入“贫困陷阱”。财政综合扶贫投入通过生产性扶贫支出支持农业发展和农村基础设施建设，通过社会性扶贫支出提高农村教育和医疗水平，通过救济性扶贫支出提高特困群体的收入水平，既可以直

接提高农村居民的资本存量水平，又可以促进农村居民的资本积累，进而影响农村经济的均衡状态。当农村经济处于较低水平时，意味着资本存量远离门槛值，此时的财政扶贫投入难以改变农村经济趋向低水平的均衡态势，难以有效发挥减贫效用；随着经济发展水平的提高，当资本投入接近门槛值时，财政扶贫投入能显著提高农村居民的资本存量水平，使资本存量跨越门槛值，从而使农村经济跳出“贫困陷阱”，达到更高水平的均衡状态。

根据各地区农民人均纯收入和单一门槛值的大小关系，可将书中的 26 个样本省（区、市）划分为低经济增长组和高经济增长组，见表 5-8。可见，在 2014 年，仅有四省处于高经济增长组，其经济增长突破了门槛值，财政扶贫投入的减贫效应相对较高；而其他省（区、市）的经济增长低于门槛值，财政扶贫投入的减贫效应有待提高。

表 5-8　2014 年门槛值及区域分布

门槛值区间	省（市、区）
distr＜2.37	河北、吉林、黑龙江、江苏、浙江、湖北
distr≥2.37	山西、内蒙古、辽宁、安徽、福建、江西、山东、河南、广东、广西、海南、四川、贵州、云南、陕西、甘肃、青海、宁夏、新疆
income＜8.98	河北、吉林、黑龙江、湖北、山西、内蒙古、辽宁、安徽、江西、山东、河南、湖南、广西、海南、四川、贵州、云南、陕西、甘肃、青海、宁夏、新疆
income≥8.98	江苏、浙江、福建、广东

第六章 财政扶贫资金绩效审计研究

近几年在审计监管的作用下，财政扶贫资金的管理及使用情况较好。然而，由审计署以及各省市的审计公告可知，目前我国对于扶贫资金的审计工作仍然停留在资金统筹、合规合法等较浅显的层面，而对于更高要求的绩效审计的关注较少。从 2020 年全面建设小康的目标来说，我国的扶贫工作时间紧、任务重，应该将每一分钱花到最需要的地方，发挥最大效益。这就要求审计机关在审计资金时重点关注绩效，尽最大可能完善审计模式，发挥相应的督导作用。

第一节 财政扶贫资金绩效审计的理论基础

一、绩效审计的含义

“绩效审计”这一概念首次出现于 1948 年阿瑟·肯特（Arthur Kent）在美国《内部审计师》杂志上发表的《经营审计》一文。之后，1986 年的第十二届最高审计机关国际组织会议提出了经济性、效性和效益性的“3E”绩效审计概念，并阐述了绩效审计的内容与目标。

资金绩效反映的是一批资金被运用到实际工作中所带来的综合影响。资金绩效审计的关键在于资金投入生产后从“3E”角度对其进行综合的评估判断。当前我国正处于精准脱贫攻坚战的重要时期，政府已经不能仅仅根据规模、数量等单一因素来运用和评估资金，而应考核更深层次的资金效益的高低，即要进行资金绩效审计。资金绩效的好与坏，直接影响着贫困地区产业发展的进程，影响着脱贫的质量。做好资金绩效审计，有助于充分利用资金，减少其中可避免的人为浪费等现象的发生，使扶贫资金发挥出最大的效益。

二、财政扶贫绩效审计相关理论

（一）公共受托责任理论

该理论产生于20世纪80年代，其基本定义是被授权管理公共资产的人员或机构，有责任向公众汇报其经营管理状况，并且有责任管理其财政管理和计划项目方面的事项。我国是社会主义国家，一切资产归人民所有，人民通过授权人民代表大会选出管理这些资产的人员，从而构成公共受托责任。

公共受托经济责任的中心主线是政府审计。该责任的履行直接关系到政府相关审计工作人员工作开展的顺利与否，直接关系着项目主体审计的完整性与充分性。如果公职人员非常重视群众所授予的权利与责任，愿意开诚布公地接受审计组织的检查与督导，那么这项审计工作就可以顺利开展，相关的审计结果的可信度也较高。但是，如果公职人员把这项人民群众授予的权利与责任看作私人的利器，那么就会给政府审计带来很大的阻力，影响审计结果的公平公正性。因此，我们首先应该明确公共受托经济责任的主体与客体，明确各角色的权利与责任，让政府审计更加顺利、高效。

（二）新公共管理理论

新公共管理理论产生于20世纪80年代，最早出现在英国，后扩展到许多国家。与传统的公共管理理论相比，新公共管理理论在公共管理部门引入了截然不同的管理办法和手段，如绩效考核制度和竞争机制，在公共管理部门掀起了一场新的革命。新公共管理理论产生的背景是政府低效与政府部门的垄断。具体来说，就是政府缺乏管理机制和竞争机制等。而新公共管理理论的诞生就是为了解决这一问题，从而维护公共利益，解决公共问题。

学术界对新公共管理理论的认识也不尽相同。在中国，新公共管理理论给人们的工作提供了较有价值的指导。一是制定明确的绩效考核与评估标准，旨在对公共部门的工作成果进行严格的绩效考核；以“3E”为标准（即经济、效率和效益），更加注重公共服务的效益而不是其过程；根据公共服务效益及时更正自己的工作程序和规章制度，根据绩效考核进行资源的合理配置和薪金的安排。二是引入市场机制，由政府负责整个国家的公共服务的安排统筹工作。需要注意的是，随着社会的发展，政府应尽快转变角色，把自己定位为掌舵者而非划桨者。因此，公共服务应交给第三方，这样不仅能保证公平公正，还可以提高公共服务的质量，同时降低政府的垄断性，通过市场的力量促进政府的变革。三是政府的公共服务应遵守“顾客为上”。政府就如同一个负责任的“企业家”，而公民则是企业尊贵的顾客。政府应该从“顾客”的角度提供公共服务，从而使公共服务更加多样化，服务质量更高、更好。需要强调的是，新的政府角色并非以营利为目的，而是使资源分配更加合理，更加符合公众的意愿。

新公共管理理论为财政扶贫提供了理论基础，财政扶贫应以贫困地区人口的需求为导向，引入绩效考核制度和竞争机制，明确绩效标准与绩效评估方法。

（三）委托代理理论

委托代理理论大约在20世纪末70年代初产生，其基本假设是信息不对称和个人追求自身利益最大化。委托代理理论的基本内容是委托方通过与代理人建立合同或协议，将某项活动或任务交予代理人执行；代理人拥有一定的决策权，可以代理决策一些事务，由委托人根据代理人的执行情况给予一定的报酬。在这种委托代理关系中，代理人掌握的信息要多于委托人，因此为了追求更多的自身利益和闲暇时间，代理人可能做出违背委托人意愿的事情，而委托人很难监控到这些情况。

委托代理关系能够达到的最优结果就是实现资源的有效配置，使资源发挥最大的作用。相关学者对于委托代理理论的研究，针对信息不对称和利益最大化的问题提出了一些建议，即尽可能收集更多的信息并对其进行整理和分析，以解决信息不对称的问题；对代理人的行为进行约束和监督，降低其做出违背委托人意愿的行为的概率。

在我国现有体制下，委托代理关系存在于众多领域，如政府和公共领域等，同时也存在信息不对称、代理人的利益与委托人的目标不一致、违背委托人意愿的问题。因此，必须尽快建立相应的监督管理体制，以更好地处理政府与公共领域的关系。国家在进行财政扶贫时，将财政扶贫资金和任务交予当地政府和官员，国家和区域政府之间就形成了一种委托代理关系。要想保证当地政府将扶贫资金用到位，就要依靠制度、内部控制等。

第二节　财政扶贫资金绩效审计评价指标体系的构建

一、财政扶贫资金绩效审计评价体系的内容

（一）计划环节审计

在审计计划环节时，首先应对财政扶贫项目的可行性进行深入的了解和分析，对当地的经济环境、地理因素、人口政策等进行详细的勘测，确定财政扶贫项目的适配性。避免出现因调查研究不足而造成的财政扶贫项目夭折现象，导致资金严重浪费；其次应加强对财政扶贫项目各个环节的预算编制，确保预算的合理性，避免出现资金乱用、虚假取用资金、贪污腐败等违法违纪现象。

对于财政扶贫资金计划环节的审计，可以采用两种方法：定性指标分析法和定量指标分析法。定性指标主要从财政扶贫项目的可行性依据是否充足、是否符合国家相关的法律法规和当地的政策、是否进行了详细的预算以及预算的编制是否合理等角度进行分析；定量指标主要包括带动贫困人口收入增长率和带动脱贫人口贡献率等。

（二）分配环节审计

分配环节是财政扶贫资金使用中非常重要的一环。在分配环节，资金被划拨到各个项目和各个环节，以确保财政扶贫项目顺利实施。然而，在我国，中央财政拨款或省级财政拨款等财政扶贫资金必须经过层层审核和逐级审查才能真正分配到具体的财政扶贫项目中，这就导致部分财政扶贫项目资金延迟到账，财政扶贫项目不能如期开展，甚至有可能导致扶贫项目搁置、烂尾等；部分扶贫资金没有按照预算进行合理分配，部分地区甚至出现简单平均分配扶贫资金的现象，导致资金分配不合理，财政扶贫项目无法保质保量完成。由此可见，分配环节出现的资金划拨不到位等问题会对资金的使用带来不利的影响。

为了尽量避免财政扶贫资金在分配环节出现的问题，应该重点关注资金的预算是否合理，资金分配是否按照预算执行，预算编制是否科学，资金划拨是否及时等。

（三）管理环节审计

财政扶贫资金的管理是从制度建设上对财政扶贫资金的计划、分配、使

用、监督等环节进行管理。要想管理好扶贫资金，就要建立相关的监督体系，保证资金的合理使用；建立完善统一的制度规范，使资金在各个环节都有相应的法律法规依据；对资金管理环节的风险进行总结，并制订相应的防范措施；建立完善的资金内控体系，使资金的管理系统化、规范化，为扶贫资金保驾护航。

（四）后续评估环节审计

财政扶贫资金的后续评估环节主要评价项目实施后的持续效益。其主要定性指标包括公众满意度、项目运行成本、项目后续投入等；定量指标主要包括项目可持续性、群众受益率等。

二、财政扶贫资金绩效审计评价体系构建原则

（一）全面性与针对性相结合

我国财政扶贫资金种类众多，涉及各方各面。因此，在对扶贫资金绩效进行审计评价时，审计人员不仅要关注贫困地区经济总量的增长，还应关注贫困地区社会与生态环境的整体进步。具体而言，审计机关在对经济增长进行考量的同时，还应关注贫困人口的生活质量、贫困地区的社会治安以及当地的生态环境等，避免因单纯强调经济效益而导致资源过度浪费与环境过度污染。因此，本书在设计指标时，遵循了短期效益与长期目标相结合、直接效益与间接效益相结合、经济效益与环境社会效益相结合的设计思路。此外，评价指标的设计还应考虑贫困人口脱贫能力的提升，因为提高贫困人口的脱贫能力，是解决我国扶贫困境的关键所在。

（二）完整性与科学性相结合

当前审计机关对于财政扶贫资金绩效的审计一直存在重分配轻支出、重结果轻过程的弊端，其审计对象往往局限于各扶贫办与财政部门，审计范围也多局限于资金的使用与管理环节，未能对管理与使用财政扶贫资金的部门机构以及资金拨付链的所有环节进行审计。因此，本书在设计评价指标时，力求做到覆盖管理和使用财政扶贫资金的所有部门机构，从资金的设立、分配、使用、管理等方面进行全流程的跟踪审计评价，以促进各部门高效协调配合，扫清审计盲区。标准决定质量，绩效评价指标体系应充分发挥财政扶贫资金的引领与拉动作用，制约当地粗放型经济的增长，以促进贫困地区因地制宜，转变其经济增长方式，实现协调、均衡、可持续的经济发展。

（三）定性评价与定量评价相结合

定量指标是通过统一的计算格式与既定标准得出的直观、易懂的客观数据。现有研究所构建的财政扶贫资金绩效评价指标体系，绝大多数采用纯定量指标，但是很多其他指标难以量化，如制度规范的建立情况、控制制度运行的有效性等定量指标。片面地采用定量评价无法准确、全面地反映扶贫成效，使得审计结果有失公允、客观，增加了审计的风险。因此本书在建立财政扶贫资金绩效评价指标体系时，遵循了定性评价与定量评价相结合的原则，将定量指标作为指标体系的主体部分，设计辅助性定性指标，在掌握具体数据的基础上，通过运用专业知识与自身经验做出职业判断，使得绩效审计评价结果更具层次性与专业性。

三、财政扶贫资金绩效审计评价体系的目标

（一）财政扶贫资金绩效审计总目标

财政扶贫资金绩效审计目标事关审计方向，对指导财政扶贫资金绩效审计的开展具有关键作用。财政扶贫资金绩效审计是财政审计的合理延伸，是在按照财政审计的真实性、合法合规性的要求的基础上，对财政扶贫资金的经济性、效率性和效果性进行的审查。真实性、合法合规性是初级目标、前提、保障和基础；经济性、效率性和效果性是终极目标，如图 6-1 所示。财政扶贫资金绩效审计目标由初级目标和终极目标构成，是在评价财政扶贫资金真实性、合法合规性的基础上，审查政府部门在使用财政扶贫资金时的经济性、效率性和效果性。

财政扶贫资金绩效审计重在揭露问题、完善制度、促进管理和推动改革，最终提高财政扶贫资金的使用绩效。

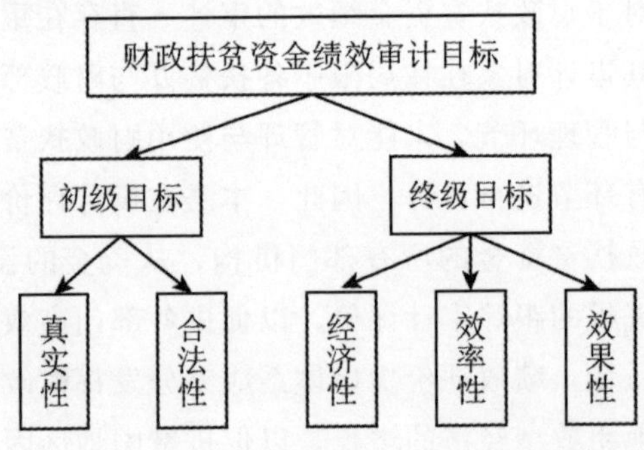

图 6-1　财政扶贫资金绩效审计目标体系

（二）评价指标的设置

真实性目标主要审查财政扶贫资金运行过程中的财务数据与运行的实际情况是否一致，包括财政扶贫资金计划、分配、使用、管理以及后续评估的真实性。这一目标是合法合规性目标以及经济性、效率性和效果性目标开展评价、判断的基础和依据，贯穿于财政扶贫资金绩效审计的全过程。

合法合规性目标主要审查财政扶贫资金在运行过程中是否严格遵守国家法律、法规及政策，包括财政扶贫资金计划、分配、使用、管理以及后续评估的合法合规性。这一目标是财政扶贫资金审计真实性目标的进一步深化，是保证财政扶贫资金绩效目标实现的重要前提。

经济性、效率性和效果性目标主要审查财政扶贫资金在运行过程的经济性、效率性和效果性，包括财政扶贫资金计划、分配、使用、管理和后续评估的经济性、效率性和效果性。经济性审查的内容主要包括财政扶贫资金在运行过程中是否厉行节约，花费的成本是否在合理的范围内，资源利用是否经济，有无损失浪费的问题；效率性审查主要审查财政扶贫资金运行过程中的投入产出关系，投入小于产出是效率的基本保证，以最小投入取得最大产出是效率的目标；效果性审查主要审查财政扶贫资金的使用效果，即是否达到预期的政策目标。

我国对扶贫资金的审计多针对初级目标，即真实性和合法性，很少关注终极目标。因此，下文将从经济性、效率性、效果性三个方面选取二级指标来进一步分析财政扶贫绩效的显著影响因子。[1]

1. 经济性指标

从审计目标来说，经济性指标可以分为以下三个指标。

（1）财政扶贫资金投资超支率

该指标主要反映大规模投资财政扶贫计划项目建成后的实际投资总额与计划投资总额的关系，评价计划是否达到支出最小化。

$$资金超支率=\frac{(实际投资总额-计划投资总额)}{计划投资总额}\times 100\% \tag{6-1}$$

（2）财政扶贫资金损失浪费比率

该指标主要反映在某一贫困地区，政府财政扶贫资金投入总额中损失浪费所占的比例。

[1] 崔宁波. 产业扶贫资金绩效审计研究——以河北省 A 县为例［D］. 保定：河北大学，2018.

$$损失浪费率=\frac{损失浪费的数额}{产业扶贫资金的总投入}\times 100\% \qquad (6\text{-}2)$$

(3) 可行性论证充分项目比重

该指标指某一区域内符合可行性论证要求的财政扶贫投资计划项目占该地区全部财政扶贫项目的比重。符合可行性研究要求的项目不包括重复立项项目及虚假立项项目等违规操作。

$$可行性论证充分项目比重=\frac{某贫困地区符合可行性论证要求的项目数}{该地区投资计划总项目数}\times 100\% \qquad (6\text{-}3)$$

2. 效率性指标

一般来说，效率性指标可以分为以下五个指标。

(1) 财政扶贫资金到位率

贫困地区财政扶贫资金的发放要经过中央、省级、市级财政部门的审核，有时候因为中间环节过多，会错过最佳的投资期。由此可见，扶贫资金的到位时间是影响扶贫成效的重要因素。

$$产业扶贫资金到位率=\frac{到位资金}{产业扶贫全部资金}\times 100\% \qquad (6\text{-}4)$$

(2) 项目按期开工率

财政扶贫项目是国家民生大计，投资计划项目能否按时开工，直接影响着贫困地区的发展和贫困人口增收的实际效果。

$$项目按期开工率=\frac{按期开工项目数}{项目总数量}\times 100\% \qquad (6\text{-}5)$$

(3) 项目完工程度

财政项目的完工程度可以直观地反映出政府与施工方对项目的重视程度。项目的完工程度一般用百分数来表示。

(4) 项目验收合格率

通过比较验收合格的项目数占项目总数的比例，评价项目的实施情况。

$$项目验收合格率=\frac{验收合格的项目总数}{项目总数量}\times 100\% \qquad (6\text{-}6)$$

(5) 投入产出率

如果投入产出率高，则意味着项目利益产出更高。如果投入产出率低，则说明项目优化不够完善。

$$投入产出率=\frac{项目产出}{项目投入}\times 100\% \qquad (6\text{-}7)$$

3. 效果性指标

效果性是指财政扶贫资金的投入能达到预期效果的程度。财政扶贫的目的在于促进贫困地区财政项目的发展，以此带动贫困群众增收、脱贫，完成国家大计。

（1）贫困人口收入增长率

通过考核贫困人口因财政扶贫实现的收入增长的比率，可以直观地看出财政扶贫对于贫困人口脱贫的作用。

$$\text{贫困人口收入增长率}=\frac{\text{财政资金带动下贫困人口的平均收入}}{\text{财政资金投入之前贫困人口的平均收入}}\times 100\% \tag{6-8}$$

（2）带动贫困人口脱贫贡献率

统计在财政扶贫下脱贫人口数量占该地区总的脱贫人口数，可以直观地看出效果最明显的扶贫手段。

$$\text{脱贫贡献率}=\frac{\text{财政资金带动脱贫人口}}{\text{该地区总的脱贫人口}}\times 100\% \tag{6-9}$$

（3）群众认可度

群众对财政扶贫的认可程度，虽然不能直观地反映出财政扶贫的成果，但是从人性认知的角度可以得出群众的认可度和财政扶贫的成果正相关。如果财政项目真正给群众带来了利益增长与幸福，群众对其的认可度自然就会很高；反之，则较低。

（三）运用层次分析法设置指标权重

1. 层次分析法

层次分析法（AHP）是由美国运筹学家托马斯·塞蒂（T.L.Saty）教授提出的，他将复杂问题按特定的要求分解为各个组成因素，并按属性不同对这些因素进行分层排列，同一层次的因素对下一层的某些因素起支配作用，同时受上一层次因素的支配，从而形成了一个自上而下的递阶结构。层次分析法是一种将定量分析与定性分析结合的方法。具体方法是通过两两比较的方式确定层次中各因素的相对重要性，然后综合评价主体的判断，以确定各个复杂问题相对重要性的总排序。[1] 其操作流程如下。

[1] 崔宁波．产业扶贫资金绩效审计研究——以河北省A县为例［D］．保定：河北大学，2018.

(1) 建立判断矩阵

在确定每层不同元素的权重时，只用定性分析得出的结果往往没有说服力，因此有人提出了一致矩阵法。一致矩阵法在对所有因素进行比较时都基于一致的标准，即不是比较所有因素而是对这些因素进行两两比较；两两比较时采用相对尺度，从而减少性质不同的因素相互比较的困难，提高准确度。层次结构模型的目标在本研究中定义为U层，指标层有两层，第一层表示为U_i，第二层表示为$U_{ij}=(i=1, 2, \cdots, n), (j=1, 2, \cdots, n)$。

表 6-1 评分刻度表

因素 i 比因素 j	量化值
同等重要	1
稍微重要	3
较强重要	5
强烈重要	7
极端重要	9
两相邻判断的中间值	2，4，6，8

(2) 判断矩阵的一致性

要想判断对这些因素进行两两比较是否有意义，就需要对建立的判断矩阵进行一致性检验。如果判断矩阵存在$a_{ij}=a_{ik}/a_{kj}$，则认为判断矩阵通过了矩阵检验，具有满意的一致性。

(3) 层次单排序

对判断矩阵求其相对应的特征向量$\boldsymbol{W}$，即$A\boldsymbol{W}=\lambda_{max}\boldsymbol{W}$。其中，$\boldsymbol{W}$的分量就是对应的$n$个因素的权重系数。$\boldsymbol{W}$中的元素为同一层次因素相对于上一层次某因素相对重要性的排序权重数值。

根据判断矩阵，计算权重系数的方法有两种，即和积法和方根法，下面只介绍和积法的详细过程。

①将判断矩阵的每一列元素进行归一化处理：

$$\overline{a_{ij}}=\frac{a_{ij}}{\sum_{k=1}^{n}a_{kj}(i, j=1, 2, \cdots n)} \tag{6-10}$$

②将归一化的判断矩阵按行相加：

$$W_{ij} = \overline{W_{ij}} \frac{a_{ij}}{\sum_{k=1}^{n} W_{ij} (i = 1,\ 2,\ \cdots n)} \tag{6-11}$$

③将向量 $\overline{W_i} = (\overline{W_1},\ \overline{W_2},\ \cdots\ \overline{W_i})^{T}$ 归一化为 $W_i = \overline{W_{ij}} \sum_{k=1}^{n} W_j (i = 1,\ 2,\ \cdots n)$，所得的 $W_i = (W_1,\ W_2,\ \cdots,\ W_n)$ 即为所求特征向量，亦即判断矩阵的层次单排序结果（即权重系数）。

（4）一致性检验

定义一致性指标 CI：

$$CI = \frac{\lambda_{\max} - n}{n - 1} \tag{6-12}$$

一般情况下，如果 $CI < 0.10$，则认为判断矩阵具有一致性，不必调整，据此而计算的值是可以接受的。显然，随着 n 的增加，判断误差也会增加，因此判断一致性时应考虑到 n 的影响，使用随机性一致性比值 $CR = \frac{CI}{RI}$ 进行计算。其中，RI 为平均随机一致性指标。[1]

2. 指标权重的设置

由于各层中的各个指标对财政扶贫资金绩效审计的影响大小不一样，本书通过走访调查，综合考虑当前我国贫困地区的财政发展现状、财政扶贫政策导向、财政扶贫攻坚计划与相关资深人士的意见，确定了各层指标的重要程度，构建了两两比较矩阵。具体步骤如下。

（1）构建第一层判断矩阵（表 6-2）

表 6-2　第一层指标判断矩阵

指标名称	经济性	效率性	效果性
经济性	1	1/2	1/5
效率性	2	1	2/3
效果性	5	3/2	1

[1] 崔宁波. 产业扶贫资金绩效审计研究——以河北省 A 县为例 [D]. 保定：河北大学，2018.

（2）第一层矩阵的一致性检验

用 Excel 软件计算出判断矩阵 **S** 的最大特征根 $\lambda_{max}=3.0291$，然后计算一致性指标，进行矩阵的一致性检验：

$$CI=\frac{\lambda_{max}-n}{n-1}=\frac{3.0291-3}{3-1}\approx 0.0146 \tag{6-13}$$

平均随机一致性指标 $RI=0.58$，则随机一致性比率为：

$$CR=\frac{CI}{RI}=\frac{0.0146}{0.58}\approx 0.0252<0.10 \tag{6-14}$$

由此可得层次分析排序的结果具有一致性，即权重系数的分配非常合理，从而可以得出经济性、效率性、效果性三个一级指标的各自权重（表 6-3）。

表 6-3　第一层指标权重

指标层	权重
经济性	0.131 8
效率性	0.312 5
效果性	0.555 7

（3）效率性内矩阵构建

计算经济性、效果性内各二级指标的权重需要构建效率性内二级指标的判断矩阵（表 6-4）。

表 6-4　效率性内二级指标判断矩阵构建

指标层	财政扶贫资金到位率	项目按期开工率	项目完工程度	项目验收合格率	投入产出率
财政扶贫资金到位率	1	4	6	3	2
项目按期开工率	1/4	1	2	1/2	4/5
项目完工程度	1/6	1/2	1	1/3	2/5
项目验收合格率	1/3	2	3	1	5/6
投入产出率	1/2	5/4	5/2	6/5	1

(4) 效率性内矩阵一致性检验

用 Excel 软件计算出判断矩阵 $\boldsymbol{S}$ 的最大特征根 $\lambda_{max}=5.0545$，然后计算一致性指标，进行矩阵的一致性检验：

$$CI=\frac{\lambda_{max}-n}{n-1}=\frac{5.0545-5}{5-1}\approx 0.0136 \tag{6-15}$$

平均随机一致性指标 $RI=0.89$，则随机一致性比率为：

$$CR=\frac{CI}{RI}=\frac{0.013\ 6}{0.89}\approx 0.0153<0.10 \tag{6-16}$$

由此可知层次分析排序的结果具有一致性，即权重系数的分配非常合理，从而可以得出财政扶贫资金到位率、项目按期开工率等五项二级指标的各自权重（表 6-5）。

表 6-5　效率性内二级指标权重

指标层	权重
财政扶贫资金到位率	0.444 8
项目按期开工率	0.119 3
项目完工程度	0.066 9
项目验收合格率	0.182 3
投入产出率	0.186 7

根据前文的思路，可以分别计算得出经济性、效果性内各二级指标的权重（表 6-6、表 6-7）：

表 6-6　经济性内各二级指标的权重

指标层	权重
资金超支率	0.351 5
损失浪费率	0.157 1
可行性论证充分项目比重	0.491 4

表 6-7　效果性内各二级指标的权重

指标层	权重
带动贫困人口收入增长率	0.441 5
带动脱贫人口贡献率	0.404 3
群众认可度	0.154 2

根据上述一级指标及二级指标在各自层面的权重值，可知每个二级指标在整个绩效评价指标中所占的权重，进一步可得出指标权重汇总表，见表 6-8。

表 6-8　经济性、效率性、效果性权重汇总

	一级指标	二级指标	权重
财政扶贫资金绩效审计层次指标	经济性	资金超支率	0.046 3
		损失浪费率	0.020 7
		可行性论证充分项目比重	0.064 8
	效率性	财政扶贫资金到位率	0.139 0
		项目按期开工率	0.037 3
		项目完工程度	0.020 9
		项目验收合格率	0.057 0
		投入产出率	0.058 3
	效果性	带动贫困人口收入增长率	0.245 3
		带动脱贫人口贡献率	0.224 7
		群众认可度	0.085 7

表 6-8 比较直观地反映出了影响财政扶贫资金绩效水平各因素的重要程度。其中，经济性、效率性和效果性是财政扶贫资金绩效审计的三大指标，具有重要的作用。但是在经济性指标中，对财政扶贫资金绩效而言最重要的指标是可行性论证充分项目比重，其权重为 0.064 8。项目是否能按计划运营并为群众谋利益才是根本，如果一个项目没有经过充分的讨论便直接开展，就有可能浪费财政扶贫资金，影响到贫困人口的脱贫进度，所以在进行经济性分析时应当重点把握。在效率性指标中，最重要的指标是财政扶贫资金到位率，其次

是投入产出率，权重分别为0.139 0和0.058 3。在效果性指标中，带动贫困人口收入增长率与带动脱贫人口贡献率的权重最大，分别为0.245 3和0.224 7，财政扶贫资金绩效审计应对其进行重点把握。

四、财政扶贫资金绩效审计评价体系的确立

（一）了解贫困地区的环境

开展扶贫资金绩效审计的第一步，就是要了解财政扶贫地区的环境。审计人员可以通过查阅文件或询问等方式了解贫困地区的环境，主要包括贫困地区发展的基本概况，如财政扶贫项目数的增长率、产业发展的区域格局、当地扶贫工作人员对政策入户的宣传力度等。审计人员在进行财政扶贫资金绩效审计前要宏观把握贫困地区的环境，只有做到心中有数，才能在审计过程中更好地发现问题并提出合理的建议，使绩效审计发挥监督的功效，进一步促进贫困地区的发展。

（二）了解并测试财政扶贫内部控制的有效性

了解并测试财政扶贫内部控制的有效性是审计人员进行财政扶贫资金真实性、合规合法性审计的重要前提，也是进行财政扶贫资金绩效审计的重要依据。审计人员可以通过查阅扶贫人员的工作记录或询问经手工作人员等方式了解财政扶贫工作的日常流程，也可以通过定期检查工作、跟踪审计等举措了解相关财政扶贫工作者的具体工作状况。虽然询问法和观察法都可以帮助审计人员了解财政扶贫工作的内部控制情况，但是其是否有效还需要通过内部控制有效性测试来确定。

内部控制有效性测试包含两个层面，一是内部控制设计的有效性，二是内部控制执行的有效性。审计人员在对财政扶贫工作内部控制设计的有效性进行测试时，应当从以下几点入手。

①地方政府是否具有中央下达的财政扶贫资金使用规范政策的相应配套措施或规定。

②地方政府的配套财政扶贫措施或规定是否合理，是否符合国家财政扶贫政策导向，是否与当地财政项目实际情况相配套。

③当地政府对具体的财政扶贫政策是否有合理相应的财政扶贫工作规划。

在对内部控制执行的有效性进行测试时，应当注意以下几点。

①财政扶贫的工作安排、计划等是否得到了有效的执行，执行的主体和方

式是否明确，是否有明确的责任分工。

②在财政扶贫工作执行过程中是否有监督机制，以及监督机制是否发挥了作用。

③财政扶贫的各项政策、项目是否得到了执行和推进。

④是否有相应的财政扶贫工作考核机制，对财政扶贫工作进行绩效评估并检查财政扶贫工作的执行情况（是否有财政扶贫资金浪费、效果不佳等情况）。

（三）财政扶贫资金绩效评价

对财政扶贫资金的绩效评价是审计人员对一系列财政扶贫审计工作的最终整合结果，主要包括真实性、合规合法性、经济性、效率性和效果性五方面的评价。

财政扶贫资金绩效评价要客观反映财政扶贫工作取得的成就与出现的问题，起到预防或者揭示财政扶贫工作即将出现或是已经出现的问题，促使扶贫资金损失最小、绩效更高的作用。具体来说，财政扶贫资金的真实性评价就是审查财政扶贫资金运行过程中的财务数据与运行实际情况是否一致。这一评价是开展合法合规性评价以及经济性评价、效率性评价和效果性的基础和依据，贯穿于财政扶贫资金绩效审计的全过程；合规合法性评价应当从程序、制度上反映出资金管理及使用中的违规问题；经济性评价应该反映出财政扶贫工作中出现的扶贫资金浪费、财政成本不节约的情况；效率性评价应当反映出财政扶贫中人力、物力等资源的使用效率；效果性评价应当反映出财政扶贫工作的成果与预期目标的差距。

无论是经济性、效率性还是效果性评价，主要目的都是帮助财政扶贫工作实施单位发现并解决工作中的问题。

（四）提出财政扶贫资金整改对策

审计是寓服务于监督之中的工作，查找问题只是表象，弥补问题背后的制度缺陷才是审计的最高境界。审计人员应当根据在财政扶贫资金绩效审计中发现的问题，帮助财政扶贫工作实施单位找到出现问题的原因，并提出解决这些问题的建议。在经济性、效率性、效果性方面，可以根据具体指标值，采取合理可行的措施。在内控制度方面，如果当地政府没有制定与国家财政扶贫政策相配套的政策和规定，应当督促其制定和落实；如果当地政府制定的财政扶贫政策配套措施和规定不符合国家财政扶贫政策导向，则需要帮助其纠正；如果当地政府制定的财政扶贫政策不符合当地实际情况，要结合之前了解的当地的财政现状给出合理建议；如果当地政府缺少有关财政扶贫的具体工作规划，要督促其及时做出规划，并结合财政扶贫政策和当地实际财政扶贫情况给出合理建议；如果财政扶贫工作没有得到有效执行或是扶贫结果与预期相去甚远，要帮助其找到扶贫工作中存在问题的原因并进行分析，以减少财政扶贫资金的损失。

第三节　案例分析：河北省A县财政扶贫资金绩效审计研究

本节以河北省A县为例，对财政扶贫资金绩效审计进行进一步的分析。A县是国家扶贫开发工作重点县，是河北省第一个县级综合改革试点，位于冀南低平原区。全县面积为1 012平方公里，辖11镇、65乡、1个省级高新区、1个国家农业科技园区、522个行政村，共有人口60余万，交通闭塞，发展落后。在精准扶贫、精准脱贫的大背景下，2015年年底，A县有建档立卡贫困村181个，贫困人口9 536户共20 581人，贫困发生率为4.46%。全县各级政府及领导班子认真落实习近平总书记关于扶贫开发的“四个切实”“六个精准”的要求，截止到2017年年底，A县的综合贫困发生率已经降至1.17%。

本节在第二节中审计模式的基础上，进一步对A县贯彻落实财政扶贫政策的情况进行了了解。为了对财政扶贫资金绩效进行综合研究，笔者特组成审计小组，深入A县进行实地调研，力求使数据真实可靠，审计结果具有说服力。在调研过程中，笔者实施了以下审计程序。

一、了解A县的财政扶贫环境

河北省A县位于冀南低平原区，是典型的农业大县、工业小县、财政穷县、国家级贫困县，属于“四不靠两没有”（不靠山、不靠海、不靠铁路、不靠大城市；地下没矿藏、地上没资源），交通闭塞，发展落后。

2016年以来，河北省A县认真落实习近平总书记关于扶贫开发的“四个切实”“六个精准”的要求，唱响了“扶贫路上往前赶，脱贫工作高标准”的主基调，按照市场经济、社会治理理念，明确了“财政、政策双扶持双兜底”的总体思路，坚持以开放的理念育龙头，以市场的理念抓融资，以合作的理念促共赢，以融合的理念抓统筹，探索实施了“四个动起来、四个全覆盖”（党委政府动起来、富民财政全覆盖，企业农户动起来、股份合作全覆盖，银行保险动起来、金融支撑全覆盖，社会各界动起来、帮扶救助全覆盖）路径。A县坚持把财政扶贫作为重中之重，探索了多种利益联结机制，让贫困群众捧上了财政这个“金饭碗”。具体部署包括以下几个方面。

(一) 高起点规划“三带三园”

A县统筹了现代农业与扶贫开发，规划实施了“三带三园”（优质林果带、蔬菜带、畜禽养殖带，4.5万亩现代农业园区、乳业园区、宏大肉食加工园区），覆盖了全县90%以上的行政村及所有贫困村，成为河北省唯一拥有“三个国字头”农业园区（国家现代农业示范区、国家农业综合开发现代农业园区、国家农业科技园区）的县。

(二) 做多做大经营主体

A县按照土地规模经营流转面积“262”（龙头企业占20%，合作社和家庭农场占60%，分散经营占20%）的比例，积极培育新型经营主体，成功引进了“青源富蛋白蛋鸡”“君乐宝奶牛”“宏大牧业”等战略龙头，并围绕增强持久带动能力，坚持“三字”壮龙头。

1. 降

探索国企融资建厂、企业租赁模式，降低投资成本，提升利润空间。“青源富蛋白蛋鸡”“君乐宝奶牛”就是该模式的典型代表。

2. 升

坚持标准化生产，创优创名，如A县水果产业连获“果王”殊荣，其水果摆上了十九大会议的餐桌。

3. 活

A县创新了行政审批，改革了市场监管机制，优化了政务环境，激发了市场活力，建成省级扶贫龙头9家；2017年新增各类市场主体3 940家，同比增长70.5%。

(三) 探索创新利益联结模式

A县结合实际，构建了五大资产收益模式，实现了对贫困户的全面多层覆盖。

1.“金鸡”模式

A县采取“国企融资建厂、扶贫资金入股、企业租赁经营、贫困群众分红、集体经济受益”机制，带动了4个乡镇的126个村（48个贫困村），使

1 766户的 3 753 个贫困人口实现了稳定脱贫。这些贫困人口 2016 年每人分红 300 元，2017 年每人分红 500 元。

2.“白羽”模式

A 县采取“分户入股、保底分红、保险保障、集体受益”机制，带动了 4 个乡镇的 74 个村（26 个贫困村），使 1 237 户的 2 453 个贫困人口实现了稳定脱贫，每人每年分红 450 元。

3.“金牛”模式

A 县之后通过复制“金鸡”模式，带动了 6 个乡镇的 175 个村（65 个贫困村），使 2 097 户的 4 520 个贫困人口实现了稳定脱贫，每人每年分红 450 元。

4.“链果”模式

A 县通过采取“龙头建园区、农户小业主返租倒包”机制，带动了 4 个乡镇 90 个村（65 个贫困村）的 1 141 户共 2 433 个贫困人口实现了稳定脱贫，每人每年分红 450 元。

5.“多又多”模式

A 县通过采取“集体整合土地、企业规模经营、农户入股分红、溢出效益共享”机制，带动了大洋镇 40 个村（8 个贫困村）的 485 户 978 个贫困人口实现了稳定脱贫，每人每年分红 450 元。

以上五大资产收益扶贫模式吸纳了 4 875 名贫困群众在家门口就业。其中，“金鸡”吸纳了 4 名贫困群众，“金牛”吸纳了 1 名贫困群众，“多又多”吸纳了 270 名贫困群众，“白羽”吸纳了 200 名贫困群众，“链果”吸纳了 4 400名贫困群众。

（四）拓展多元增收渠道

A 县通过实施电商扶贫，引进了阿里巴巴等 5 家电商平台，实现了全县 522 个村级电商服务站全覆盖。2017 年，A 县完成线上交易 20 亿元、线下交易 2 亿元，被列为河北省“电子商务进农村综合示范县”。A 县的“供销 e 家”被全国供销总社确定为河北省唯一样板。此外，A 县还实施了“光伏惠民工程”。以三间房屋为例，佳能新能源技术开发有限公司投资了 4.05 万元，用于安装容量 5.4 千瓦的屋顶分布式光伏电站，每年发电约 7 700 千瓦时，合作期限为 25 年，使农户年均增收 3 000 元左右。8 个光伏发电示范村使 96 个贫困户、边缘户受益，目前正在向其他村推广复制。

在寻求财政带动经济的大动作下，A 县县委、县政府也在积极整合资金，扮演好后盾指挥的角色。A 县贯彻执行（冀财农〔2017〕14 号）文件精神，以“十三五”脱贫攻坚规划为引领，以年度脱贫目标为依据，以具体建设项目为着力点，通过统筹整合使用财政涉农资金，形成了“多个渠道引水，一个龙头放水”的扶贫投入新格局；紧紧围绕突出问题，以脱贫成效为导向，以扶贫项目为平台，集中使用财政涉农资金，使财政涉农资金发挥了最大效益。

在财政资金方面，据统计，中央资金 20 项中涉及 A 县的有 15 项，省级资金 20 项中涉及 A 县的有 15 项，市级资金 1 项。截至 2017 年年底，A 县共整合到县资金 23 805.88 万元，整合的涉农资金占可整合到县财政资金的 100%。其中，整合中央资金 17 913.88 万元，占比 75.25%；整合省级资金 4 795万元，占比 20.14%；整合市级资金 100 万元，占比 0.42%；整合县级配套扶贫资金 997 万元，占比 4.19%。在整合的涉农资金中，投入财政扶贫项目的有 9 858.58 万，占总资金比率为 41.41%。资金投向主要涉及资产收益扶贫项目、优质特色主导财政项目、省级乳粉业发展项目、设施果蔬建设项目、光伏项目。2017 年 A 县财政扶贫资金的投入分布如图 6-2 所示。

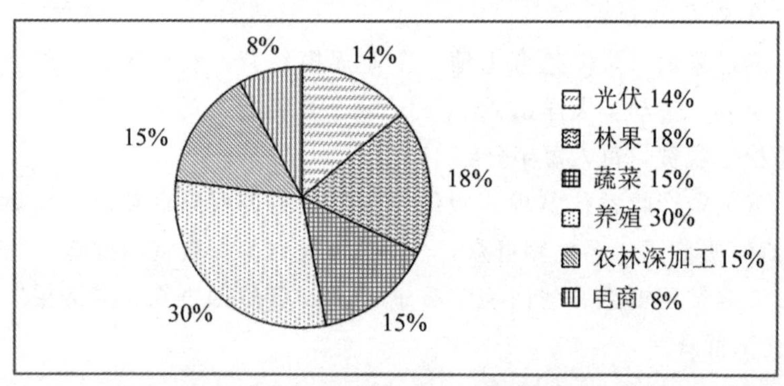

图 6-2　2017 年 A 县财政扶贫资金投入分布

二、了解并测试 A 县财政扶贫内部控制的有效性

审计小组在县委、县政府、扶贫开发办公室相关人员的帮助下，通过查阅会议记录、政府制度文件，了解到 A 县在财政扶贫内部控制设计和执行方面的总体情况良好。

在设计方面，A 县政府在财政的制度支撑与规划设计方面做了大量的工作。一是构建了财政扶贫工作追责制、监督考核制；二是深入学习并落实了党中央关于脱贫攻坚的指导意见，因地制宜，制定了脱贫规划方案，并在一系列保障的基础上形成了以财政扶贫为主导、多位一体的帮扶责任体制，真正做到了精准扶贫，充分发挥了扶贫政策的导向作用；实行分类管理、分类管控，对提高A县的经济、文化、政治水平起到了良好的支撑作用。由此可见，A县在内部控制的设计方面做到了合理可靠。

在执行方面，A县以A县扶贫开发领导小组为精准脱贫攻坚战的主体，由县委书记、县长双领导监督，农业局、农牧局、科技局等为组员，实施“一企一政策、一步一脚印”的帮扶机制，从而找准出口、精准施策。为使财政资金充分发挥作用，A县近年来一直不断探索更加科学严谨的管理模式，按照公开、公正、透明的原则，坚持做到“三个直拨”“三个公开”。“三个直拨”包括三方面的内容：一是在扶贫项目实施过程中，资金在经过扶贫办、财政局审批后，由银行直接拨到贫困户的银行卡上；二是在基础设施建设项目实施上，在留足质保金的前提下，将工程款直接拨入施工单位账户；三是在实用技术培训方面，将培训资金直接拨到培训单位。“三个公开”的内容也包括三方面：一是扶贫项目实施计划审批通过7个工作日后在“A县党政门户网”公开项目规模、扶持村、额度等；二是项目内容公开，即项目实施前，在项目实施村召开由党员、村民代表参加的项目准备会，让各项目户清楚扶贫资金的规模等；三是验收公示公开，即项目验收时，在村务公开栏公示项目户名单、金额以及扶贫办、财政局、所在乡镇的监督电话等，接收项目村群众的监督。此外，A县制定了财政扶贫资金管理办法和财政扶贫专项资金监督管理办法，规范了财政扶贫专项资金的使用。由此可见，A县财政脱贫规划的执行有理有据。

三、A县财政扶贫资金绩效审计评价

审计小组在对A县开展审计工作的过程中始终以党中央关于脱贫攻坚的意见为指导，对A县财政扶贫资金的绩效进行了各方面的考察、核实。在审计前，审计小组针对本次扶贫资金绩效的审计情况做足了功课，深入了解了国家在此方面的制度文件与政策规划，对于审计过程中可能出现的意外情况等做足了准备，以保证财政扶贫资金绩效审计工作顺利开展。在审计中，审计小组对A县财政扶贫内控制度的设计、执行与维护进行了审计，对财政扶贫资金的使用情况进行了审计评价（审计小组依据A县的脱贫攻坚规划设置了系列评价指标）。资金绩效审计主要围绕资金的来源、流向、效率及效果几方面，参照了《A县2017年财政脱贫攻坚实施细则》《A县“十三五”财政脱贫攻坚规划》《A 县 2017 年度财政涉农资金统筹整合使用方案》《A 县 2017 年度财政扶贫资金绩效自评报告》等文件中的指标数据，通过询问专业人士以及实地走访判断出每个指标的完成程度。

此次，财政扶贫领域共涉及资金 9 858.58 万元，其来源有中央、省、市与县四级。其中，整合中央资金 7 262.30 万元、省级资金 1 922.13 万元、市级资金 68 万元、县级资金 606.15 万元，主要投资于葡萄种植、梨种植、观光、鸡舍、牧场等方面。

（一）内部控制有效性评价

审计小组对 A 县的财政扶贫工作进行了内部控制有效性测试，得出了 A 县财政扶贫工作内部控制有效的结论。A 县针对财政扶贫政策制定的财政扶贫工作责任制度以及财政扶贫督导考核制度科学合理并得到了有效执行，制定的财政扶贫规划结合了 A 县的实际财政发展状况且符合国家财政扶贫政策导向。A 县财政局、扶贫办对日常财政扶贫资金进行监督，县审计局每季度对其进行审计，执行具有一贯性，但是其执行效率及标准有待进一步提高。在审计工作中，每个审计工作人员都只负责一部分工作，但是审计环节中的执行标准不统一，容易造成审计结果偏差较大。因此，应该建立一套符合自己的审计系统及流程，由审计结果反向促进审计工作的开展。可以说，A 县财政扶贫工作的内部控制有效，但是仍有待完善。

（二）真实性、合规合法性审计评价

将 A 县财政扶贫资金使用的实际情况与前文中的真实性、合规合法性指标相结合，发现 A 县在财政扶贫资金使用的各个环节均合规合法，计划、分配、管理及后续评价阶段均未出现违规使用资金的问题，内部控制较好。

A 县在 2017 年实施的财政扶贫项目科学合理，且有详细的扶贫资金使用计划。A 县在每个财政项目实施之前都会列出详细的资金使用计划，大到 A 县财政“十三五”脱贫攻坚计划，小到每个项目带动的贫困人口数量。

A 县财政扶贫项目资金实行单独管理、分账预算，使得每笔项目资金的使用都能严格按照预算。另外，A 县还将项目资金使用信息更新到河北省精准扶贫检察监督管理平台，方便公众监督。

（三）经济性审计评价

经济性审计评价一共设置了三个指标要素。一是资金超支率。2017 年，财政扶贫项目资金预算 9 500 万元，整合财政扶贫资金 9 858.58 万元，实际投

入财政项目 9 858.58 万元，资金超支率为 3.77%，经济性完成程度为96.23%。二是可行性论证充分项目的比重。A 县共投资兴建了财政项目 6 个，其中 5 个已投入运行，1 个由于合作方的资金问题导致停滞。已运行的 5 个项目收益稳定，项目计划是每年分红至少占投入资金的 10%。笔者通过实地走访调查并查看分红合同书可知，所有投资入股的贫困户应得的分红已到手。审计得出可行性论证充分项目的比重为 83.33%，经济性完成程度为 83.33%。三是财政扶贫资金损失浪费率。通过查阅资料及向专业人士了解综合得出，A 县的支出成本中有 52.88 万元存在损失浪费的嫌疑，占总投入资金的 0.53%，经济性完成程度为 99.47%。

由上述审计结果可知，A 县资金超支率为 3.77%，由此可看出 A 县的项目预算与实际支出存在一些出入。预算与实际支出的金额差距反映出一个实质性的问题，即必须完善预算管理制度，做到预算与实际支出的无缝对接。可行性项目重要性比重经审核为 100%，进一步说明该县每一个新推进的财政扶贫项目都经过了充分的讨论考察，项目可靠性强，拉动经济增长快。A 县扶贫资金的损失浪费率为 99.47%，说明 A 县扶贫资金的审批等环节还有待加强。

（四）效率性审计评价

效率性审计评价一共设置了五个指标要素。一是财政扶贫资金到位率。A 县的扶贫资金为 9 858.58 万元，全部按期到位，财政扶贫资金到位率 100%，效率性完成程度为 100%。二是项目按期开工率。A 县计划开工的扶贫财政项目有 5 个，实际开工数也为 5 个，开工率为 100%，完成程度为 100%。三是项目完工程度。A 县新开工的 5 个项目原计划在当年完成，但是由于天气及供应商原因，大约有 0.3 个项目没有按时完工，项目完工程度为 94%。四是项目验收合格率。A 县已经完成的项目，均经过专业评估机构评估，均通过验收，项目验收合格率 100%，完工程度 100%。五是投入产出率。A 县计划所投财政项目投入产出比为 20%，但是水果品质好、鸡蛋价格高使得投入产出比高达 25.3%。因此，这项指标完成程度为 126.5%。

从上面的审计结果可以看出，A 县的项目工程完工程度是五项指标中最低的，仅仅为 94%。这说明每一笔资金、每一个项目在审核投入之前应该做好更加详细的规划。

（五）效果性审计评价

效果性审计评价一共设置了三个指标要素。一是带动贫困人口收入增长率。财政扶贫项目使困难群众的年均收入从之前的 2 850 元增长至 4 850 元，增收效果远高于计划的 4 500 元，完成度为 107.78%。二是带动脱贫人口贡献率。带动脱贫人口贡献率是指财政扶贫带动的脱贫人口数量与本年总的脱贫人口数之比。A 县原计划带动脱贫贡献率达到 60%，截至 2017 年年底，该比值达到 62.9%，完成度为 101.45%。三是群众认可度。在群众认可度方面，A 县的综合群众满意度低于原定的计划，完成程度为 87%。

在以上三项指标中，只有群众认可度这项指标完成程度是低于预期计划的，另外两项指标的完成程度高于 100%。由此可见，整体完成效果较显著，说明 A 县扶贫办的财政规划具有科学性。群众认可度水平较低，侧面反映出扶贫工作人员的工作还有不到位之处，应该把政策熟记于心，做到让老百姓心里知、心里明。

四、A 县财政扶贫资金绩效审计发现的问题

（一）贫困人口对帮扶的认可度较低

贫困人口认可度低包含两个层面的原因：一是贫困人口文化程度有限，对政策的理解出现错位；二是扶贫相关工作人员对于扶贫的把握不到位，导致在向群众传递的过程中产生偏差。

如果贫困群众认可度持续较低，之后的脱贫宣传工作将会很难顺利进行，势必在之后需要群众配合政策时产生矛盾，造成难以彻底打赢脱贫攻坚战。因此，必须加强扶贫工作人员的知识培训，提高贫困群众的思想觉悟。

（二）资金分配和使用不够细化

财政扶贫资金的使用和分配环节是整个资金流通的关键环节。扶贫资金使用环节不合理、不够细化，会造成资金损失、浪费。经审计，A 县的资金浪费率为 0.53%，进一步反映出资金的分配使用环节出现了纰漏。即使是微小的问题也会对贫困地区的经济发展产生重要影响，因此应该严把资金的分配和使用环节，完善相关的制度建设，防止微小问题蔓延扩大。

（三）财政扶贫项目瞄准精度差

一个项目从计划到双方协商达成一致，再到涉农资金的审批拨发等，都投入了极大的人力和物力。如果最后的成果不理想，不仅会造成前期工作的损失浪费，还会影响该地区贫困群众的收入，降低脱贫进度，进而使群众的满意度大打折扣。总之，如果一个地区的财政项目的瞄准精度较差，就会极大地影响

脱贫攻坚战。

（四）审计制度不够科学、完善

科学、完善的审计制度是开展审计工作的必要前提。虽然A县的审计局也在定期开展对于扶贫资金的审计工作，但是对于财政扶贫资金缺少统一、合理的审计标准，造成A县的审计结果失真，出现了资金浪费率、群众满意度等与之前的审计结果不一致的问题。

第四节　提高财政扶贫资金使用绩效的建议

财政扶贫是精准脱贫攻坚战中举足轻重的一环，其效果会直接影响地区和国家的整体脱贫效果。对于在A县财政扶贫资金绩效审计过程中发现的诸如财政扶贫资金浪费、项目前期考察不够充分、群众认可度低等问题，必须采取整改措施，以提高财政扶贫资金的使用效益，促进财政事业的发展，进而推动脱贫攻坚战的完成。

一、加强思想层面教育宣传工作

在财政扶贫攻坚战中，负责资金划拨和分配的公职人员以及财政扶贫的对象——贫困群众，都是举足轻重的部分。加强对公职人员和贫困群众的教育宣传工作是从根本上提升财政扶贫效果的措施。

加强公职人员的思想教育工作，就是加强公职人员对于财政扶贫重要性的认识，增强公职人员的扶贫意识和扶贫责任感；加强对财政扶贫资金管理制度的学习，增强公职人员的节约意识，减少资金浪费现象，使公职人员从思想上树立服务人民、攻坚脱贫、勤俭节约的意识观念。

国家和政府的单方面扶贫只是“输血”的过程，而“输血”并不能解决贫困的根本问题。要想从根本上解决贫困问题，需要贫困人口主动“造血”。树立“造血”意识就是激发贫困人口的主动脱贫意识，需要地方政府加强宣传教育工作，增进贫困群众对扶贫政策的了解，从而使贫困群众主动使用国家的财政扶贫优惠政策，构建资产收益化模式，大力发展养殖业和种植业等。公职人员也要与贫困群众通力合作，做到双向互动，从而推动扶贫工作的开展。

二、细化财政扶贫资金的使用和分配

财政扶贫资金在使用过程中出现的诸如资金浪费和资金不到位等现象，严重影响了财政扶贫资金的使用效益，使扶贫工作大打折扣。而对财政扶贫资金的使用和分配进行细化是提高财政扶贫资金使用效益的重要举措。

政府部门应对当地财政扶贫项目进行梳理、分类和整理，针对每一个财政扶贫项目建立完善的预算体系，针对各个财政扶贫项目的实施细节进行资金适配和预算整理，建立完善的资金适配系统，使资金合理适量地分配在各个环节，提高资金的使用效益。

三、因地制宜，提高财政扶贫瞄准精度

财政扶贫项目是扶贫工作的重中之重，在开展财政扶贫工作的过程中，不可不加以调查就随意行事。财政扶贫项目在当地是否能够存活，是否能够发挥出应有的经济效益，是否可以带领贫困人口脱贫致富，是决定扶贫工作进行与否的关键所在。因此，加强对各个财政扶贫项目的可行性研究非常有必要。

加强财政扶贫项目的可行性研究，首先需要对当地的经济环境、地理因素、人口政策等进行详细的调查研究，研究出真正适合在当地开展的财政扶贫项目，充分结合当地的资源和优势，使财政扶贫项目扎根，改善当地的经济。提高财政扶贫瞄准精度，就是要对财政扶贫项目和当地情况的适配度进行分析，尽可能使财政扶贫项目打准、打响、打深、打赢，促使扶贫工作高效展开，避免出现因调查研究不充分导致财政扶贫项目夭折的现象。

四、推进财政扶贫资金绩效审计建设

(一）建立健全财政扶贫资金绩效审计制度

扶贫是一项长期复杂的工作，为了杜绝扶贫过程中的违法违纪现象，使扶贫工作顺利进行，尽快打赢这场攻坚战，需要充分发挥审计的作用，建立一套适用于扶贫工作的审计制度。

建立健全财政扶贫资金绩效审计制度，需从以下几个方面进行。第一，制定科学全面的审计规章制度，对审计的对象、目标、时间、频率进行制度化管理，使审计在扶贫工作的各个方面发挥作用。第二，制定对扶贫资金的内控体系和预算系统，加强对资金的管控和监督，促进资金审计工作的落实；第三，加强对资金使用风险的认识和总结，对于容易出现资金风险的环节加强预防和

监督，使风险发生率降低。

（二）提高审计成果利用率，发挥审计导向作用

科学的扶贫需要“有效循环系统”的支持。“有效循环系统”是指及时发现并解决问题，使扶贫工作“常有源头活水来”，而审计则是发现问题的一种有效途径。

在推进审计工作制度化建设的同时，要充分发挥审计的导向作用，对审计的结果进行及时分析，及时发现扶贫工作在资金的使用和分配中出现的问题，并对这些问题进行分析研究，找出避免出现相同问题的方法，从而促进扶贫工作的顺利开展。

第七章 农村财政扶贫存在的问题以及政策优化

本章阐述了中国农村财政扶贫存在的问题；测度了中国整体以及各省（区、市）的贫困广度等贫困指标；通过构建财政扶贫投入、经济增长、收入分配与农村贫困的理论模型，采用多种实证方法检验了中国的财政专项扶贫和财政综合扶贫对农村贫困的影响。本章还在以上分析的基础上，坚持公平、高效、规范透明、协调平衡的原则，优化了农村财政扶贫政策，以期提升财政扶贫政策的减贫效果。

第一节 农村财政扶贫存在的问题

一、农村财政扶贫投入不足

（一）中央政府扶贫投入增速低

中央政府一直是中国扶贫的主导，约70%的扶贫投入来自中央政府。从总体来看，除个别年份外，中央政府近十年的扶贫资金投入总量基本处于上升趋势，2002—2010年年均递增11.8%，但是仍远低于同期中央财政支出增长率（17.0%），中央扶贫投入占中央财政支出比重呈逐年下降趋势。2010年中央扶贫资金中增加了中央拨付的低保资金，因此这一指标有所回升。自2014年起，贫困地区覆盖范围除了592个重点扶贫县外，还包括14个集中连片特困地区，因此中央政府的扶贫投入总额以及在中央财政支出中的占比均出现跳跃式增长。中央扶贫投入相对国内生产总值的变化趋势，与其占中央财政支出比重的变化趋势类似，体现出中央政府扶贫投入的增长速度低于同期国内生产总值增长速度的特点。

（二）社会力量参与扶贫积极性不高

贫困是复杂的社会现象，扶贫具有公共品的特征以及较强的正外部效应，因此无法通过市场机制根本治理贫困。政府需要承担起扶贫的主导作用，并引导社会力量形成合力应对贫困问题。从中国的贫困现状来看，中国农村贫困人口基数大、结构复杂、致贫因素多样，政府作为扶贫的主导力量和单一的扶贫主体，难以形成有效的回应多元贫困现实需求的贫困治理体系，需要动员多元化的社会力量协同应对。

自实施“八七扶贫攻坚计划”以来，参与扶贫的主体范围越来越广，逐步形成了定点帮扶制度。根据 2012 年国务院扶贫办相关文件的要求，310 个中央单位与 592 个国家扶贫重点县确定了定点扶贫结对关系，定点帮扶首次实现了国家扶贫重点县的全覆盖。此外，各社会组织、民间团体开展了“希望工程”“光彩事业”以及“春蕾计划”等扶贫活动，以支持贫困地区的扶贫开发。1986 年开始的由中央政府主持的东西部扶贫协作加快了西部地区的减贫进程。随着农村扶贫开发战略的不断完善，中国基本形成了专项扶贫、行业扶贫与社会扶贫三位一体的“大扶贫”格局。此外，中国政府还加强了与国际组织在扶贫领域的合作，其中投资规模最大、历时最久的是世界银行与中国的扶贫合作，取得了显著的合作扶贫成效。

从社会扶贫以及国际扶贫的资金投入来看，国际扶贫资金和社会资金总额在扶贫投入总额中的比重整体呈现出增长态势，但局部呈现出一定的波动性，说明这些扶贫资金投入不稳定，在一定程度上会直接影响减贫效果。近几年，虽然其他来源的扶贫资金出现“井喷式”的激增现象，但其所占扶贫投入总额的比重仍较低。可见，政府扶贫投入一直是中国农村扶贫的主要资金来源，政府一直是中国扶贫的主导和中坚力量。

通过以上分析可以发现，政府在减贫问题上肩负着不可推卸的责任，应充分发挥主导作用，通过公共财政履行减贫职能。然而，中国贫困人口规模较大，贫困程度较深，而政府资源有限，政府独立解决贫困问题存在难度。因此，政府应引导市场主体和社会成员积极参与扶贫，实现政府、市场和社会之间的协调配合，从而提高减贫的质量和效率。

二、财政综合扶贫投入结构失调

（一）财政扶贫投入倾向促进地区经济增长

贫困地区经济增长的最大受益群体往往是处于中等或较高收入水平的人

群，无论是项目安排还是资金扶持，中高收入农户往往比低收入农户更容易获得，具有明显的“马太效应”。另外，金融机构的扶贫贴息贷款也总是向高收入农户倾斜，形成了“穷者愈穷、富者愈富”的局面，在一定程度上加大了农户内部的收入差距。2017 年，贫困地区农村居民人均可支配收入 9 377 元，按可比口径计算比上年增加 894 元，名义增长 10.5%；扣除价格因素后，实际增长 9.1%，实际增速比上年快 0.7 个百分点，比全国农村平均水平高 1.8 个百分点。中西部 22 个省份均实现了贫困地区的农民增收目标。党的十八大以来，贫困地区农村居民人均可支配收入年均实际增速为 10.4%，比全国农村高 2.5 个百分点。但是，在促进经济增长的同时，政府对生态、资源等方面的补偿政策没有完全落实到位，资源富集地区的贫困农户很难获得资源开发的收益，对生态和水源等的补偿政策也有待进一步落实。这些问题的存在既不利于当地经济的可持续发展，也有悖“社会公平”的财政原则。

（二）农村社保投入水平较低

20 世纪 80 年代中期以来确立的“扶贫开发”战略一直以经济开发为主要扶贫手段，但是开发式扶贫的基本前提是贫困人口具有自我发展潜力，尤其是劳动能力，否则任何形式的扶贫开发都不会奏效。让每一位社会公民享有平等的社会福利是政府的责任，也是维护社会和谐稳定的主要手段。21 世纪以来，政府开始认识到农村社会保障政策体系在实现减贫目标中具有重要作用，应不断增加资金投入，逐步形成以农村低保和农村“五保”供养制度为基础，以临时救助为补充的农村社会保障体系。此外，中国长期以来的城乡二元经济结构体系，使农村地区社会保障体系的建设远远滞后于城镇地区，农村地区的社会保障投入力度不足。

截至 2018 年年底，全国共有农村低保对象 3 519.7 万人，农村低保标准达到 4 833 元/（人/年）；共有特困人员 482.3 万人，全年累计支出特困人员救助供养资金 334.6 亿元，[1] 与城镇居民存在较大差距。另外，多数农村地区没有将临时救助资金列入地方财政预算，资金拨付也难以落实。

（三）农村人力资本投资水平较低

从致贫因素来看，人力资本匮乏是农村贫困的重要内因。要想缓解农村贫困问题，就要加大教育、医疗等的投入，提高贫困群体的人力资本水平。医疗

---

[1] 数据来源于民政部官网。

投入关乎人力资本的健康和劳动能力，教育投入则关乎人力资本的提高和发展。

虽然“新农合”自2003年试点以来，取得了较大的成效，但是存在保障病种范围小、报销比例较低、封顶线较低等问题。作为对“新农合”的补充，医疗救助资金拨付严重不足，目前全国大多数地区的住院医疗资金拨付额均以20 000元为限。虽然大病救助限额在不断上调，但对于一些重特大疾病患者动辄数万元甚至几十万元的医疗费而言，医疗救助资金只是杯水车薪。贫困地区医疗救助资金投入与实际需求差距甚远，困难群众因病致贫、因病返贫现象时有发生。

2003年，国家开始实施“两基”（基本普及九年义务教育、基本扫除青壮年文盲）攻坚计划，让全国农村义务教育阶段家庭困难学生都能享受“两免一补”。虽然受此影响，农村居民的受教育程度不断提高，文盲率不断下降，截至2017年年底，全国农村地区常住劳动力中，未上过学的人占5.1%，小学文化程度的人占29.8%，初中文化程度的人占51.0%，高中文化程度的人占10.5%，但大专及以上文化程度的人只占3.5%，直接制约了贫困地区农村劳动力的非农转移和就业。

三、财政扶贫资金管理制度缺陷

分工明确、富有效率的扶贫资金管理制度是降低寻租成本、加速实现减贫目标的关键。然而，目前中国政府扶贫资金管理仍呈现多头林立的局面，难以形成资金、政策的有效整合，并且衍生出了监测评价机制的低效等问题，不利于减贫效应的提高。

（一）多头管理机制难以形成合力

中国财政扶贫资金投入和管理机制的典型特点是分项投入、多头管理。国家发改委负责以工代赈资金的投入，财政部负责财政扶贫资金投入，国家民政部门负责社会救助和农村保障基金的投入，国家民委负责民族地区发展基金投入，中国农业银行承办绝大部分政策性扶贫贴息贷款发放，形成了中国扶贫资金多部门管理的体制。国务院扶贫办主要承担各部门间资金运作的协调和监督工作，地方政府按照业务对口设置相应的扶贫开发组织实施体系。庞大的扶贫组织体系和繁杂的资金管理体制虽然有利于鼓励各部门积极参与扶贫，但同时也带来了机构重叠、条块分割等诸多问题。资金管理中的各个部门，由于缺乏有效的沟通协调机制，导致资金使用中的重复投资等浪费现象频发，各部门间的资金使用难以形成有效的合力作用，资金使用效率不高；由于“政出多门”，环节较多，难以进行有效监督和审计。另外，财政扶贫资金使用应以项目为承载，即通常所说的“资金跟着项目走”，但是各类扶贫资金涉及多个主管部门，导致扶贫项目的管理混乱，造成扶贫资金浪费，降低了财政扶贫资金的减贫效益。

（二）层层流转的传递机制造成损耗

从财政扶贫资金的分配来看，中央以省级为单位拨付，实施省级负责，依据各省（区、市）的贫困人口数、地区财力和地区经济发展水平以及农民的收入水平等因素，将资金分配到省（区、市），以项目为依托将资金层层下发到县。地方各级也主要采取因素法分配财政扶贫资金，但由于分配因素基础数据的收集等缺乏具体的公开透明的操作方案，为地方政府实施获取更多无偿的财政扶贫资金的博弈行为提供了可能。从财政扶贫资金的划拨来看，通过财政预算后，中央一级的扶贫资金分配即开始，根据财政扶贫资金管理规定，中央需在1个月内将扶贫资金拨付到省（区、市），但从省到市、县的拨付存在延迟现象，主要原因在于在层层的行政级次划拨过程中，经手机构在无形中获取了资金的控制和支配权。这种无形的权利资源一方面造成了扶贫资金分配公平性与合理性的弱化，另一方面给县级单位提供了博弈机会。“跑项目、争资金”过程中的人力、物力和财力消耗，无疑都会增加获得资金的交易成本。获得资金的交易成本不只是从2%的项目管理费中列支，甚至会直接侵蚀财政扶贫资金，从而降低了扶贫资金减贫效率。同时，由于扶贫资金延迟拨付，未能按时到位，造成扶贫项目错过了最佳实施时间，不能按时完工，无法发挥减贫效益。

（三）扶贫项目的监测和评价体系不健全

政府扶贫政策的完善和调整有赖于构建全面、系统、有效的监测评价体系以及及时、全面的决策反馈机制。完善的监测评价体系包括对“人”（主管扶贫项目的政府官员）和对“事”（扶贫项目的减贫效果）的考核与评价，并且以信息公开、透明为前提。但是就目前扶贫项目监管考评体系而言，无论是对“人”、对“事”的评价指标，还是扶贫信息共享都不完善，尤其是对“人”的监测评价流于形式。同时，由于相关政府部门在扶贫资金和项目管理中存在交叉或重叠，造成政府部门官员难以进行有效问责。

目前地方各级政府对财政扶贫项目及资金使用情况的监管途径主要包括：同级管理部门之间互查；由项目实施单位及各级管理部门组织自查；由上级管

理部门实施抽查和专项审计，各级管理部门组织专题调研。这几种途径的监管功能在实际操作中，与管理部门的责任心和工作人员数量密切相关。由于监管面很大，人员有限，因此监管的随意性较大，存在避重就轻、报喜不报忧的现象。

第二节　农村财政扶贫政策的优化

一、合理选择财政扶贫开发模式

中国正处于精准扶贫、脱贫攻坚阶段，为顺利完成2020年使农村贫困人口全部脱贫的目标，政府的扶贫政策应在坚持公平、效率和规范透明的原则下进行优化。

如前文所述，开发式扶贫是中国扶贫实践中的一种操作模式，它是在充分认识到贫困人口脱贫致富的强烈愿望以及自身条件后，将原来单纯依靠“输血”的救济式扶贫逐步过渡到对贫困人口“造血”功能的开发与培育，促进贫困人口适应不断变化的经济社会环境。坚持开发式扶贫，就要以经济建设为中心，改善贫困地区的生产条件，开发当地资源，发展商品生产，增强贫困地区和贫困人口的自我积累和自我发展能力。针对当前的国情和农村贫困状况，中国应持续坚持经济开发的扶贫方针，构建既注重物质资本开发又注重人力资本开发的财政扶贫开发模式。中国长期以来将收入作为贫困线标准识别贫困人口，因此快速提高贫困人口的收入水平是扶贫政策的主要目标。在物质匮乏的经济发展初期阶段，财政扶贫投入应倾向于物质生产相关领域，这不仅具有现实客观性和必然性，也具有显著的政策效果。随着经济发展水平的提高，中国自2010年已经迈入中等偏上收入国家行列，这意味着农村贫困群体在较短时间内能脱离显性收入的绝对贫困，但是在外部冲击下，可能会重新陷入贫困。因此，现行的财政扶贫政策对于贫困的着力点，应该侧重于提高贫困人口抵御风险的能力，实现并维持贫困人口的收入长期增长。为此，财政扶贫应加大对影响贫困人口长期收入增长的人力资本和能力开发的投入。

人力资本水平相对较低、自然环境恶劣以及农业生产基础设施落后，一直是中国农村贫困的主要因素。促进经济发展是实现减贫的必要条件，提高贫困人口的人力资本素质是实现持久减贫的根本途径。因此，中国政府应继续大力开发物质资本；同时，为了实现农村贫困人口的持久减贫以及抗风险能力的提高，需要调整农村减贫的目标，从原来减少以绝对贫困为主的减贫目标逐渐转变为缓解绝对贫困和相对贫困的双重减贫目标，最终形成物质开发和能力开发并重、由社会保障兜底的农村减贫机制，从而更好地缓解中国农村绝对贫困和相对贫困的现象。人力资本与物质资本并重的财政扶贫开发模式如图 7-1 所示。

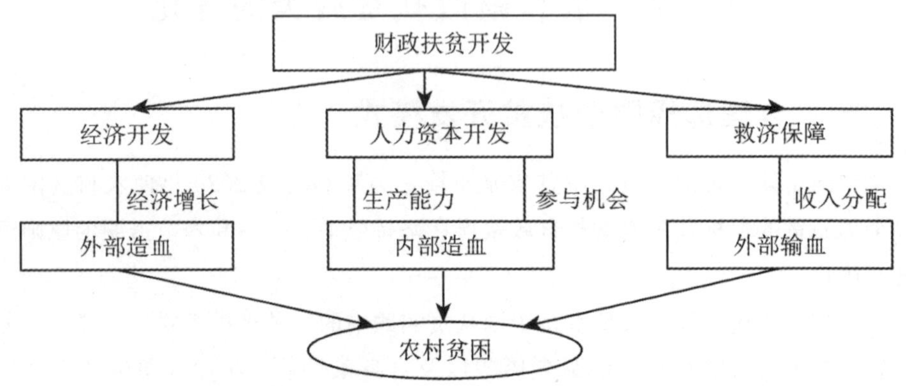

图 7-1　人力资本与物质资本并重的财政扶贫开发模式

二、建立多元化的扶贫投入来源机制

（一）扩大政府扶贫投入规模

无论是发展经济学的理论分析还是各国政府扶贫的实践经验，都证明了外源资本的投入规模和力度对于贫困地区的经济增长具有决定性的作用。在当前乃至今后相当长的一段时期，农村扶贫资金投入的主体仍是政府。

中国农村贫困具有鲜明的区域性特点，剩余贫困人口分布相对集中且贫困程度较深。因此，首先需要改善贫困地区整体性的基础设施落后状况，改善贫困地区整体性的生产和生活条件；其次，需要通过普及基础教育和加强职业技术培训，打破贫困地区的社会资源以及人力资源约束，提高当地人口的自我发展能力。要想实现以上目标，就需要加大资金的投入力度。

从中央和地方政府的关系来看，在提高贫困地区公共服务水平的过程中，中央政府的支持力度尤为重要。因为地方社会保障及公共服务体系的建设主要由地方政府负担，而贫困地区的财政收入来源极其有限，财政自给率很低且财政增收的可能性极小，根本无力提供社会服务经费。因此，改善贫困地区社会服务体系的关键，在于中央以及省级政府的财政支持。在“营改增”全面实施、地方政府缺失大宗稳定收入来源的背景下，现行的财政收入分配体制有必要在中央和地方政府责、权、利基础上进行相应的改革。中央政府一方面要赋予地方政府更多的收入来源和支配权，另一方面要持续加大对贫困地区地方政府的转移支付力度。

当然，在提高地方政府收入能力的基础上，还需要配合行政体制改革，以控制贫困地区的非生产性支出，通过精简编制等措施减轻不必要的财政负担，提高财政资金的使用效率。

（二）动员社会力量参与扶贫

作为一个系统工程，农村扶贫工作需要全社会的参与，尤其是面临2020年农村人口全部脱贫的任务，更需要社会各阶层的关注和努力。因此，构建和完善全社会自主参与扶贫的帮扶机制势在必行。从中国当前的社会贫困状况来看，东西扶贫协作、定点扶贫和结对扶贫等以政府部门为主体的社会参与扶贫机制需要继续推进；通过舆论引导、税收优惠、贴息或低息贷款等政策鼓励方式吸引企业等市场主体参与扶贫实践；构建政府、社会、企业以及个人的多样化扶贫资金来源渠道。

社会各界参与扶贫，筹集更多的社会资金和资源，可以有效减轻政府的财政负担。同时社会各界参与扶贫，还具有许多政府扶贫难以企及的优势和特点。首先，社会扶贫可以将资金和物资等经济资源直接送达乡镇和村庄，不需要庞大的政策操作系统和复杂的协调机构，援助目标人群更准确、更富效率；其次，社会扶贫的工作范围一般较小，能直接针对不同地区、不同类型的贫困人口采取不同的扶贫措施，同时实时监控扶贫对象的变化，及时调整扶贫措施；最后，社会扶贫以贫困人口的需求为导向，在动员社会资金参与扶贫，特别是推动企业和海外慈善资金参与扶贫方面具有先天优势。鉴于以上扶贫优势，政府可以尝试通过招标的方式，将扶贫资金的使用权以及相应扶贫项目的操作权让渡给社会组织。这种方法一方面可以发挥社会扶贫针对性强、反应迅速等特点；另一方面可以给政府扶贫项目提供相对评价标准，使公众可以明确评估政府项目的扶贫效率，督促地方政府提高扶贫资金的使用效率。

（三）培育贫困地区农村金融市场

目前，农村贫困地区的扶贫信贷主要包括财政扶贫贴息贷款和银行扶贫贷款两部分。前者属于指令性较强的政策性贷款，后者则属于市场行为。银行是追求自身利益最大化的市场主体，因此其放贷行为的前提是有资产担保抵押，以确保自身的资金安全，而不会特别考虑农业生产的特殊性和贫困农民的发展需求。农村地区经济发展和农民脱贫，需要大量的资金投入，目前以农业银行为主开展的财政贴息以及农村信用社贷款的资金额度，不能有效满足贫困地区经济发展和农民脱贫的需求。因此，要加大农村金融市场改革，以扩大贫困地区的资金供给规模，满足贫困农民发展的资金需求。例如，通过规范监管鼓励和培育多种形式的金融组织；通过财政补贴与税收减免等优惠措施鼓励更多的金融组织开展农业保险业务；在产权清晰的基础上，试点农村宅基地和耕地等的租赁和抵押，赋予农民更多的财产，盘活农村资产；促进扶贫项目资金运行主体的多元化，加快农村金融产品创新，提供成本效益更高的金融产品。一方面，增加贫困地区的资金供给，可以缓解资金短缺对贫困农民发展的制约；另一方面，引入市场化的资金运作方式，可以有效提高扶贫资金的运行效率，减少不必要的资金损耗，促进农村扶贫项目资金健康运行。

三、优化财政扶贫支出结构

(一) 增加农村教育支出

1. 扩大农村基础教育的支出规模

基础教育是提高农村人口人力资本的重要手段。国家在农村基础教育的普及过程中，首先要保证财政教育资源投入在农村每所学校的公平公正。其次，在农村教育基础设施的改善上，需要兼顾有形的“硬件”建设和师资等“软件”建设，通过严格教师录用程序和提高考核标准、加强在职教师知识更新培训、建立城市与农村学校间合作机制、建立城市和农村教师轮换制度、建立青年志愿者到贫困地区服务于农村教育机制等措施，公平分配基础教育资源；加大对农村困难家庭的教育援助力度，避免“教育致贫”，使贫困家庭的孩子能获得受教育的机会，帮助贫困家庭摆脱长期贫困，切断贫困的家庭代际传递。

2. 扩大农村劳动力技能培训的支出规模

技能培训关系到农村劳动力的生产能力和生产效率以及农村的人力资本水平。从短期来看，财政扶贫资金可以重点投向农民所从事产业的科技培训，通过最实用、最具针对性的生产技术技能的传授，促进农民科学种植养殖水平的提高，从而提高劳动生产率；针对劳动力转移的农民工，财政投入应以他们能实现非农就业为目标，根据市场需求，加大对农民工的技能培训投入，提高农民非农就业的竞争力和职业稳定性。从长远来看，需要加强对农村职业技术全日制教育的投入，大力发展农村地区的职业中学、农业中学和中等农业专科学校等，构建完整的农业技术教育体系，提升新一代农民的综合素质。

（二）增加农村医疗支出

1. 持续扩大“新农合”的支出规模

继续增加对新型农村合作医疗制度的投入，可以切实减轻疾病给农民造成的经济负担。“新农合”自 2003 年试点以来，取得了较大的成效。截至 2018 年年底，参保人员共 1.3 亿人，基金收入 875 亿元，基金支出 839 亿元，累计结存 318 亿元。但是“新农合”存在保障病种范围小、报销比例较低、封顶线较低等缺陷，因此需要财政加大投入，扩大“新农合”保障的疾病范围，提高“新农合”的报销比例和封顶线，切实减轻农民的医疗负担，最终实现城乡医疗卫生服务体系一体化运行，建立城乡统筹的医疗保障制度。

2. 加大对农村贫困人口的医疗救助力度

作为对“新农合”的补充，农村医疗救助主要通过二次补贴的方式，对患大病和重病的农村贫困人口进行救助，从而部分减轻贫困家庭的医疗负担。但由于救助额度有限，农村医疗救助难以从根本上改变农村居民患大病和重病后的“因病致贫、因病返贫”现象。因此，建议政府在贫困地区试点建立贫困人口健康救助基金，加大农村特困医疗救助力度，使所有贫困人口能在一定范围内拥有免费接受医疗服务的机会和权利，缓解农村地区“因病致贫、因病返贫”的现象。

3. 加大贫困地区医疗卫生基础设施投入力度

中央财政应加大对贫困地区医疗卫生基础设施的投入力度，同时着眼于当地医疗人员的基本素质等医卫领域的“软件”建设，通过职业培训以及业务考核，提高医务人员尤其是村级医务人员的技能水平；通过相对优厚的工资和补贴待遇，吸引城镇医务人员向农村地区流动；建立多层级医务人员的流动交流制度，最基层的村级医务人员至少应与乡、县医务人员进行流动与交流。一方面，县级医疗卫生机构需要组织人员定期入乡、村医疗卫生机构进行业务指导；另一方面，县级医疗卫生机构需要接收乡、村医生在县医院进修业务和培训技能。这样一来，患者在不出乡镇的情况下就可以接受比较专业的治疗。

此外，针对中国医疗卫生资源的地区分布不均问题，政府财政需要充分发挥资源优化配置的职能，加大推动医疗资源匮乏地区转移支付的力度，缩小地区间和城乡间的医疗卫生资源配置差距，促进城乡医疗卫生服务均等化。

（三）健全农村社会保障体系

1. 改革农村养老保险筹资方式

目前，养老保险资金主要通过个人缴费、集体补助和政府补贴三方筹集。鉴于中国贫困地区的现状，政府应加大出资比例和额度，对于贫困人口的个人出资部分，可考虑由政府和集体共同分担，或者采用补贴的方式，使贫困人口能参与到按市场机制运行的社会养老保险体系中。

2. 提高农村“五保”供养[1]水平

具体内容包括将农村“五保”供养经费纳入县乡财政预算专项保障；对农村“五保”的救助标准，应高于农村最低生活保障标准；改善农村“五保”供养服务机构的基础设施条件，提高供养的服务水平。

3. 扩大农村低保的保障范围

具体内容包括充分发挥农村最低生活保障制度的“兜底保障”功能，让所有符合条件的困难农户都能享受到低保救助；通过加大中央和省级财政补助力度，尽可能做到应保尽保。由于最低生活保障制度涉及的人员规模十分庞大，需要巨额资金的支持才能满足现实需求。因此，根据中国国情，应坚持低标准起步，实行分层分类救助，对老年人、残疾人、妇女、儿童、病人和单亲家庭给予更多照顾；实现农村低保标准和贫困标准的“两线合一”，切实提高农村贫困人口的生活水平；参照国家贫困线标准，实行动态管理，以使有限的资金发挥最大的效用。

此外，应重视转移劳动力的社会保障问题，将农民工和失地农民逐步纳入城镇社会保障体系。保障内容应包括工伤保险、医疗保险、最低生活保障以及养老保险等。中央政府应该加快立法，打破城乡有别的二元保障制度，实现城乡社会保障体系一体化；逐步打破歧视，使农村人口公平地接受社会保障等公共服务。

四、健全财政扶贫资金管理制度

（一）完善财政扶贫资金管理体制

分工明确、富有效率的扶贫资金管理体制是降低寻租成本、加速实现减贫目标的关键。长期以来，在农村扶贫中，我国实行“资金跟着项目走”的管理办法。然而，项目归属于不同的职能部门监管，容易导致扶贫资金的条块分

[1] 农村五保供养是指依照相关条例，在吃、穿、住、医、葬方面给予村民的生活照顾和物质帮助，保吃、保穿、保住、保医、保葬简称“五保”。

割，无法形成资金合力和提高资金使用效率；各项扶贫资金从中央拨付经过地方政府再到具体项目的使用，所经历的环节过多，容易产生大额的扶贫事业性支出，造成扶贫资源浪费；资金到位的滞后性，会直接影响项目的计划进度和减贫效果。此外，多个部门参与财政扶贫资金的管理增加了扶贫项目和资金的监管难度，再加上当前软性乏力的扶贫资金绩效考评，致使扶贫资金的监督机制流于形式，难以发挥有效监管的功能，直接影响了扶贫资金的到位率和扶贫效果。

有些学者提出，可以通过成立国家开发署或扶贫总署来统筹实施扶贫计划，改变扶贫办主管扶贫决策和监督、其他相关机构主管资金配置的“双轨制”管理体制，将扶贫决策和扶贫资金配置权统一划归扶贫总署，实现扶贫资金管理权责的集中化和一体化。但是，鉴于中国目前的贫困状况和扶贫涉及层面的复杂性，通过设立一个政府管理机构就能实现扶贫资金管理权责一体化的想法，尚不具备现实可操性。

当前国家各个渠道的政府扶贫投入和支农投资，绝大多数由县一级政府进行组织实施，因此应充分发挥县级政府在资金整合中的优势。在现实操作中，由于涉农资金整合涉及财政、农业、林业、发改委等多个部门的利益格局调整，建议在县一级成立由政府主要领导担任负责人的扶贫和支农资金整合协调领导小组，相关利益部门的主要领导作为协调领导小组成员，由县级政府的扶贫机构集中扶贫决策权和资金配置权，改变扶贫项目资金分配的平均主义所导致的项目资金不匹配、重点不突出、到户率低等局面。当前，可以在贫困人口较为集中的贫困县先行试点。在资金整合的过程中，应防止借扶贫名义整合资金用于非扶贫项目。

此外，各地财政部门应结合本地实际情况，将各项扶贫资金纳入预决算管理，严格执行《中华人民共和国预算法》的要求，并向同级人民代表大会及时通报财政扶贫资金的使用情况，增强信息公开度，将各项扶贫项目置于社会公众共同监督之下，确保财政扶贫投入资金发挥最大效益。

（二）强化财政扶贫资金的绩效考核

绩效考核是财政扶贫资金管理体系的重要组成部分，是实现扶贫脱贫的制度保障，因此有效的管理必须有完善的对结果进行反馈的机制。绩效考核制度是财政扶贫管理的反馈机制，财政扶贫管理的规范性和有效性、财政扶贫资金使用的效率性都有赖于绩效考核制度的完善和有效实施。财政部、国务院、扶贫办于 2005 年联合印发了《财政扶贫资金绩效考评试行办法》，该文件于 2008 年进行了修订，并一直沿用至今，取得了积极的效果。然而，评价主体的多元化程度以及项目绩效评价指标体系还有待进一步提高和完善。

目前，中国财政扶贫资金的绩效评价工作虽有外聘专家参与，但各级财政部门和扶贫办仍是扶贫资金绩效评价的主导部门。作为同一个系统的上下级部门，其评价的客观性、公正性和中立性都会大打折扣。发达国家的普遍做法是将独立于政府之外的专门机构作为评价主体。这种做法值得中国借鉴。根据中国的现实国情，首先应充分发挥政府内部监督评价机构的作用，如使审计、纪委、检察等部门参与扶贫资金的绩效考评；其次应吸纳社会力量，如高校、会计师事务所等，开展独立的第三方评估，保障财政扶贫脱贫的公平性和认知度，增强财政扶贫的公信力和诚信度。

要想完善财政扶贫资金的绩效评价指标体系，首先应增加项目产出类指标，借鉴市场评价的“成本效益”法，对扶贫资金的投入与产出进行匹配分析，尤其是基于产出的时效、质量以及成本的评价，进而有效衡量不同项目的扶贫成效，为优化项目结构提供重要参考。对于产出类指标的选择，除了显性的经济效益指标外，还需要增加较为隐性的能体现社会效益和生态效益的量化指标。另外，对于反映结果的产出类指标，应根据考核目标，赋予其科学的权重，并逐步减少主观因素影响较大的指标及其权重。其次，增加对项目相关性、可持续性及贫困人口满意度的考评指标，体现扶贫项目的因地施策和因人施策；通过对项目产出的评价，判断项目是否与当地的扶贫战略规划以及贫困地区人口的实际需求具有同质性，判断不同项目对于不同地区的相关性；对于已完工项目，应分析评价产出的可持续性、经费的保障性以及相关政策制度的延续性。贫困人口满意度评价应该贯穿项目实施的全过程，以督促扶贫相关部门提高服务意识和管理水平。

(三) 加强对财政扶贫资金使用的监督管理

《财政专项扶贫资金管理办法》(财农〔2011〕412号) 对于财政扶贫资金从中央拨付到最终使用各环节的管理做出了明确的规定，指明了资金使用项目和资金管理部门是财政扶贫资金监管的重点目标。当前对于扶贫资金的监管需要严格参照《财政专项扶贫资金管理办法》(财农〔2011〕412号) 的相关规定执行。从监督流程来看，不仅要重视扶贫规划制定和扶贫资金分配等资金使用之前的监督，更要关注贫困项目实施以及贫困主体受益等资金使用流程中的监督。从监督方式来看，不仅要通过电子及书面资料加强对项目落实和资金使用的监督，更要采用实地走访和抽样调查等方式，通过账实比对，实现对项目实施进展状况的监督。从监督主体来看，一方面，扶贫部门作为专门负责扶贫管理和协调的部门，要发挥上级监管作用，加强对省及以下地方政府扶贫办的监督；另一方面，要充分发挥政府部门内部审计、纪检、检查等监督机关的监督作用。更为重要的是，政府应通过宣传和动员，鼓励社会、媒体和群众对政府扶贫实施监督；健全监督结果的反馈和奖惩机制，根据反馈结果，尤其是负面影响结果，依法依规进行相应整改，并依法依纪追究主要负责人员的责任。此外，从长远来看，财政扶贫资金和扶贫项目管理中所发生的管理费应纳入财政预算，从制度上杜绝扶贫管理部门对扶贫事业管理费的挪用，提高财政扶贫资金的使用效率。

五、相关配套措施

（一）完善扶贫立法

立法是财政扶贫的必要法律保障。中国已经进入精准扶贫、脱贫攻坚阶段，将扶贫工作规范化、制度化、法制化具有现实紧迫性，是稳固扶贫成效、实现社会稳定和经济持续发展的有力保障。中国目前已经具备扶贫立法的经济、社会、政治条件，《国家扶贫资金管理办法》《中国农村扶贫开发纲要（2011—2020年）》等扶贫纲领性文件为扶贫立法奠定了法律基础。

扶贫立法可以明确贫困人口的政治权利、经济和发展权利，具体包括农民的自治权、自主经营权、土地承包经营保护权、教育权等；可以明确扶贫主体，明确包括中央政府以及各级地方政府在内的扶贫责任主体的地位，明确市场主体、社会组织等在农村扶贫中的地位和责任；可以明确扶贫组织管理体制；可以明确扶贫纠纷裁决、诉讼程序和法律责任等方面的内容。除了确立扶贫的纲领性法律外，还可以针对特殊类型的贫困人口、特殊的贫困地区建立专门性的法律制度，确保有法可依。

（二）改革户籍制度

中国长期以来的“二元经济结构”[1]衍生的户籍制度限制了人口的城乡流动，制约了农村劳动力向城镇转移。改革开放后，户籍管理逐渐松动，农村劳动力可以比较自由地从事非农就业，并且可以进行跨省打工。但由于素质较低，欠缺专业技能培训，农村劳动力的就业范围十分有限，主要承担一些体力工作和低附加值工作，收入水平较低。另外，农村劳动力虽然实现了向城市、非农就业的流动，但仍然不能同等地享受城市户籍所附带的医疗、教育以及住

---

[1] 二元经济结构是指发展中国家现代化的工业和技术落后的传统农业同时并存的经济结构（传统经济与现代经济并存），即在农业发展还比较落后的情况下，超前进行了工业化，优先建立了现代工业部门。

房等方面的社会福利。这种户籍制度带来的利益分配不均，容易导致农村劳动力转移的低效和不稳定性，因为即使农村劳动力在城市务工也会受到待遇和保障制度的排斥，无法融入城市生活。人口流动是社会发展所需要的人才等劳动力资源配置的必然结果，有利于社会的均衡发展。因此，政府需要打破既定的利益格局，不断深化户籍制度改革。2014 年，《关于进一步推进户籍制度改革的意见》的印发，代表着城乡统一的户籍管理制度改革进入了全面实施阶段。由于户籍制度改革是涉及教育、医疗、社会保障等多领域的系统工程，还需要相关领域进行制度改革，以实现协同推进。

（三）改革土地制度

中国长期以来的“二元经济结构”衍生的土地制度也限制了农村劳动力的流动。农民小型、原始的土地耕种经营方式难以形成规模化、集约化，在消耗劳动力的同时，经济附加值不高，导致农业生产缺乏竞争力。为促进农业生产的规模化和集约化，需要深化农村土地改革。另外，国家的城镇化和工业化进程，致使对农村土地的需求急剧增加，进一步推动了农村土地改革。中国的土地实行社会主义公有制，城市土地归国家所有，农村和城郊土地归集体所有，这种资源产权的特殊性和法律约束等使土地制度改革陷入困境。2013 年，全国两会明确了中国土地改革的方向和目标，实行了农村土地确权，完善了征地制度，保障了农民利益。土地确权可以赋予农民对承包地占有、使用、收益、流转及承包经营权抵押、担保的权能，允许农民以承包经营权入股发展农业产业化经营。[❶] 确权登记可以明确农民的土地承包经营权的物权权利人，依法保障农民的土地承包权益。土地经确权颁证后，农民掌握着土地使用权，可依法流转承包地，从而增加收入。同时可以将权证作为担保物、抵押物进行贷款，解决农业生产经营过程中的“融资难”问题，使农民增收形成良性循环。在现有的产权制度和法律框架下完善农村土地制度，应确保农民的承包土地经营权可以采用市场化方式进行交易，从而提高农民的土地财产性收益，使过剩的农村劳动力向城镇或非农部门流动。

（四）树立贫困人口的自立观念

贫困人口根植于传统农耕文明所形成的小农意识和固化的生活方式、思维习惯以及消费观、价值观、道德观、生育观等，具有历史惯性作用，是为适用社会生存环境而形成的。这些落后的观念不仅是导致贫困的原因，也是贫困的

---

❶ 张昌尔. 农村土地制度改革怎么搞 [J]. 求是，2014 (2)：24.

结果。如果不从内部进行改造，单纯依赖外部要素投入，就难以取得可持续的减贫效果。整个扶贫投入过程中的重点，不仅在于加大显性的资源、技术投入，直接提高贫困人口的收入水平，更重要的在于对贫困人口的思想观念进行干预，实现“精神脱贫”。

加强教育扶贫，提高贫困地区人口的综合素质，帮助其形成自强不息的观念，有利于阻断贫困文化的代代相传；加强文化宣传，注重思想引导，可以在丰富农村人口业余文化生活的同时，改变成年贫困人口的不良观念，打破当地落后的文化习俗对贫困人口思想的禁锢，在精神层面实现农村文化的制度变迁；构筑综合性的“大扶贫”格局，针对贫困人口实施组合式的帮扶措施，有利于改善贫困人口的认识偏差和消极心态。

（五）促进贫困人口参与市场竞争

1. 为贫困人口平等参与市场竞争创造条件

农业大户和生产基地是农业产业化链条中的重要环节，贫困农户可以通过加入农业大户或生产基地的劳动和经营实现市场参与。政府应利用市场手段，扶持各种新型经营主体，吸引有能力并有扶贫意愿的企业和个人参与扶贫行动，使他们在扶贫过程中获得一定的经济收益；通过扶贫的“双赢”作用增强社会扶贫资金的可持续性；开展不同形式的规模经营，构建专业化、合作化、集约化与社会化相结合的新型农村经营体系；鼓励和支持贫困地区的贫困人口按照自愿互利原则组建农民合作组织，提高贫困人口的谈判能力、组织能力、自我管理能力、抵御市场风险的能力以及话语权。

2. 培养贫困人口的市场适应能力

贫困人口受到自身人力资本的限制，加上思想观念保守落后，缺乏参与市场的主动性和对市场的适应性，对于市场风险的认识和承受力都有待提高。政府可以通过加强教育和技能培训等手段，提高贫困人口的人力资本水平，进而提高他们的发展能力，增强他们参与市场的自信心和进取心，调动他们脱贫的积极性和主动性，激发他们减贫脱贫的内在动力。

3. 完善市场环境

完善市场环境，加快贫困地区的市场化进程；完善乡村的农贸市场体系，加强贫困地区市场的信息化建设，加快农村土地制度改革和农产品流通体制改革，以优化贫困地区的市场环境。同时，政府实施的扶贫项目，尤其是财政扶贫项目要面向当地市场，发挥当地的资源优势。

第八章 金融扶贫的政策安排评价及实践成效分析

金融是现代经济的核心，货币是经济的血液，精准扶贫、脱贫攻坚离不开金融的支持。金融扶贫是精准扶贫、脱贫攻坚的“重头戏”，加大金融扶贫的力度是解决脱贫攻坚资金投入问题的客观需要，是创新脱贫攻坚资金投入的重要举措，是如期实现脱贫攻坚目标的重要保障。

第一节 金融扶贫的理论基础

一、金融发展理论

金融发展理论主要探讨金融与经济增长之间的关系。最具代表性的金融发展理论有金融抑制论、金融深化论和金融约束论。

（一）金融抑制论

金融抑制是指政府通过对金融体系与金融活动进行干预，抑制了金融体系的发展，而金融体系的发展滞后又阻碍了经济的发展，从而造成金融抑制和经济落后的恶性循环。在金融抑制下，经济更加贫困，金融资金更加短缺，投资与储蓄效率低下，从而限制了经济的发展。金融被抑制对经济的影响主要表现在以下几方面。

①限制资金的利用，导致储蓄不能转化为投资，限制了经济的增长。

②银行体系无法适应经济增长的需要，分配资金的权利掌握在国家手中，导致银行自身出现了缺陷。

③大型企业得到外部融资的门槛低，而中小企业融资受到很大的限制，导致社会中出现大量的失业人口。

④经济分化更加严重，农村地区缺乏资本，贫困问题加剧；城市地区资本多，城市居民越来越富裕。

（二）金融深化论

金融深化指的是政府不再对金融进行过多的干涉，而是使“金融自由化”，放松时利率与汇率的控制，从而抑制通货膨胀，使金融和经济形成相互促进的良性循环，具体体现在以下几个方面。

①形成良好的储蓄效应，即增加城乡、居民、企业与政府的储蓄。

②形成良好的投资效应，即对储蓄资产的分配和使用模式进行优化，从而促进经济的发展。

③形成良好的就业效应，即由金融深化推动经济发展，创造出更多的就业机会，从而促进就业率的提高。

④形成良好的收入效应，即所采取的政策可以提高农民的收入，使利益分配更加平等，使经济更加稳定地发展。

（三）金融约束论

金融约束指的是政府通过实施一系列金融政策防止金融抑制产生的危害，使银行主动地规避风险，解决市场失灵的问题，对存贷款利率、市场准入进行干涉，限制直接竞争，分配租金在各部门的份额。其中，“租金”指的是金融约束政策可以为民间部门带来的超过依靠竞争而得到的收益和福利。金融约束论认为，市场信息的不对称性导致的道德风险以及代理行为等会使金融市场失灵。在这种情况下，政府采取一系列的金融约束政策有利于提高金融市场的效率。金融约束的程度会随经济的发展不断进行调整。一般情况下，经济发展较弱阶段的金融约束力较大，经济发展较强阶段的金融约束力较小。

二、农村金融理论

农村金融理论主要包括农业信贷补贴论、农村金融市场论和不完全竞争市场理论。

（一）农业信贷补贴论

农业自身的生长周期较长，不确定因素较多，收益比较低，再加上农村居民特别是贫困群体的储蓄能力较低，以利润为目标的正规金融机构很难将农民作为信贷对象，资金短缺成为限制农村经济发展的关键性问题。而一些非正规的金融机构虽然会为农民提供贷款，但贷款利率很高，具有高利贷的性质，会加剧农户的贫困。为缩小农业与其他产业的收入差距，使高利贷在农村彻底消失，该理论认为应该实行政策性金融，将资金分配的权利赋予具有非营利性质的金融机构，将大量低利率的政策性资金注入农村，进而发展农业生产，缓解农村贫困。

根据这一理论，很多发展中国家设立了专门的政策性农业金融机构，增加了对农村地区的融资额，促进了农村经济的发展。但是由于对外部资金的过分依赖，农村地区自身的储蓄能力不高，贷款存在返还危机，这些金融机构大多倾向于对中上层农民进行融资。实践表明，该理论主张的金融补贴政策会使信贷机构失去活力，影响金融市场的持续性发展，从而导致许多实行该政策的发展中国家陷入融资困境。

（二）农村金融市场论

该理论强调市场机制应在融资中发挥重要作用，认为贫困人口也能够储蓄大量的存款，没有必要引入外部资金。首先，该理论在批判农业信贷理论的同时，对金融深化论表示了赞同，认为采取低息政策会使人们不愿向金融机构存款，从而阻碍金融的发展；其次，该理论认为运用资金的外部依存度过高是导致贷款回收率降低的重要因素；最后，该理论认为非正规金融高利率的存在是理所当然的，原因在于农村资金拥有较多的机会成本。按照以上逻辑，该理论认为导致农村地区资金缺乏、农村贫困的是不合理的政府管制以及利率控制，并不是农民的储蓄能力低。因此，利息补贴应对补贴信贷活动中的一系列缺陷负责。该理论完全依赖市场机制，极力反对政策性金融对市场的扭曲，在政策上主张减少政府干预，使金融市场自由化，使利率市场化，适当发展非正规金融。

该理论为农村金融市场化改革、农村非正规金融的发展奠定了基础，但是该理论的功效并没有想象中大。例如，由于缺少担保抵押物品和信息不对称，市场化的利率能否使农村贫困人口得到贷款仍然是一个待解决的问题。因此，仍然需要政府的介入以保障农户，特别是贫困农户的信贷权利。

（三）不完全竞争市场理论

20 世纪 90 年代后，人们认识到一些社会性的非市场要素的运用，有利于培育高效率的农村金融市场。其中，最具代表性的理论是约瑟夫·斯蒂格利茨（Joseph Stiglitz）的不完全竞争市场论。他指出，发展中国家的农村金融市场存在严重的信息不对称问题，如贷款方对借款方信息的掌握不完全。不完全竞争市场完全依赖市场机制运行，无法满足金融市场发展的需要。因此，采取政府介入金融市场或者使借款人具有组织性，将会促进金融市场的正常稳定运行。该理论的内容主要有以下几点。

①政策性金融对特定的部门采取低息融资的手段能够取得显著效果，但前提是不能使银行的基本利益受到损害。

②非市场要素对解决农村地区融资难的问题至关重要，如借款人实现组织化。有研究表明，政府应鼓励并利用借款人联保小组以及组织借款人互助合作等形式，避免农村金融市场由于信息不对称而导致贷款回收率低下的问题。

③政府所采取的政策能促进农村市场的发展，政府可以适当介入并改善效率较低的民间金融市场。

不完全竞争市场理论作为政府介入农村金融市场的理论基础，为发展新模式的小额信贷提供了基础。

三、普惠金融理论

2005 年 5 月召开的构建普惠金融体系的全球会议正式提出了“构建普惠金融体系”这一议题。普惠金融采取的模式是将零散的小金融机构或者服务组合起来，作为一个整体注入金融的发展过程，可以将其看作对小额信贷与微型金融的延续与升华。普惠金融的升华点在于其将零散的、小的金融机构整合为一个整体，使得小微企业、农民、低收入者等都能得到金融帮助。该理论的观点有以下几点。

（一）信贷权利要求公平

信贷权利是与生存权、自由权等一样的平等权利，即每个人都可以用可负担的成本获得公平的信贷服务及其他金融服务，从而更加积极地参与经济活动。

（二）“普惠”涉及全部人群

金融的发展不是少数地区、少数人的发展，而是应面向全部人群，以公平、合理的方式提供金融服务。

（三）金融服务涉及内容全面

普惠金融的服务项目不仅包括信贷融资项目，还包括保险、投资理财等。金融普惠旨在建设完善的金融系统和基础设施，把提供专业技术放在重要地位，为人们提供便捷、安全的支付和清算服务。

（四）金融机构要广泛参与

普惠金融所承担的工作不仅仅是发放小额信贷，而是要让所有的金融机构都能够积极参与到金融活动中，并将普惠金融的方向作为今后发展的方向。

（五）要实现可持续发展

近年来，国际金融危机的出现将传统金融的缺点暴露出来。普惠金融不是片面地帮助小微企业、农民等弱势群体，它强调的是激发整个经济体系的活力，让资源配置更加均衡，不断拓宽金融行业的业务及赢利范围，从而使金融业实现可持续性发展。普惠金融理论为金融扶贫提供了最为直接的理论基础。

第二节　金融扶贫的现状分析

一、我国金融扶贫的历史变迁

（一）金融扶贫模式起步阶段（1986—1993 年）

1986—1993 年是我国进行大规模开发式扶贫的阶段。这一时期我国的扶贫工作主要以扶贫和经济开发相结合的方式进行，即通过大力发展经济，有效地解决农村贫困人口的温饱问题，全面推动农村贫困地区和贫困人口减贫脱贫，进而推动贫困人口脱贫致富。20 世纪 80 年代初，政府通过设立专项资金支持欠发达地区农牧业发展的方式帮助贫困人口脱贫。随着大规模开发式扶贫战略的不断深入，财政资金进入紧缩状态。在此状态下，国家尝试将金融机制引入扶贫。此外，这个阶段的农村信用社建立了县级信用联社，逐步成为农村金融系统的主力军。经过八年的不懈努力，我国在该阶段取得了巨大的扶贫成果。据国家统计局统计，国家级贫困县农民人均收入在这一阶段增加了 277.7 元，是该阶段初期的 1.34 倍；全国农村贫困人口减少了 4 500 万人，年均减少 562.5 万人，降幅高达 22%；贫困人口占农村总人口的比重降至 8.2%，取得了突破式进展。

（二）金融扶贫模式探索阶段（1994—2000 年）

1994 年 3 月，我国颁布了《国家八七扶贫攻坚计划（1994—2000 年）》，计划到期末使 8 000 万农村贫困人口基本解决温饱问题。这标志着我国进入了攻坚式扶贫阶段。该阶段的金融扶贫主要有以下三个特点。一是金融扶贫模式以国家扶贫规划的形式得以确立。《国家八七扶贫攻坚计划（1994—2000年）》提出，金融机构要继续执行扶贫贷款相关政策，适当降低信贷门槛，在坚持商业化和持续化的基础上，对贫困地区的扶贫开发项目进行贷款支持。二是引入小额信贷扶贫模式并逐步推广。1993 年，孟加拉国乡村银行模式被引入中国，经过不断的试点与实践，乡村银行所采用的小额信贷模式在我国贫困地区趋于成熟，为我国金融扶贫工作提供了新的思路。三是初步建立了农村政策性金融组织体系。这一时期金融扶贫的突出特点是政府主导的农村金融体制改革。1996 年，中国农业发展银行的分支机构延伸到县级，各农村地区均出现了农业银行的营业网点，标志着我国农村初步形成了独立的金融体系。金融助推该计划的成功实施，使我国贫困地区贫困人口的温饱问题得到了基本解决。据国务院统计，该阶段我国贫困人口大幅减少，减贫脱贫效果明显。在该阶段，我国的贫困人口减少了 5 000 万，降幅达 62.5%；国家级贫困县农民人均收入到 2000 年达到了 1 347 元，比计划实施之初增加了 523 元，增幅达 63.47%。

（三）金融扶贫模式发展阶段（2001—2010 年）

2001 年 6 月，国务院出台了《中国农村扶贫开发纲要（2001—2010 年）》，标志着我国扶贫工作迈入了新的历史阶段，这是我国第一次以“十年规划”的形式部署扶贫开发工作。这一时期的金融扶贫模式呈现出两个特点：一是从顶层设计着手加强金融扶贫制度建设，加大农村金融扶贫市场信贷投放力度，不断完善农村金融体系。2004—2010 年，每年的中央“一号”文件都把农村金融体制改革作为扶贫开发工作的重点内容，提出要减少农村资金外流现象，解决农村金融机构资金不足的问题。同时，要不断完善农村金融业态，不仅要立足于银行等金融机构的发展，更要全面发展农村金融体系，包括建设担保机构、发展保险业务等，积极探索建立以涉农金融机构为“主力军”，政策性金融、商业性金融、合作性金融发挥优势特长，民间小额信贷组织作为补充发展的农村金融扶贫体系。二是重视通过财政杠杆撬动银行信贷资金进行扶贫。国家在这一阶段不断完善扶贫贴息贷款管理机制，建立奖励机制，以提高金融机构开展扶贫工作的积极性和主动性。这一阶段的金融扶贫组织体系逐步完善，信贷资源投入不断扩大，有力地支持了这一阶段纲要的实施。据统计，这一时期农村的贫困人口减少了 6 734 万人，贫困县农民人均收入增加了 386 元，达到 1 723 元。

（四）金融扶贫模式成熟阶段（2011 年至今）

2011 年 12 月，我国出台了《中国农村扶贫开发纲要（2011—2020 年）》，明确提出我国扶贫开发工作已完成解决温饱这一历史任务，进入了提高发展能力、加快脱贫致富、缩小发展差距的新阶段。2015 年 11 月 29 日，根据新形势下我国贫困地区和贫困人口的特点，我国又按照精准扶贫的思路，做出了《关于打赢脱贫攻坚战的决定》，将金融扶贫工作作为“强化政策保障，健全脱贫攻坚支撑体系”的一个重要方面，系统地提出了 20 条金融扶贫政策，明确了财政部门、中央银行等金融监管部门以及各类商业性、政策性、开发性、合作性金融保险机构支持脱贫攻坚的具体工作任务。为打赢脱贫攻坚战，2016 年 3 月，人民银行、发展改革委、财政部、银监会、证监会、保监会、扶贫办联合印发了《关于金融助推脱贫攻坚的实施意见》（以下简称《意见》）。《意见》从准确把握总体要求、精准对接多元化融资需求、大力推进普惠金融发展、充分发挥各类金融机构主体作用、完善精准扶贫保障措施和工作机制等方面提出了金融助推脱贫攻坚的细化落实措施，对深入推进新形势下金融扶贫工作进行了具体的安排部署。2018 年 12 月 25 日，中国人民银行扶贫开发工作领导小组会议暨定点扶贫工作座谈会在北京市、铜川市同时召开。会议深入总结了 2018 年人民银行定点扶贫工作，研究部署了 2019 年人民银行定点扶贫工作的重点。中国人民银行行长易纲出席会议，对人民银行要在助力打赢脱贫攻坚战中做表率提出了明确要求。易纲指出，改革开放 40 年来，我国反贫困事业取得了巨大成就。党领导下的金融事业不断开创新局面，为扶贫开发事业创造了良好的金融环境，做出了重要贡献。金融扶贫是新时期党中央扶贫开发的重要制度安排，是脱贫攻坚的重点工程。中国人民银行坚决贯彻党中央国务院的决策部署，高度重视金融扶贫工作，认真履行金融精准扶贫和金融单位定点扶贫“双牵头”职责，先后出台了一系列金融政策，推动了金融精准扶贫的真正落地。中国人民银行携手中央金融单位，立足地区实际，发挥行业优势，探索了新时期金融定点扶贫工作路径。同时，构建了人民银行大扶贫工作格局，把定点扶贫“责任田”打造成为“金融政策落地、金融普惠实现、信用价值彰显、风险防范有效”的金融精准扶贫“示范田”，使定点扶贫体现金融特点，彰显金融价值，展现金融担当。

易纲指出，2019 年是打赢脱贫攻坚战极为关键的一年。中国人民银行全系统要把握新形势，适应新要求，使金融扶贫和定点扶贫工作再上新台阶，为坚决打赢脱贫攻坚战做出更大的贡献；要坚持政治统领，增强打赢脱贫攻坚战的责任感和使命感，在思想上、行动上与中央要求对标，精准落实扶贫任务；要发挥自身优势，展现脱贫攻坚的央行担当，做定点扶贫的力行者、金融精准扶贫的先行者、金融单位定点扶贫的示范者；要立足高质量脱贫，有效加强扶贫领域风险防范，处理好履行社会责任与防控风险的关系；要巩固专项治理成果，持续加强扶贫领域作风建设，打造让党放心、让群众满意的扶贫队伍；要做好脱贫巩固提升工作，有效衔接乡村振兴战略，把帮扶地区建成社会主义新农村。自此，我国金融扶贫模式成功迈入了相对成熟的新阶段。

二、金融扶贫的现状

近年来，随着经济的发展，中国金融取得了巨大的进步。但是，中国金融的发展现状仍然不能满足脱贫攻坚进程中贫困农户资本形成、能力提升和经济增长的需要，金融欠缺仍然是实现精准扶贫、脱贫攻坚的短板和制约因素。

（一）金融供给现状

在金融供给方面，由于存在金融机构体系不完善、金融功能体系不健全和金融生态亟待优化等问题，在精准扶贫、脱贫攻坚过程中，金融促进贫困人口资本形成和能力提升以及促进贫困地区经济增长的作用不能得到有效发挥，导致金融供给不足的问题突出，主要表现在以下三个方面。

第一，服务于脱贫攻坚的金融机构体系不完善。金融体系发展滞后，远远不能满足精准扶贫、脱贫攻坚的需要。这一问题主要表现在三个方面：一是金融机构数量少。出于自身经济利益的考虑，四大国有银行的网点从贫困地区不断撤出，其他金融机构也不愿意在贫困地区增加经营机构，使得服务精准扶贫、脱贫攻坚的金融机构数量减少。二是金融机构种类单一。在精准扶贫、脱贫攻坚进程中，金融机构只有存款与信贷金融机构，缺乏保险、投资、担保、租赁、信托等非银行金融机构。同时，精准扶贫、脱贫攻坚进程中的金融机构主要是政府主导型的金融机构，合作性、民营、区域性中小金融机构较少，导致贫困地区和贫困人口的多样性和分散化金融需求很难得到满足。三是非正规金融机构发展存在严重问题。虽然各种非正规民间金融机构弥补了正规金融机构的不足，为精准扶贫、脱贫攻坚提供了部分资金支持，但是非正规民间金融机构缺乏引导、监管和法律保护，导致高利贷盛行，严重扰乱了脱贫攻坚进程中的金融秩序，从长远来看也不利于贫困地区的经济发展和脱贫攻坚目标的实现。

第二，服务于脱贫攻坚的金融功能体系不健全。精准扶贫、脱贫攻坚进程中的金融需求一直被认为是成本高、利润低、风险大的业务，再加上中国金融改革的市场化导向，导致脱贫攻坚进程中的金融体系功能日益弱化。这主要体现在三个方面，一是金融机构把从贫困地区吸收来的资金主要投向风险低、效益高的发达地区，形成资金的“倒吸”现象，从而造成金融支持脱贫攻坚的资金不足；二是金融服务程序繁琐，中间环节多，办事效率低，影响金融扶贫作用的发挥；三是目前精准扶贫、脱贫攻坚进程中的金融机构提供的金融业务单一，金融产品主要以信贷为主，并且信贷业务以质押信贷和担保信贷为主，同时保险、租赁、投资、担保、信托等业务发展滞后。

第三，服务于脱贫攻坚的金融生态有待完善。金融生态指金融市场运行和金融机构经营所面临的外部环境。金融体系的效率不仅与金融体系自身的状况有很大关系，也与金融生态有很大关系。良好的金融生态能够充分发挥金融市场的资源配置作用，提高金融体系的运行效率，降低金融交易成本，促进金融和经济的发展。在精准扶贫、脱贫攻坚的进程中，金融生态在信用体系、法治环境、中介组织建设以及金融监管等方面还存在很多问题，造成精准扶贫、脱贫攻坚进程中的金融供给严重不足，金融生态亟待完善。

（二）金融需求状况

为了早日实现精准扶贫、脱贫攻坚的目标，要充分发挥金融的功能，推动贫困人口的资本形成和能力提升，促进贫困地区经济增长。脱贫攻坚进程中的金融需求主要包括以下三个方面。

1. 资本形成的金融需求

随着中国扶贫开发工作的推进，金融扶贫资本形成的需求以信贷需求为主，主要有以下三个方面。

一是农户信贷需求以资本形成为主要目的。在扶贫开发初期，贫困人口的融资需求主要是结婚、买房等消费性的需求，但是随着扶贫开发的深入，在精准扶贫、脱贫攻坚阶段，贫困人口开始从事附加值较高的种植养殖业、工商业等。因此，这方面的信贷比例开始上升。随着贫困人口实现脱贫，他们所从事的产业也会日益开拓，贫困人口的信贷需求将更加注重资本形成，反映了扶贫开发不断深入的必然趋势。

二是农村贫困地区中小企业融资需求越来越强烈。农村贫困地区的中小企业主要集中在农产品加工与流通领域，这些企业的融资需求与农业生产的性质相关，因此许多融资是季节性的，并且风险极大。由此可见，既要满足贫困地区中小企业的融资需要，又要降低金融机构的贷款风险，是在脱贫攻坚中实现金融支持所面临的主要难题之一。

三是农村专业合作社成为农村新型融资主体。农村专业合作社是贫困地区资本形成的重要融资主体，也是脱贫攻坚进程中金融机构的重要服务对象。《中华人民共和国农民专业合作社法》明确指出："国家政策性金融机构应当采取多种形式，为农民专业合作社提供多渠道的资金支持。具体支持政策由国务院规定。国家鼓励商业性金融机构采取多种形式，为农民专业合作社及其成员提供金融服务。"这条法律规定为金融机构满足中国农村合作社融资需求提供了法律依据，将进一步促进贫困地区的资本形成，加快脱贫攻坚的进程。

2. 能力提升的金融需求

贫困地区由于教育落后造成贫困人口文化程度低，接受新观念和新技术的能力差，同时，贫困地区卫生等公共事业不发达，造成贫困人口身体综合素质比较差。由于上述原因，贫困地区虽然劳动力丰富，但是人力资本并不丰富。因此，在脱贫攻坚进程中，为了实现贫困人口个人能力提升和人力资本形成，需要大力促进贫困地区基础教育、职业教育、高等教育和文化卫生等公共事业的发展。这些事业的发展需要大量资金的投入，而仅仅依靠政府和其他社会力量是远远不能满足这些资金需求的，迫切需要金融参与其中从而形成新的金融需求。

3. 经济增长的金融需求

要促进贫困地区的经济增长，必须加快贫困地区的产业结构调整，促进三大产业协调发展；必须加快贫困地区基础设施建设，增强贫困地区经济增长后劲；必须加快贫困地区公共服务建设，促进贫困地区可持续发展。无论是产业结构调整，还是基础设施和公共服务建设都需要大量的资金，仅仅靠政府财政拨款是远远不够的。这样一来，金融需求必然产生。另外，脱贫攻坚进程中的生态保护、移民搬迁、社会保障等方面也会产生大量的资金需要，而金融服务也是满足这些资金需求的重要手段。

（三）脱贫攻坚中供求失衡的原因

从精准扶贫、脱贫攻坚进程中金融需求和金融供给的状况分析中可以得出，金融扶贫过程中存在金融供求失衡的现象，突出表现为金融供给不能满足金融需求。而在脱贫攻坚进程中金融供求失衡的原因是多方面的，主要可以从信息不对称，贫困地区的特点和政府服务缺位、越位三个方面进行分析。

第一，信息不对称造成脱贫攻坚中金融供求失衡。根据金融学理论，在脱贫攻坚进程中，金融市场存在"信息不对称"现象，即在贫困地区的金融市场中，贫困人口对自己的实力、资金风险等有更清楚的认识，而各个金融机构由于某些因素的限制，较难获得贫困人口的真实信息，或者获得贫困人口的真实信息需要付出较高的成本。因此，在脱贫攻坚进程中，金融市场会出现“逆向选择”和“道德风险”。在“逆向选择”和“道德风险”的作用下，贫困地区的金融市场就产生了供求失衡。

第二，贫困地区的特点造成脱贫攻坚中金融供求失衡。从社会角度来看，贫困人口在脱贫过程中面临巨大的制度变迁，加之目前中国社会保障制度不完善，造成贫困人口面临的风险和不确定性较大；从经济角度来看，贫困人口主要从事农业生产，而中国农业大多采用小农生产模式，具有低收益、高风险和低效率的特点，造成中国农业基础薄弱、农业生产效益低，农业抗风险能力差。以追求利润最大化为目标的正规金融机构和民间借贷，不愿意投资高风险、低收入的行业和地区，不愿向贫困地区和贫困人口提供金融服务，造成脱贫攻坚进程中金融需求难以得到满足。

第三，政府服务缺位、越位造成脱贫攻坚中金融供求失衡。目前，在脱贫攻坚进程中，一些政府部门没有很好地履行职责，造成金融市场存在严重的金融供求失衡问题，这是政府缺位造成的贫困地区脱贫攻坚中金融的供求失衡。对此，政府必须积极创造条件，并积极引导金融资源向贫困地区和贫困人口流动，为脱贫攻坚提供相应的金融资源和金融服务。同时，在脱贫攻坚进程中，如果政府无视经济规律，盲目干预市场，也会造成贫困地区金融市场的混乱，进而影响贫困地区的金融供求平衡，这是政府越位造成的贫困地区脱贫攻坚中金融的供求失衡。对此，政府要正确履行自身职责，按经济规律办事，既不缺位，也不越位，促进贫困地区金融的健康发展。

三、贫困的金融成因与应对措施

一个地区之所以贫困，既有地理位置、自然资源、气候条件等方面的原因，又有经济基础、社会风俗、科技人文等方面的原因。其中，金融资源配置失衡导致的资本形成受阻是贫困的一个重要原因。下面将从这一角度出发，结合我国实际分析金融致贫的因素与应对措施。

（一）金融致贫机理分析

资本、劳动力和技术同为生产要素，但资本发挥着媒介、组合诸生产要素的作用，是基础性的金融资源。按照拉格纳·纳克斯（Ragnar Naxes）的观点，贫困地区之所以落后的一个重要原因是资本形成不足，而且因资本形成不足导致的贫困会形成一种自我维持的恶性循环。20 世纪 70 年代出现的金融压抑论对导致资本形成不足的因素进行了详细的阐释。该理论认为，发展中国家普遍对金融实行不同程度的管制，人为地压低利率水平，阻碍了资本形成；实行选择性的信贷政策，导致投资效率低下，最终阻碍了自身的经济发展。具体来说，由于利率管制，实际利率远远低于均衡利率水平，因此大多数贫困国家和地区都存在资本外流的现象。资本外流使得本已稀缺的资本更加紧缺，居民和企业需要付出高昂的成本才能得到所需资本，而选择性的信贷政策会造成金融资源配置扭曲。在上述政策的合力作用下，当地经济不仅没有取得预期的快速发展，反而受到阻碍，停滞不前，最终导致贫困，形成恶性循环。

如图 8-1 所示，从供给方面看，金融资源的错配会直接导致一个地区的资本形成不足，阻碍其生产力的提高和经济的发展，导致贫困产生。这意味着金融机构在为贫困地区居民和企业提供金融产品和服务时需要更加广泛地收集借款人信息，更加小心地甄别及严格地筛选借款人。同时，贫困意味着当地自然条件、基础设施较差，金融机构单位业务的交易成本和管理费用较高。这使得金融机构收缩贫困地区的分支机构，弱化当地的金融服务，将资金转向效益更好的经济较发达地区。这将进一步加剧当地的贫困，从而进一步影响当地金融资源的配置。

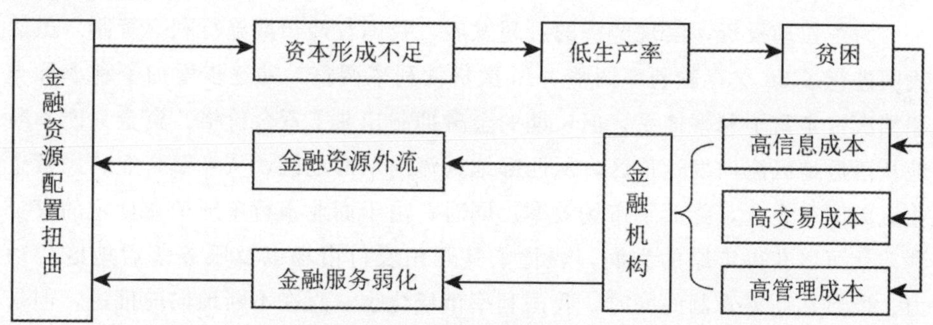

图 8-1 供给视角下的金融资源配置扭曲与贫困恶性循环

如图 8-2 所示，从需求方面看，三类因素制约了贫困地区居民对金融的有效需求。第一，贫困地区居民家庭财富少，可供抵押担保的物品较少，抵抗下岗、疾病或意外伤害的能力较差；第二，贫困地区居民消费限于维持基本生活，投资渠道和机会较少，加之人们思想观念陈旧，对新信息、新技术的接受能力较差，创新创业能力较差；第三，贫困地区居民的收入渠道单一且水平较低，还贷能力较差。上述原因导致贫困地区居民对金融资源的有效需求不足，进一步促使金融机构将资源向其他地区倾斜，加剧了金融资源错配，造成了贫困恶性循环。

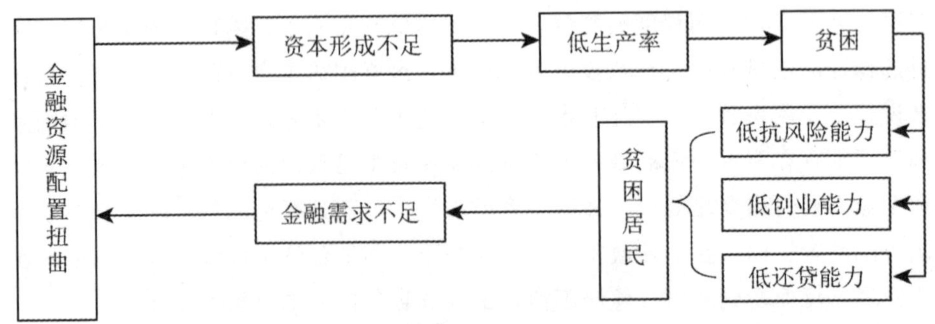

图 8-2　需求视角下的金融资源配置扭曲与贫困恶性循环

（二）金融致贫因素分析

近些年来，我国加大了对“三农”的投入，使农村金融取得了较快的发展，但是金融供求不足对农村经济发展的制约依然存在，具体表现在四个方面。

1. 利率管制对农村负面影响深远，利率市场化预期效果在短期内难以显现

为了拉动投资，实现经济的赶超发展，我国曾经长期施行利率管制。虽然我国进行了 38 次存款利率调整，40 次贷款利率调整，并逐步增加了利率种类和档次，丰富了利率体系，但长期的金融抑制扭曲了资金价格，资金只能不断地从落后地区流向发达地区，从西部地区流向东部地区，从乡镇企业、民营企业流向国有企业，降低了市场效率。同时，由于商业银行单纯依靠稳定的存贷利差就可以获得丰厚的利润，弱化了其开拓农村市场以及服务落后地区的动力。虽然在利率管制的同时，我国利率市场化也一直在不断地向前推进，但是如果没有配套的措施，如政策性金融的补充、专项基金的扶持，利率管制放开就有可能给贫困地区带来更大的金融弱化。这是因为，利率市场化后，金融机构都在创新产品和服务，无论是居民还是企业都面临着更多的选择，这使得资金更容易从落后地区流向经济发达地区。鉴于一般贫困地区的产业发展都比较落后，如果政府不加以干预或干预不到位，贫困地区的资金流失规模会更大，速度会更快。

2. 贫困地区农村金融活动受到限制

贫困地区正规金融机构不仅面临着民间金融的竞争，还面临着监管部门的

严格监管。1997年，为了防范金融风险，农村的农村合作基金会关闭，加之商业化改革之后的国有银行纷纷撤销农村基层网点，经营效率低下的农村信用社曾一度成为农村金融的主力。直到2003年，以农村信用社改革试点启动为标志的新一轮农村金融改革全面推进，要求主要涉农金融机构坚持服务“三农”的市场定位，农村金融的状况才有所好转。在这之后，银监会开始鼓励社会资本到农村设立村镇银行、农村资金互助社、贷款公司等新型农村金融机构。这些新型农村金融机构虽然注册资本比较低，但是都不能跨区域经营，且各自有短板。例如，村镇银行要面临流动性、资本、资产质量等方面的监管，资金互助社的资金来源局限于入社会员的股金，贷款公司只能放款不能吸收存款。虽然这些新型金融机构的出现及迅速发展在一定程度上满足了农村贫困居民生产生活的资金需求，但是相对于农村贫困居民信贷需求的多样性而言，其经营活动的局限性也日益凸显。

3. 贫困地区农村金融产品品种单一

据2018年《中国家庭财富调查报告》显示，2017年我国家庭人均财富为194 332元，与2016年相比增加了25 255元，增长幅度为14.94%。2017年城镇家庭人均财富为274 724元，比2016年增长了34 701元，增长幅度为14.46%。2017年，农村家庭人均财富为84 099元，比2016年增长了7 388元，增长幅度为9.56%。相比而言，农村家庭人均财富规模要低于城镇家庭，农村家庭人均财富大约为城镇家庭的三分之一。在地区差距上，东部地区家庭人均财富水平最高，达到了261 064元；其次是中部地区、西部地区，分别为156 273元、114 250元。调查结果显示，金融资产在家庭财富中占有重要地位，紧随房产之后居于第二位。2017年，全国家庭金融资产占家庭财富的比重达到了16.26%；在城镇家庭和农村家庭中，金融资产比重分别为15.08%和21.53%。从人民币金融资产构成来看，定期存款、活期存款和手存现金是最主要的人民币金融资产。调查数据显示，家庭人均定期存款、活期存款、手存现金分别达到了18 465元、9 582元、2 951元。与2016年相比，家庭人均定期存款增加了3 883元，但是活期存款和手存现金分别减少了1 171元和1 153元。在城镇家庭和农村家庭的金融资产中，手存现金、活期存款和定期存款之和占全部金融资产的比重超过了八成。相比城镇家庭而言，农村家庭手存现金、活期存款和定期存款这3项金融资产的占比更高，而且农村居民的金融资产更多地集中在低风险、低收益的存款上。显而易见，农村金融深化的程度相对于城市而言是滞后的，有限的投资渠道与低效率的投资相伴相生，共同促成并加剧了农村地区的贫困。

4. 贫困地区农村资金流失严重，资本稀缺，投资受阻

由于农村贫困地区经济基础差，资本投资收益低、风险大，导致资金不断从农村流向城市。2002 年—2013 年，扶贫重点县贷款余额约为存款余额的 60%～80%，也就是说约有 20%～40%的存款处于闲置状态或者流失。投放到扶贫重点县的贷款额最终约有三分之一用于农业。截至 2019 年 9 月，国家扶贫重点县贷款余额达 1.07 万亿元。虽然贷款余额有所增加，但是随着城市化进程的加快，城市贷款对农村贷款的相对倍数不断提高。资金的流失使得贫困地区难以实施好的项目，与发达地区的差距越来越大。

（三）相关部门采取的措施

针对以上问题，人民银行和有关部门全面贯彻落实了乡村振兴战略部署，不断进行深化改革，完善了扶持政策体系，积极引导金融机构创新产品和服务方式，扎实推进农村金融基础设施建设，农村金融服务的覆盖面、可得性和便利性不断得到改善。回顾其中的改革措施和创新实践，相关部门主要做了以下工作。

1. 在扶持政策方面，强化政策合力

①继续灵活运用差别化准备金率、再贷款、再贴现、抵押补充贷款等货币政策工具，结合宏观审慎评估参数的动态调整，引导金融机构加大对“三农”、小微企业的金融支持力度。截至 2018 年年末，全国支农、支小再贷款余额分别为 2 870 亿元、2 172 亿元，向国家开发银行、农业发展银行、进出口银行提供抵押补充贷款 33 795 亿元。

②综合运用税收优惠、贴息、奖补、保费补贴等手段激励金融机构加大支农力度。

③将普惠金融服务情况纳入监管评价体系，明确资本管理、不良贷款容忍度等差异化监管要求。

2. 在农村金融改革方面，涉农银行业机构不断回归本源

农业银行“三农”金融事业部运行机制不断完善，邮储银行 36 家一级分行的“三农”金融业务管理架构也已搭建完毕。5 家大型银行和 10 家股份制银行设立了普惠金融事业部或其他专司普惠金融业务的部门或中心，构建了条线化管理体制和专业化经营机制。此外，还开展了投资管理型村镇银行和“多县一行”制村镇银行试点，农村信用社也开始加快推进改制与优化公司治理。

3. 在推动产品和服务创新方面，精准发力乡村振兴

稳妥有序推进农村承包土地经营权和农民住房财产权抵押贷款试点，推动试点工作提质、增量、扩面；探索开展大型农机具抵押、农业生产设施抵押、供应链融资等业务，支持农业高质量发展和适度规模经营；创新探索多种模式，为绿色农业、田园综合体、水利建设、环境整治等项目提供资金支持；农业保险“扩面、提标、增品”取得阶段性成效。

4. 在普惠金融发展方面，大力推动金融基础设施建设和数字普惠金融服务

信用信息体系建设日趋完备，可以为261万户小微企业、1.84亿户农户建立信用档案；农村地区总体上实现了人人有银行结算账户，乡乡有ATM机，村村有POS机；金融服务的可得性、使用情况、质量得到了进一步改善；数字化产品和服务不断丰富，有效降低了金融服务门槛和成本；中国发展数字普惠金融的5项经验入选全球普惠金融合作伙伴（GPFI）发布的《G20数字普惠金融新兴政策与方法》，积极推动了全球普惠金融的发展。

综上所述，农村金融供需矛盾依然突出，对照乡村振兴战略和金融供给侧结构性改革的要求，农村金融服务改革创新的任务仍然艰巨。下一步改革要以习近平新时代中国特色社会主义思想为指导，紧紧围绕关于实施乡村振兴战略和金融供给侧结构性改革的总体部署，坚持以市场化运作为导向，以机构改革为动力，以政策扶持为引导，以防控风险为底线，深化改革创新，建立完善的金融服务乡村振兴的市场体系、组织体系和产品体系，更好地满足乡村振兴多样化、多层次的金融需求，推动城乡融合发展。

四、金融扶贫的重要性

要实现脱贫，首先要清楚贫困产生的原因。贫困产生的原因主要有以下三个方面：一是存在“社会排斥”。社会排斥可以理解为社会把某些人或者群体排斥在一定的规范体系或者制度之外，使之“边缘化”。[1]“社会排斥”在金融中的主要表现就是贫困人口难以获得社会资本。因此要实现贫困人口脱贫，必须打破“社会排斥”，促进贫困人口资本的积累和形成，进而使贫困人口融入社会，共享社会发展成果。二是由于精神和身体等方面能力的不足导致贫困。从这个意义上来说，消除贫困就是要提升贫困人口的能力，促进人力资本的形

[1] 林卡. 绝对贫困、相对贫困以及社会排斥［J］. 中国社会保障，2006（2）：26-27.

成。三是贫困地区经济增长缓慢造成贫困的产生。经济增长缓慢影响居民收入水平的提高，进而造成贫困发生率上升。从贫困产生的原因出发，金融扶贫的作用主要包括促进贫困人口资本形成、提升贫困人口能力及促进贫困地区经济增长等。

（一）促进贫困人口资本形成

根据纳克斯的“贫困恶性循环”理论，资本缺乏是贫困产生的重要原因。该理论认为，贫困是由于存在着若干个相互联系、相互作用的“恶性循环系列”，即“低收入→低储蓄能力→低资本形成→低生产率→低产出→低收入”的循环。这个恶性循环使贫困在封闭圈内徘徊，使贫困人口无法走出贫困。贫困不仅会造成贫困人口资本积累无法形成，而且会由于“社会排斥”的存在，使贫困人口很难取得其他社会资本的帮助。因此，贫困产生的重要根源就是资本积累不足，进而难以实现贫困人口的脱贫。金融扶贫可以打破资本的“社会排斥”，促进贫困人口资本形成，为贫困人口脱贫和实现可持续发展提供资本支撑，进而实现“高资本形成→高生产率→高产出→高收入→高储蓄能力→高资本形成”的良性循环。

因此，在脱贫攻坚中，要想发挥金融扶贫的作用，就要发挥金融的信贷功能，通过贷款产品创新和利息优惠等政策，扩大金融机构对贫困人口的信贷扶贫覆盖面，满足贫困人口的信贷需求，进而实现贫困人口脱贫。主要途径是发展互助合作金融、小额信贷业务和普惠金融，彻底解决贫困人口“贷款难”的问题，打破“贫困的恶性循环”，加快促进资本形成，使脱贫攻坚进入良性循环。例如，金融扶贫中的由尤努斯（Yunus）首创的小额贷款是促进贫困人口资本形成的重要机制。尤努斯认为：“如果我们把给予富人的相同或相似的机会给予穷人，他们就能够使自己摆脱贫困。穷人本身能够创造一个没有贫困的世界，我们所需做的只是解开我们加在他们身上的枷锁而已。”[1] 小额贷款可以为贫困人口提供基本的生产资料，使其摆脱高利贷剥削，实现自我雇用、自我发展，进而走出贫困。

（二）提高贫困人口的能力

阿玛蒂亚·森的“权利贫困”理论指出，贫困产生的根本原因是能力的缺乏。这一理论的主要特点是突破了传统的将贫困等同于低收入的狭隘观点，把

---

[1] 穆罕默德. 穷人的银行家［M］. 吴士宏，译. 北京：生活·读书·新知三联书店，2006.

能力纳入贫困的衡量标准，其主要政策建议是通过重建个人能力来使贫困人口走出贫困。此外，根据舒尔茨和贝克尔的“人力资本”理论，人力资本差异是形成地区发展差异最重要、最活跃的因素，经济发展主要不是取决于自然资源或者资本的存量，而取决于人力资本。因此，金融扶贫要以提升贫困人口的能力为核心。这就对金融扶贫提出了更高的要求。因为促进能力提升，不仅要解决贫困人口基本的温饱问题，还要使其具备获得更好生活和实现自我发展的能力。也可以认为，金融扶贫中的能力提升是贫困人口资本形成的深化，它要求金融扶贫在促进贫困人口资本形成的基础上，为贫困人口提供可持续的发展体系，促使贫困人口彻底摆脱贫困。

在脱贫攻坚中要发挥金融促进贫困人口能力提升的功能。首先，金融扶贫要通过关注对贫困人口的教育、培训和医疗等，为贫困地区教育和医疗事业等的发展提供资金支撑，为贫困人口能力的提升提供各项服务，培养他们走出贫困、提升生活品质的能力，进而促进贫困人口彻底脱贫。其次，金融机构还可以充分发挥信息灵敏的优势，为贫困人口提供信息和技术服务，将从政府和市场获得的信息和技术传递给需要贷款的贫困人口。这样一来，既降低了贷款农户的经营风险，又提高了金融机构贷款的安全性。最后，金融扶贫要注重贫困人口的社会性帮助，通过帮助贫困人口建立社会参与网络，提升社会交往能力，进而使他们获得社会资本。

（三）促进贫困地区经济增长

根据西蒙·史密斯·库兹涅茨（Simon Smith Kuznets）的倒U形发展理论，经济的增长和收入分配的不公平程度之间存在着倒U形发展关系，即随着经济的增长，收入分配不公平程度加剧，但是这种不公平程度在经济增长达到中等水平之后，就会开始下降。中国现在正处于从中等收入阶段向高收入阶段迈进的时期，因此随着经济的增长，收入分配不公平程度会降低，有利于脱贫攻坚目标的实现。因此，在脱贫攻坚中发挥金融扶贫的作用，就要充分发挥金融促进贫困地区经济增长的功能，以经济增长带动贫困地区发展和贫困人口收入水平的提高。这是从宏观层面对金融扶贫提出的要求。金融支持经济发展进而实现脱贫攻坚目标的具体作用机制为通过金融支持贫困地区三大产业的发展和结构优化、贫困地区设施建设及基本公共服务发展等，促进贫困地区经济增长，进而实现居民收入增加，使原来处于贫困线以下的人口的收入达到贫困线以上，降低贫困发生率，达到金融扶贫的目的，进而实现脱贫攻坚的目标。

第三节　金融扶贫主要政策安排及评价

一、基于农业信贷补贴理论的扶贫贴息贷款

扶贫贴息贷款是国家在 1986 年为实现贫困地区脱贫和促进其经济社会发展而设立的由政府扶贫部门会同相关金融机构承办、由国家财政给予一定利息补贴的政策性较强的贷款，目的是支持全国重点贫困县发展生产，支持能够带动低收入贫困人口增加收入的种养业农产品加工企业、劳动密集型企业、市场流通企业和基础设施建设项目，解决群众的温饱问题。其实质是指导性贷款，主要用于国家扶贫开发工作重点县。

(一) 扶贫贴息贷款实施历程

扶贫贴息贷款是不以营利为目的的政策性贷款。扶贫贴息贷款从建立至今，其管理和发放经历了数次调整和改革。

扶贫贴息贷款最初是由中国农业银行按照非商业化的原则发放和管理的。1994 年，扶贫贷款发放和管理划归到中国农业发展银行，但由于中国农业发展银行缺乏县级分支机构，对扶贫贷款的管理不便，中央决定从 1998 年 5 月开始，由中国农业银行再次接手扶贫贷款的发放和管理工作，同时发放和管理的原则由最初的非商业化改为商业化。1999 年，国务院决定扶贫信贷资金实行统一固定优惠利率。

2001 年，中国农业银行下发的《扶贫贴息贷款管理实施办法》对扶贫信贷资金的管理做出了新的规定。根据《扶贫贴息贷款管理实施办法》，中国人民银行和国务院扶贫办开展了一系列关于扶贫贴息贷款的活动，其中包括到户贷款、项目贷款、小额贷款到户的试点工作。这些举措加大了扶贫贴息贷款的投放力度。

2006 年，国家又对扶贫贴息贷款的管理体制进行了调整，到户贷款贴息资金自主权可以进一步下放到扶贫开发工作重点县，贫困县可以自主选择发放金融机构。项目贴息贷款的自主权也进一步下放到省，并在河北、黑龙江等八省开展了试点工作。2008 年，到户贷款和贴息资金贷款管理权限下放到县。同时，地方可自主选择金融机构，金融机构由过去独家承担扶贫贷款任务的农业银行扩大到所有自愿参与扶贫工作的银行业金融机构，也进入了地方政府选择的清

单，在此清单上的金融机构都可承担扶贫贴息贷款发放的业务。这一举措无疑是符合社会主义市场经济要求的。为了加强对金融承贷市场主体的激励，我国还采取了一系列措施，如将固定利率改为固定补贴，贴息资金按照贴息1年进行贴息，该时期内的贴息标准为到户贷款年利率5%，项目贷款年利率3%。

为了提高扶贫贴息贷款政策的科学性和有效性，提高地方政府工作的积极性，按照“扶贫开发省负总责、县抓落实”的管理体制，中央财政将专项扶贫资金切块下达到各地。省级财政可视扶贫贷款的要求，统筹安排中央财政专项扶贫资金，自主加大扶贫贷款贴息力度。扶贫贴息贷款的发展阶段见表8-1。

表8-1　扶贫贴息贷款发展阶段

时间节点	承贷主体	实施内容
1986	中国农业银行	按照非商业化的原则，管理和发放扶贫贴息贷款
1994	中国农业发展银行	划归中国农业发展银行进行管理和发放
1998	中国农业银行	按照“放得出、收得回”的原则进行商业化经营
1999	中国农业银行	扶贫信贷资金实行统一优惠利率
2001	中国农业银行	中国人民银行、财政部、国务院扶贫开发领导小组办公室和中国农业银行联合下发《扶贫贴息贷款管理实施办法》，开展了“到户贷款”“项目贷款”改革试点和“奖补资金”推进小额贷款到户试点
2006	地方政府自主选择承贷金融机构	将到户贷款贴息资金全部下放到592个国家扶贫开发工作重点县；将项目贴息资金下放到河北省等8个试点省
2008	地方政府自主选择承贷机构	将扶贫贴息贷款和贴息资金的管理权限由中央下放到所有省；改固定利率为固定补贴，贷款的本金由承贷金融机构自行筹集；贷款利率自主决定；贷款期限灵活确定

续 表

时间节点	承贷主体	实施内容
2014	地方政府自主选择承贷机构	中央财政将专项扶贫资金切块下达到各地，省级财政可视扶贫贷款的要求，统筹安排中央财政专项扶贫资金，自主加大扶贫贷款贴息资金的投入力度
2017	地方政府自主选择承贷机构	中央财政将专项扶贫资金切块下达到各地，省级财政可视扶贫贷款的要求，统筹安排中央财政专项扶贫资金

（二）扶贫贴息贷款规模

《中国农村贫困监测报告（2006—2015）》中的数据显示，截止到2015年年末，总共发放贴息贷款1 930.6亿元。其中，2006年发放扶贫贴息贷款55.6亿元，2007年发放扶贫贴息贷款70.5亿元，2008年发放扶贫贴息贷款84亿元，2009年发放扶贫贴息贷款108.7亿元。2010年年末扶贫贴息贷款余额246亿元，2011年年末扶贫贴息贷款余额178.4亿元，2012年年末扶贫贴息贷款余额121.8亿元，2013年年末扶贫贴息贷款余额235亿元，2014年年末扶贫贴息贷款余额达415亿元，2015年扶贫贴息贷款余额415.6亿元。截至2018年年末，全国扶贫再贷款余额为1 822亿元，同比增长12.7%；精准扶贫贷款余额42 461亿元，同比增长12.5%；扶贫票据累计发行26期共计276.5亿元。扶贫贴息贷款对农村反贫困起到了积极作用，扶贫贴息贷款的强度和农村贫困的削减速度成反比。当扶贫贴息贷款投放强度高时，农村贫困降低速度快；当扶贫贴息贷款投放强度低时，农村贫困降低速度慢。

（三）扶贫贴息贷款运行机制

扶贫贴息贷款分为项目贷款和到户贷款两部分。

1. 项目贷款

项目贷款的扶持对象为处于成长期、与贫困农户联系密切、增收致富带动力强的中小型扶贫企业（包括成立1年以上社员30户以上的农业专业合作社、协会等）、贫困地区的龙头企业、农村（包括小城镇）小型公共基础设施建设项目。项目贷款的流程如图8-3所示。

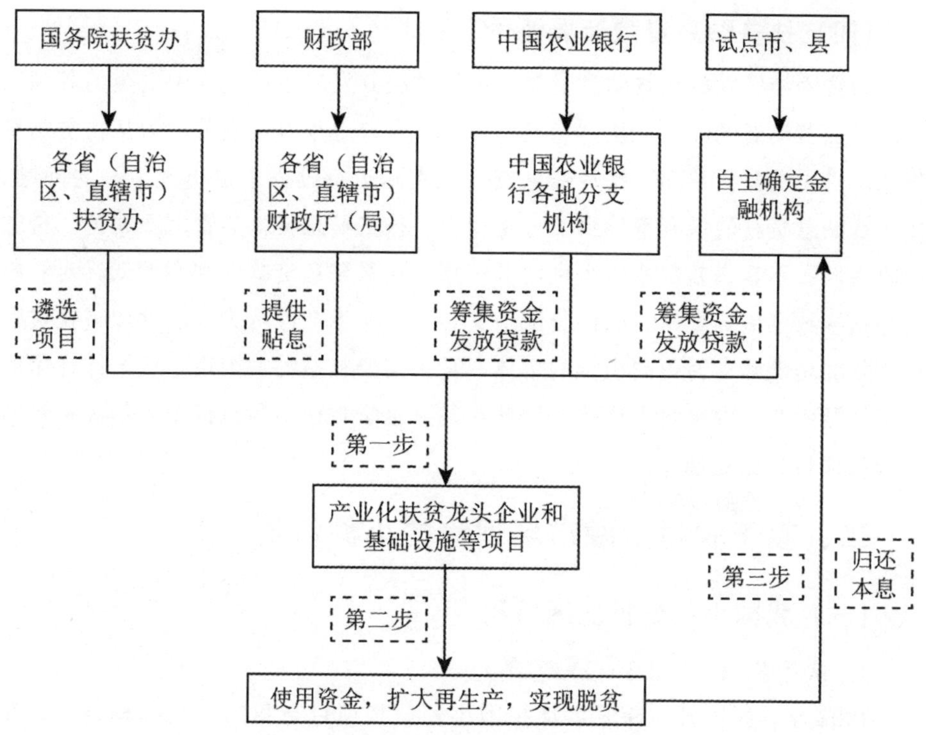

图 8-3　项目贷款流程图

2. 到户贷款

到户贷款主要支持建档立卡贫困农户的发展生产。对于能带动贫困农户共同致富的项目，应在明确其扶贫责任的前提下给予适当支持。到户贷款的申请程序是符合到户贷款扶持范围和对象条件、有贷款意愿的建档立卡贫困农户，在其村（组）提交申请表，由乡（镇）初审后报县扶贫办、承贷机构按部门职责审批。到户贷款对 1 年内不超过 5 万元（含 5 万元）的贫困农户发放贴息资金，发放标准为年利率 5%；期限不满 1 年的，贷款期限由借贷主体按照生产经营周期与金融部门自主商定。到户贷款流程如图 8-4 所示。

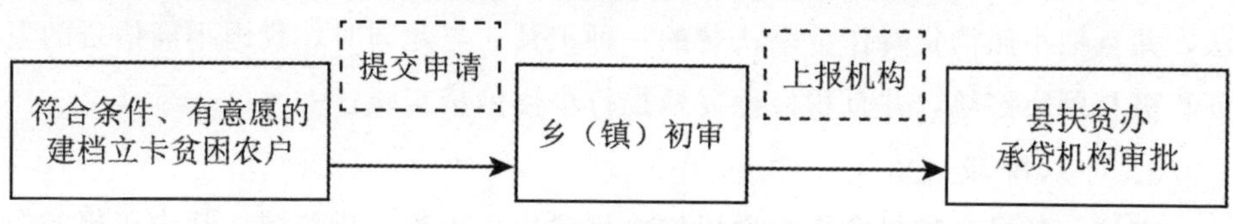

图 8-4　到户贷款流程图

（四）扶贫贴息贷款简要评价

为贫困地区发放扶贫贴息贷款，可以解决其发展生产过程中资金的瓶颈问题，增加劳动者的收入。从“七五”计划至今，上千万贫困劳动力从扶贫贴息贷款项目中受益。然而，扶贫贴息贷款在实际运行过程中也出现了一些问题，如扶贫贴息贷款的低利率导致了寻租行为、扶贫贴息贷款的管理不完善、贷款回收率低、不良贷款数额较大且比例较高。扶贫贴息贷款的利率较低，对利率的补贴导致了信贷配给，而信贷配给又导致了非生产性行为。能够取得扶贫贴息贷款的是能够支付更高租金的个体，真正需要补贴的贫困用户或个体在争取利率补贴的竞争中很难占优势，因此扶贫贴息贷款在实际运行中有偏离扶贫贴息贷款项目目标的现象。

二、基于农村金融市场理论的小额信贷

（一）我国小额信贷发展历程

1. 试验阶段（1993—1997 年）

1993 年，我国开始探索孟加拉国小额信贷项目与我国的实际相结合。在这一时期，我国在小额信贷方面的法律和政策较为缺失。在试验阶段，小额信贷的资金主要来源于国际捐助和软贷款，以非政府组织（Non-Governmental Organizations，NGO）形式为主。在运行方面基本上没有政府介入，主要靠民间机构来运作，主要探索这种类型的小额信贷项目在我国是否具有可行性。

2. 扩展阶段（1997—1999 年）

在该阶段，小额信贷被看作扶贫的一种有效手段，资金来源不再以国际捐助和软贷款为主，而主要以国内扶贫资金为主，同时政府联合银行业金融机构开展试点，并在发达地区进行大范围推广。政府在资金、人力和组织方面积极推动小额信贷的发展，中央文件也肯定了小额信贷是扶贫资金到户的有效做法，并且把小额信贷看作金融扶贫的一种工具。与此同时，我国小额信贷的发展积极与国际接轨，并且积极稳妥地推行小额信贷实践。

3. 介入阶段（2000—2004 年）

在这一阶段，农村合作金融机构大规模介入小额信贷领域，其中正规的金融机构以农村信用社为代表；同时，关于小额信贷项目的政策和法规也陆续出台。正规金融机构逐步进入了小额信贷的实验，项目贷款和到户贷款有了很大

的分化，在推行的过程中良莠不齐。央行和中央政府对小额信贷的重视程度比前两个阶段都要高，小额信贷的运行范围拓展到了下岗失业的低收入群体。

4. 全面参与阶段（2005 年至今）

该阶段主要试点商业性小额贷款公司、村镇银行和外资全面参与小额信贷的运行。由于中央一号文件和相关政策都致力于发展农村金融市场，农村资本越来越多样化。2005 年，中国人民银行在山西等地推行了“只存不贷”的民营小额贷款公司试点；2008 年，金融机构准入小额信贷的低门槛扩展到了 31 个省（自治区、直辖市）。

（二）小额信贷组织体系和类型

目前，我国从事小额信贷业务的机构有正式的金融机构、政府组织、社区组织、政府机构和国际组织，不同机构实施的项目具有不同的特征和目标。例如，正式金融机构的项目对风险控制较为重视；政府组织的项目对发展速度和规模较为重视；民间机构的项目对社会发展目标较为重视。我国实施小额信贷的项目可以分为金融机构直接操作的小额信贷项目、政府专门机构管理和操作的小额信贷项目、非正式组织实施的项目、利用双边或多边项目成立专门的机构（办公室）实施的项目。

（三）小额信贷运行机制

我国小额信贷项目最初借鉴的是孟加拉国乡村银行的模式。随着小额信贷的发展，“小组方法”这种典型模式逐渐形成。小组方法是指每 5 个客户组成一个小组，每个小组设一个组长；6～8 个小组构成一个中心，每个中心设一个主任。每周由中心主任召开会议，检查项目落实和资金的使用情况等。小额信贷机制的运行流程是小额贷款用户通过小组机制对有小额贷款需求的客户进行审批，决定是否发放贷款，发放贷款和没有发放贷款的用户受到不良信用记录的约束。信用记录主要通过正向激励和负向激励促使小额贷款用户按时还款，如图 8-5 所示。

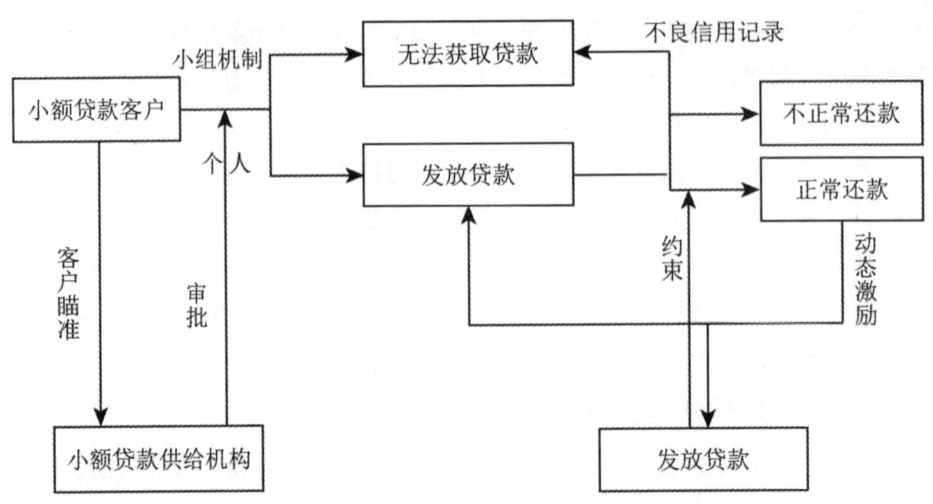

图 8-5　小额信贷运行机制流程图

(四) 对小额信贷的评价

小额信贷的产生使政府向贫困户发放补贴的信贷模式发生了变化。小额信贷项目既非完全政府行为，亦非完全市场行为，其运行要充分利用市场机制。小额信贷项目引入了市场，加强了市场机制，表现出了较强的优势。小额信贷的还款率高、入户率高，完善了现有的金融服务体系，既具有可持续性，又具有金融扶贫的功能。我国小额信贷虽然取得了以上成就，但与国际上比较成熟的国家和地区相比还具有一定的差距，我国小额信贷的发展仍然有很长的路要走。

三、基于不完全竞争市场理论的贫困村互助资金

不完全竞争市场理论作为政府介入农村金融市场的理论基础，也为发展新模式的农村金融服务组织提供了理论支撑。近年来，由地方政府财政出资、倡导成立的贫困村建立互助资金，成为我国金融扶贫的一种创新政策。

(一) 贫困村互助资金发展历程

互助资金在中国的发展经历了早期探索、个别试点、全国试点和大规模推广四个阶段。

第一个阶段是早期探索阶段。这一阶段从 1995 年持续到 2000 年。其中，贵州省威宁县的草海社区基金是我国最早的互助资金。在该阶段，社区基金试点在多个地方进行，澳大利亚开发署捐助的青海省海东项目等是这一阶段具有

代表性的社区基金项目。

第二个阶段是个别试点阶段。这一阶段从2001年持续到2005年。从2000年开始，我国开始实施以村为单位的扶贫战略。在加强村庄基础设施建设的同时，还开发了财政资金到户和帮助贫困户发展生产的新途径；社区资金的模式被运用到了财政扶贫资金的使用和管理中，互助基金项目开始在部分贫困村进行试点。2004年，安徽省霍山县政府安排政府扶贫资金，按照社区基金模式发起互助基金组织；2004年到2005年，四川省仪陇县开始整村探索与社区基金相结合的模式。上述互助基金的试点得到了地方和中央政府的肯定。

第三个阶段是全国试点阶段。这一阶段从2006年持续到2010年。2006年，14个省（自治区）的贫困村的村级发展互助资金试点工作启动，这是对财政扶贫资金使用管理新机制和新模式的有力探索。

第四个阶段是大规模推广阶段（2011年至今）。根据前三个阶段互助基金的实践和运行经验，大规模推广互助基金成为可能，因此我国从2011年开始大规模推广互助基金。

（二）发展规模

互助资金经历了早期探索到大规模推广这四个阶段，其规模也在不断发展和扩大。据统计，2006年互助基金涉及的省份为14个，试点村100个；2007年互助基金涉及的省份有27个，涉及的村庄有274个，有扶贫任务的27个省（直辖市、自治区）中共有1 225个贫困村建立了互助资金组织。在互助资金的规模上，2007年互助资金总规模为18 186.66万元，涉及农户12.1万户；2015年，互助基金涉及28个省（直辖市、自治区）的1 013个县，共涉及9 000多个贫困村，15.3万户，资金规模35亿元，资金涉及的农户数目增长惊人。[1] 截至2018年，互助基金已经涉及30个省份。

（三）组织管理与运行机制

1. 组织管理

互助资金的宏观管理机构包括中央、省（自治区）、市、乡、县（镇）和村六个等级，最顶层的管理机构是扶贫办规划财务司、财政部农业司与扶贫办外资项目管理中心；省一级的管理机构是省扶贫办项目管理中心和省财政厅；

---

[1] 数据来源：2006年、2007年数据来自刘西川等：《中国贫困村互助资金研究述评》，《湖南农业大学学报（社会科学版）》2013年第4期；2015年的数据由笔者根据全国贫困村资金互助社管理平台数据库计算整理得出。

之后是市或者州的扶贫办和财政局，然后到县，乡和村的理事会、执行小组和监督小组。互助资金的宏观管理机构结构如图 8-6 所示。

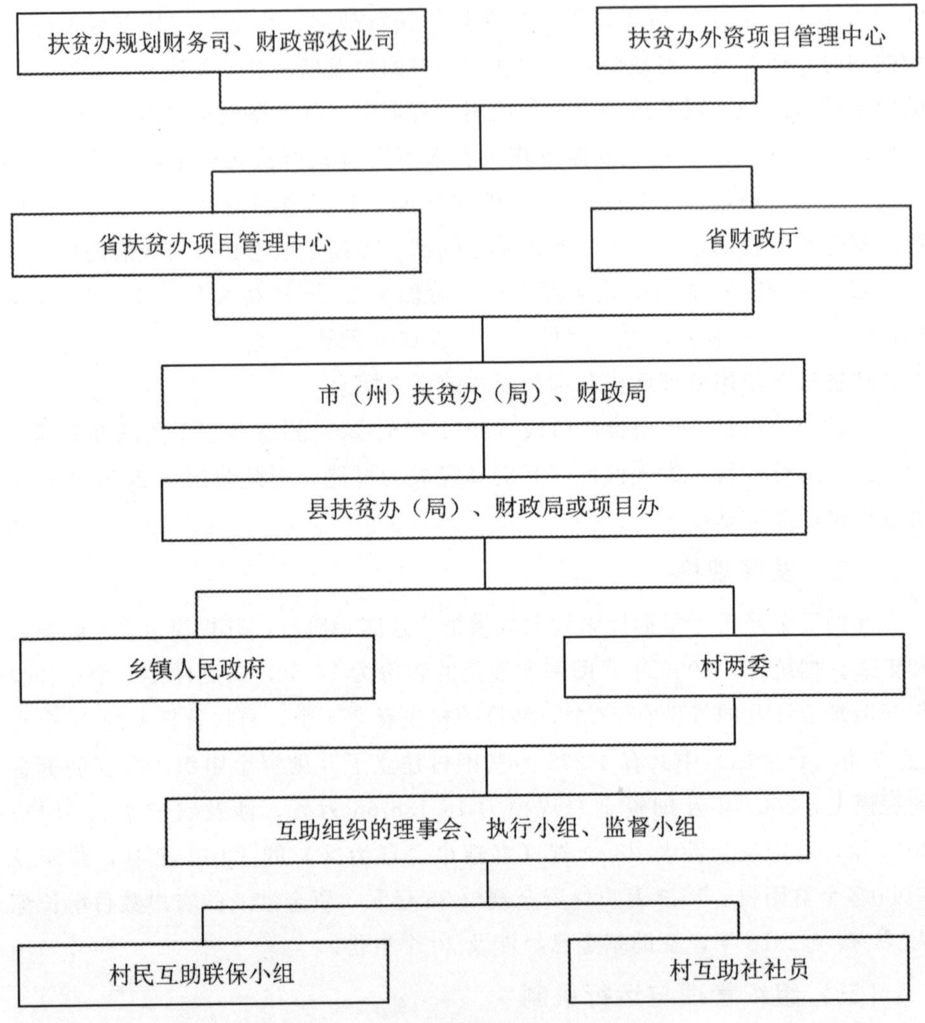

图 8-6　贫困村互助资金管理架构图

2. 运行机制

互助资金的发起方式、组织结构和运转机制共同构成了其运行机制。

项目一般由政府部门发起，主要是当地县扶贫办或财政局，同时有乡镇相关干部参与。发起项目时，首先应根据自愿等原则选择试点村庄，通过召开村干部会、村民小组会等，对互助资金的运作方案、互助资金的筹备小组等事宜进行协商；其次，制定选举办法和程序；最后，召开社员大会，落实前述相关的程序和章程，选举理事会和监事会成员等。

互助资金组织结构一般包括社员大会、理事会和监事会。其中，最高权力机构是社员大会，执行机构和日常管理机构是理事会，日常监督机构是监事会。社员大会负责一切重大事项的决策，理事会负责互助资金的运行与管理，监事会负责资金运行和理事会的工作。在实际操作中，不同的互助资金试点在组织结构上具有一定的差异。代表性的互助资金管理机构如图 8-7 所示。

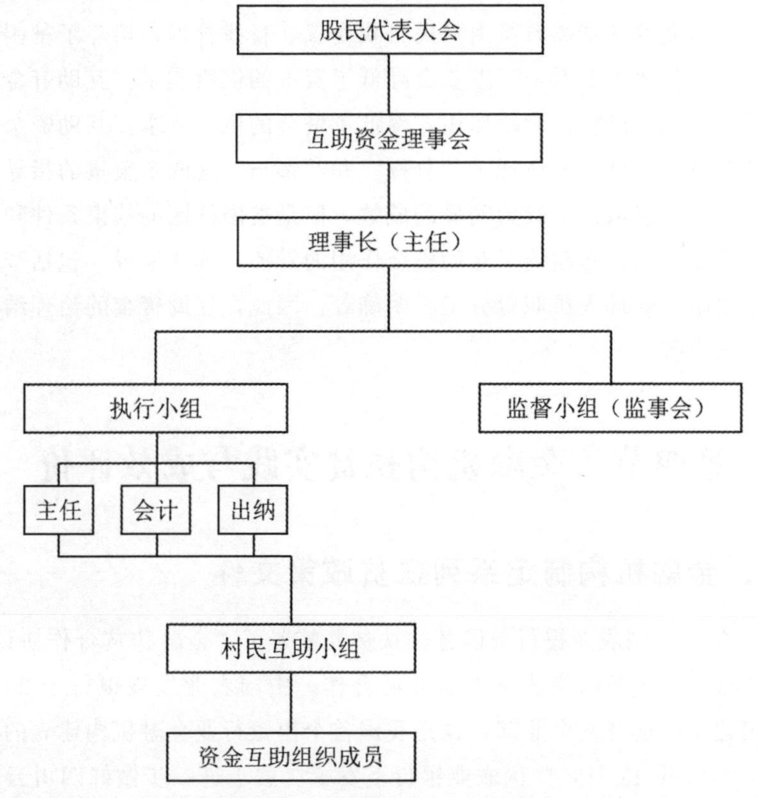

图 8-7　互助资金组织结构图

互助资金的运转机制是指互助资金组织在还贷款等环节的制度安排，主要包括互助资金的缴纳方式、还贷款办法、与社员的关系等。农户取得社员资格的方式是缴纳一定比例的互助资金，在实际操作中可以根据不同农户的情况进行调整（如四川仪陇县互助资金），或者由村民决定缴纳的具体金额（如安徽霍山县互助基金）。还贷款的办法主要体现在还款的流程和贷款的流程上。贷款的流程一般是贷款人提出申请，提出申请的方式包括担保人方式和小组联保方式两种。提出申请后，理事会与贷款人签订合同，发放贷款。还款一般按照章程和合同的有关规定偿还本金和费用，可以按期还款也可以提前还款。

（四）贫困村互助资金评价

从目标上看，互助资金培养并提升了贫困人口的自我脱贫能力。

互助资金的资金来源、使用和管理等方面具有内生性，决定了互助资金对于脱贫的作用是内在地培养贫困人口的相关知识和能力。从主体上看，互助资金明确了社区和贫困群体在运行机制中的主体地位。与外生扶贫项目不同，互助资金的管理制度和贷款政策由村民自我商议、自我管理，培养了贫困村民脱贫的自主性。从成本上看，互助资金降低了资本的供给成本。互助资金自主的管理方式，发挥了产权的激励作用，降低了资金的供给成本。互助资金除了具有内生性的特点之外，还体现了“分权”和“参与”这两个宝贵的指导理念。

互助资金虽然取得了较为明显的成效，但是贫困社区的约束条件和相关利益主体的复杂关系仍然制约了互助资金作用的发挥。具体来说，包括产权制度上安排不清晰、管理人员职责分工不明确等。因此，互助资金的治理结构和治理机制亟须完善。

第四节　金融机构扶贫实践与成效评价

一、金融机构制定系列扶贫政策文件

2014 年，中国农业银行与国务院扶贫办签署了“金融扶贫合作协议”，重点在产业扶贫和小额信贷扶贫方面开展合作。中国农业发展银行于 2015 年 8 月正式组建了扶贫开发事业部，这是我国首个由银行业金融机构建立的扶贫开发部门。2015 年 11 月，中国农业银行下发了《关于进一步做好四川云南甘肃青海四省藏区金融服务工作的意见》，对新疆、西藏等少数民族地区和川陕、中央苏区等革命老区制定了专门的信贷政策。2018 年，中国农业银行出台了《农业银行 2018 年“三农”和县域信贷政策指引》《农业银行支持国家乡村振兴战略信贷政策》，围绕重点领域制定了配套的针对性强、有竞争力的差异化信贷政策。中国农业银行等金融机构发文的名称及内容见表 8-2。

表 8-2　中国农业发展银行等金融机构政策文件汇总

序号	文件名称	主要内容	出台时间
中国农业发展银行	《关于进一步加大力度支持扶贫开发的指导意见》	农业发展银行在重点支持区域上，应该立足《中国农村扶贫开发纲要（2011—2020）》确定的主战场；在支持内容上确定了三个重点	2013 年
	《关于进一步做好四川云南甘肃青海四省藏区金融服务工作的意见》	重点支持四省藏区交通、能源、水利、环保、扶贫以及城镇化建设项目	2015 年
	《中国农业发展银行易地扶贫搬迁贷款管理办法（试行）》	充分认识易地扶贫搬迁贷款业务的重要意义，加强与地方政府及主管部门沟通对接，尽快确定支持项目，确保高效办贷，快见成效	2015 年
	农业发展银行与国务院扶贫办联合印发《政策性金融扶贫实验示范区总体工作方案》	中国农业发展银行与国务院扶贫开发领导小组联合开展政策性金融扶贫实验示范区有关工作，探索可复制、可推广的金融扶贫经验	2015 年
	农业发展银行与国务院扶贫办签订《政策性金融扶贫合作协议》	在集中连片特困区和国家扶贫工作重点县，创新金融扶贫品种，强化精准扶贫，积极支持贫困地区基础设施建设、特色财政发展以及专项扶贫	2015 年
	农发行、交通部联合印发《关于充分发挥农业开发性金融作用支持农村公路建设的意见》	交通运输部门、农发行联合创新融资模式，支持贫困地区农村公路建设	2015 年

续表

序号	文件名称	主要内容	出台时间
中国农业银行	《关于加强集中连片特困地区金融服务工作的意见》	明确片区农户金融服务的总体要求、推进目标和工作措施。大力推进片区基础金融服务，加大对片区农民脱贫致富信贷支持力度，建立片区农户金融服务工作保障机制等	2014 年
	《农业银行金融扶贫十条措施》	信贷政策、信贷规模、费用配置、人力资源和固定资产计划向贫困地区倾斜，确保贫困地区贷款增幅持续高于全行	2014 年
	《关于成立集中连片特困地区金融服务工作领导小组的通知》	强化片区金融服务组织协调，总行成立片区金融服务工作领导小组，片区省分行设立工作推进小组。根据连片特困区的特点制定差异化的金融扶贫方案	2015 年
	《农业银行 2018 年“三农”和县域信贷政策指引》《农业银行支持国家乡村振兴战略信贷政策》	围绕农村产业融合发展、农村产权制度改革、农业农村基础设施建设、“三农”绿色发展、“三农”幸福产业、农村普惠金融等金融需求，形成品种丰富、功能齐全、特色鲜明的服务	2018 年
国家开发银行	《开发性金融扶贫合作协议》	使广大贫困地区和更多贫困户得到特惠金融服务	2014 年
	《关于整合和统筹资金支持贫困地区油茶核桃等木本油料财政发展的指导意见》	大力支持贫困地区发展油茶、核桃等木本油料产业，集中力量解决产业发展投入不足的突出问题，集中力量解决产业发展投入不足的突出问题，努力增加贫困人口收入，促进贫困地区全面建成小康社会	2015 年
	《关于加强金融支持水利扶贫开发工作的意见》	“十三五”期间对于水利枢纽、引调水工程、小水电等有稳定还款来源的水利扶贫项目，以及公益性水利项目，开发银行可给予过桥贷款，并实行优惠利率	2016 年

二、金融机构加大贫困地区贷款投放力度

《国家开发银行2018年社会责任报告》显示，国家开发银行坚持“融制、融资、融智”的“三融”扶贫策略，全年发放精准扶贫贷款2 668亿元；按照易地扶贫搬迁到省、基础设施到县、产业发展到村（户）、教育资助到户（人）”的“四到”思路方法，全年向贫困地区发放农村基础设施精准扶贫贷款618亿元，发放交通、水利等重大基础设施精准扶贫贷款1 340亿元；通过与龙头企业合作、扶贫转贷款等方式，发放产业扶贫贷款422亿元；新增发放助学贷款287亿元，累计支持学生2 622万人次；累计发放易地扶贫搬迁贷款1 133亿元，支持约312万贫困人口；不断拓宽扶贫资金来源，全年共发行4期、163.38亿元易地扶贫搬迁专项金融债券；主承销发行7只共84亿元的扶贫专项债务融资工具，积极引导社会资金投向脱贫攻坚重点领域。2018年国家开发银行贷款主要投向与规模如表8-3所示。

表8-3 2018年国家开发银行贷款主要投向与规模

主要投向领域	贷款规模（亿元）	成效
基础设施建筑贷款	1 340	促进了基础设施建设
异地扶贫搬迁贷款	1 133	支持约312万人口
助学贷款	287	支持贫困学生2 662万人

中国农业银行也不断加大对贫困地区的贷款投放比例。2011年以来，农业银行支持了832个扶贫重点县新型农业经营主体。截至2018年年底，农业产业化龙头企业贷款余额为1 494.48亿元，省级以上龙头企业的金融服务覆盖率达63.6%，较上年上升3.5个百分点；农民专业合作社及社员贷款余额276.91亿元，较年初增加47.94亿元。同时，农业银行持续推进“百亿百家”“万社促进计划”专项行动，支持龙头企业、合作社等新型农业经营主体发展壮大。截至2018年年底，81家入选“百亿百家”的客户实现贷款余额378.37亿元，较年初增加了2.77亿元；“万社促进计划”实现贷款余额276.91亿元，较年初增加了47.94亿元，新增金融服务数2 118家。[1]

---

[1] 数据来源于《中国农业银行2018年社会责任报告》。

中国建设银行面向网点机构尚未覆盖的县域农村，推出了“裕农通”服务模式，打通了农村服务“最后一公里”。这一模式与供销社、通信公司、卫生诊所等进行合作创新，为农户及涉农小微商户提供了集“存贷汇缴投”于一体的综合金融服务，打破了地域阻隔，延伸了服务的触角和半径。截至2018年年末，涉农贷款余额达到了17 646.5亿元，新农村建设贷款余额达到了148.6亿元，当年发放个人支农贷款29.3亿元；建立了“裕农通”普惠金融服务点15.1万个，新增服务点6.1万个，累计覆盖了全国25%的行政村，使1 195万户农户获得了更便利和安全的金融服务。

中国建设银行坚持精准扶贫、精准脱贫基本方略，把提升金融精准扶贫质量放在首位；聚焦深度贫困地区和总分行定点帮扶区域，强化组织领导和政策保障，精准对接脱贫攻坚多元化金融需求，将扶贫工作与普惠金融战略、金融科技战略深度融合；注重激发贫困地区的内生动力，通过定点扶贫、产业扶贫、扶贫产品创新、电商扶贫、公益扶贫等多种方式，探索扶贫的可持续发展之路。截至2018年年末，中国建设银行产业精准扶贫贷款余额为630.40亿元，增幅为31.75%。通过产业帮扶，已服务带动11.4万贫困人口实现了就业增收。[1]

中国工商银行将扶贫工作作为履行社会责任的重要内容，成立了金融扶贫工作领导小组，统筹完善了扶贫工作机制。2018年是实施精准脱贫攻坚战三年行动的第一年，中国工商银行坚持精准扶贫、精准脱贫基本方略，创新推进扶贫工作，不断加大金融支持和精准帮扶力度，精准对接贫困地区需求，努力在脱贫攻坚中发挥应有作用。截至报告期末，全行金融精准扶贫贷款余额达到1 559.45亿元，较期初增长22.76%。[2]

另外，中国工商银行认真贯彻中国人民银行、银监会、保监会关于金融服务“三农”和金融精准扶贫的工作要求，对农业龙头企业、新型农业经营主体和农民的生产经营融资需求进行了全方位支持。截至报告期末，全行涉农贷款余额18 878.14亿元，其中农户贷款余额1 060.22亿元。

三、金融机构不断研发扶贫性金融产品

除制定相关政策、加大贫困地区贷款投放力度之外，政策性银行和商业银

[1] 数据来源于《中国建设银行2018年社会责任报告》。

[2] 数据来源于《中国工商银行2018年社会责任报告》。

行还在不断开发扶贫性金融产品，具体见表 8-4。

表 8-4 政策性银行金融产品

名称	简介	具体内容与成效
扶贫专项金融债券	人民银行推出的债券品种，在银行间市场发行债券筹集易地扶贫搬迁信贷资金	2016 年 4 月 1 日，通过银行间债券市场尝试发行 100 亿元扶贫专项金融债
贫困地区异地搬迁贷款	农业发展银行向借款人发放的纳入地方政府易地扶贫搬迁规划，用于易地扶贫搬迁的政策性贷款	中国农业发展银行已审批异地搬迁贷款项目 412 个，审批金额 2 700 亿元，用于支持贫困搬迁人口 518 万人。其中，建档立卡贫困人口 321 万人，易地扶贫搬迁贷款余额达 803 亿元
农村路网贷款	农村路网贷款始于 2007 年，农发行以政策性资金先行支持，依托各级财政进行还款的模式支持了一批扶贫意义重大、支农效果显著的农村公路项目	2015 年全年新评审农村路网及贫困地区公路建设贷款 1 527 亿元，投放贷款 792 亿元。其中，中西部地区及贫困地区农村公路发放金额 540 亿元，支持新建及改建农村路网 8.93 万公里
水利建设项目贷款	水利建设贷款是指向企业（事业、机关）法人或国家规定可以作为借款人的其他组织发放的，用于枢纽工程、引水工程和河道工程等水利项目建设的本外币贷款	中国农业发展银行水利建设贷款余额 2 779.96 亿元，累计修缮疏浚河道沟渠 3.44 万公里，除险加固病险水库 2 134 座，改善水面污染 37.8 万平方公里，增加或改善了灌溉面积 3 444 万亩，增加蓄水 118.1 亿立方米，解决了 5 220.1 万农民的饮水安全问题

商业银行也通过开发各种各样的金融产品进行金融创新，通过金融创新促进了金融扶贫工作。其中，中国农业银行的部分扶贫性金融产品见表 8-5。

表 8-5 商业银行金融产品

地点	特色扶贫产品	成效
甘肃省	“双联”惠农贷款	自 2012 年开始在全省 58 个贫困县开展到户扶贫贷款业务，累计投放双联农户贷款 152.92 亿元，贷款余额达 92.34 亿元，支持贫困农户 22.63 万户
内蒙古自治区	“金穗富农贷”“金穗强农贷”	2013 年 11 月，内蒙古分行作为当地“金融扶贫富民工程”首家合作银行，推出了专项产品，一年间累计投放专项贷款 62.10 亿元，支持贫困农户 110.607 户，扶贫企业 92 家；将支持范围由 57 个县城扩大到 80 个，实现了全区域全县全覆盖
安徽省	“惠农兴业”农户扶贫贷款	2014 年 8 月，与安徽财政部门、扶贫办共同合作，在革命老区金寨县发放百笔 30 万元“惠农兴业”农户扶贫贷款。两个部门按照贷款额度的 5% 给予补贴，在两个月内累计发放扶贫贷款 120 万元
江西省	以“财园信贷通”“财政惠农农信贷通”为主的“双通工程”	契合“赣南等中央苏区振兴发展”的政策要求，由当地政府发起，采用以财政资金为杠杆的新型融资担保模式，以园区小微企业以及农村合作社等新型农业经营主体为主要支持对象；贷款额度分别达 5 万元和 300 万元，并且均不用提供抵押

四、金融机构不断创新金融扶贫模式

在国家相关政策的激励下，金融机构根据自身的业务特点创新金融扶贫模式，将精准扶贫、精准脱贫工作引向深入。广东省、湖南省等创新了金融扶贫模式，构建了多层次的金融扶贫服务体系。广东银监局一方面推进了金融资源在贫困地区的均等化配置，另一方面创新了贫困地区的监管政策，并在绩效考核等方面完善了扶贫机制；湖南银监局鼓励银行业金融机构创新发展小额扶贫信贷；青海辖区人民银行积极探索和实施扶贫开发金融服务工作，在全省范围内逐步推行了“牧户＋农村专业合作社＋财政资金担保＋信用工程”“公职担保＋牧户”“补助抵押＋农户贷款”“信用村＋信用贷款”等特色支农扶贫信贷模式，大力推广农户小额信用贷款、农户联保贷款、农户个体工商户贷款和农户抵押贷款等。金融扶贫模式的创新对贫困地区财政结构的优化和经济增长都具有重要的意义。

五、金融机构加大贫困地区金融基础设施建设

中国人民银行大力推动了农村金融服务。首先，组建了农信银行资金清算中心，使清算网络覆盖全农村。其次，推动了零售支付体系的发展，建立了农村信用卡市场；为乡镇居民提供基础金融服务，推动了金融服务在农村的普及；通过建立各种基础设施，结合农业生产，减少了现金流通，提高了金融效率。最后，组织新型支付方式在农村试点，扩大了农村金融服务覆盖面，降低了农民获取金融服务的成本。其他商业银行也加大了银行服务设施建设，具体见表 8-6。

表 8-6 商业银行服务设施

银行名称	金融服务网点（万个）	ATM 机（台）	其他服务设施
中国农业银行	14.7	18.4 万	大力推广“E 农管家”“银讯通”“四融平台”等线上服务渠道
中国邮政储蓄银行	3.9	4.7 万	提供电话银行、网上银行、手机银行、电视银行等电子服务渠道
农村信用合作社	7.824 5	—	乡镇的物理网点覆盖率达 99%

中国农业银行除了在银行服务设施建设方面促进了贫困地区的金融发展外，还采取了减免部分费用的措施，以促进贫困地区金融服务的发展。农业银行通过收费减免，使贫困地区的所有农户节省了共 16 亿元的支出。

中国邮政储蓄银行在县及县以下农村地区的网点占比超过了 70%；在全国 30 个省（区、市）的县级区域，网点覆盖率达到了 100%。中国邮政储蓄银行拥有 ATM 机超过 4.7 万余台，服务点共 1 万个，空白乡镇的金融服务网点共 220 个；累计交易 610 万笔，交易金额达 15 亿元。

六、金融机构持续加强定点扶贫

以银行为代表的金融机构在专项扶贫的基础上开展了定点扶贫。国家开发

银行、中国农业银行、中国农业发展银行、中国银行都积极开展了定点扶贫的工作，并取得了一定的成效。

国家开发银行为7个国家级贫困县和革命老区编制了发展规划咨询报告，为贫困地区提供差异化的发展思路和融资支持方案；举办了“扶贫开发地方干部培训班”，提高了运用金融进行扶贫的意识，累计为73个贫困县的210名干部进行培训，取得了良好的效果。中国农业银行制订了14个定点片区综合金融服务方案以及特色财政金融服务方案，中国建设银行在陕西省安康市实施了定点扶贫计划，在实施定点扶贫计划的26年间，共有67名优秀员工驻点扶贫，为18个项目发放扶贫贷款6.8亿元，解决了当地4 000余人的就业问题。

中国农业银行认真做好了河北饶阳县和武强县、贵州省黄平县、重庆市秀山县的定点扶贫工作。2017年年末在定点扶贫县的贷款余额为69.8亿元，较年初增加了25.3亿元，助推定点扶贫县超额完成了年度脱贫攻坚任务，帮助5.3万名贫困人口脱贫。其中，秀山县已脱贫摘帽。具体措施有三点：一是精准支持贫困人口，积极推广武强县、饶阳县“光伏扶贫贷”和“合作扶贫贷”，黄平县“惠农脱贫贷”，秀山县“精准脱贫致富贷”产品。精准扶贫贷款余额在2017年年末达到了28.5亿元，较年初增加了1亿元。二是增加定点帮扶资金。2017年向定点扶贫县累计投入定点帮扶资金2 719万元，实施各类精准帮扶项目34个、“抓党建促脱贫”项目20个。三是切实推进电商扶贫。探索创新了“电商扶贫＋农银e商”扶贫模式，帮助贫困户销售特色农产品、传统手工制品等。其中，黄平县打造了“且兰生活馆·中国农业银行惠农通O2O金融服务站，可以提供电商、金融、便民服务、技术培训、政务、大数据采集、物流等全方位服务，目前已有25家。

中国农业发展银行选派处级干部到定点扶贫地区挂职，关心贫困地区的教育事业，关注贫困地区的民生工程；为贫困地区捐助和引入教育资金，帮助建设百姓饮水工程，促进地方特色产业的发展，优化贫困地区的金融生态，推动了当地的经济、社会和民生等各方面的发展。

中国银行从2002年开始在陕西省永寿县、长武县、旬邑县、淳化县开展扶贫工作。2019年7月17日，由中国银行业协会主办的“《2018年中国银行业社会责任报告》发布暨社会责任百佳表彰大会”在北京举行。中国银行业协会党委书记、专职副会长、亚洲金融合作协会第一副理事长潘光伟以“社会责任重担当，真抓实干出成效，银行业社会责任管理工作踏上新台阶”为题发布了《2018年中国银行业社会责任报告》，并进行了解读。潘光伟指出：“农村银行业金融机构要全面落实《关于打赢脱贫攻坚战三年行动的指导意见》，遵循精准扶贫、精准脱贫基本方针，立足职能定位，完善工作机制和服务政策，加强信贷管理和金融创新；聚焦深度贫困地区和特殊贫困群体，持续加大扶贫资金投入；创新扶贫金融产品和服务模式，变‘输血’为‘造血’，建立脱贫攻坚长效机制；增加贫困地区金融服务的可获得性，攻坚扶贫‘最后一公里’。例如，农业发展银行发挥好政策性银行在脱贫攻坚中的重要作用，制定实施《支持打赢脱贫攻坚战三年行动方案》，在信贷政策、资源保障、定向帮扶等方面，采取降低准入门槛、执行特惠利率等举措，全方位加大帮扶力度，2018年实现累计投放精准扶贫贷款 3 900 亿元。大型商业银行继续完善普惠金融事业部体制机制，不断加大扶贫支持力度。例如，邮政储蓄银行持续完善扶贫贷款产品，加大对产业扶贫支持力度，强化对建档立卡贫困户的金融服务支持，积极推进贫困地区基础设施建设。”此外，他还指出：“银行业金融机构贯彻落实了乡村振兴战略，进一步完善了‘三农’金融事业部制、普惠金融事业部制，加大了信贷配置资源，强化了专业队伍能力提升，落实了产业兴旺、生态宜居、乡风文明、治理有效、生活富裕的总体要求，大力支持了农业农村优先发展，提升了农业发展质量，培育了乡村发展新动能，推进了乡村绿色发展，打造了人与自然和谐共生发展新格局。例如，中信银行与担保公司开展合作，推出银担‘三农’服务模式；广发银行稳妥推进农村集体经营性建设用地使用权和两权抵押贷款试点；兴业银行推出‘银银平台’，推动各类金融机构资源共享、优势互补，为广大农村地区提供金融服务。”

第九章 金融扶贫作用机理及效应实证

积极发展普惠金融，降低信贷门槛，为贫困人口提供储蓄、信贷支持，有利于提高贫困人口的收入和发展能力，从而达到缓解甚至摆脱“贫困陷阱”的目的。本章对金融扶贫的作用机理进行了系统阐述，并通过实地调研的方法，采集了相关数据，运用回归分析等计量经济学方法，对金融扶贫的直接效应进行了实证分析，从而进一步验证了金融扶贫的必要性。

第一节 金融扶贫直接作用机理及效应实证

一、金融扶贫直接作用机理描述

（一）贫困家庭金融需求分析

无论是贫困人口还是富裕人群，在生活中都会面临因健康、教育、婚丧等问题而产生的消费需求和投资机会，继而产生相应的金融需求。设计良好的金融服务产品可以满足贫困人口的金融需求，有利于缓解收入波动、积累资产、促成交易、降低汇款成本等，从而提高贫困人口可持续生计的潜力，避免贫困的产生。一般认为，贫困家庭具有三个层次的目标：一是基本生存，即满足家庭成员的衣、食、住、行等基本需求；二是经济安全，即保障家庭的资产和收入不受未预期的不利事件和因素的影响；三是代际相传，在该目标下，贫困家庭的金融需求主要表现在投资、消费和应对突发事件等方面。

1. 投资需求

贫困家庭可能面临着投资于教育和健康后可以拥有更多的生产性资产或是经济收益的机会，也可能会面临一些如投资新技术、设备等提高收入的机会，还可能会面临其他方面的投资机会。然而，这些投资对于贫困家庭来说一般难以支付。

2. 消费需求

由于受收入限制，贫困家庭的消费多处于较低水平，容易出现入不敷出的情况。贫困家庭为了维持自身及家庭成员的基本消费开支，会经常向亲朋好友进行资金融通。

3. 突发事件需求

当贫困家庭面临如疾病、死亡、意外事故、火灾、自然灾害等不可预知的事件时，需要筹集大额资金来应对。但贫困家庭很难筹集这些资金，抵抗风险的能力较弱。

（二）金融供给减贫渠道分析

1. 储蓄服务

储蓄服务是金融服务的重要组成部分。对于贫困群体而言，最为重要的金融服务就是储蓄。金融机构提供的储蓄服务是平等的，可以为收入较低或收入不稳定的贫困家庭提供储蓄服务。增加储蓄服务等金融服务的供给有助于减缓贫困。一方面，贫困家庭能够通过储蓄逐渐为项目投资积累更多资本；另一方面，储蓄所带来的利息也可以在一定程度上提高贫困家庭的收入水平。上述作用的途径被称为渠道效应，是金融发展减缓贫困的最主要原因。

一是储蓄服务为贫困家庭提供了安全的资金积累方式。一般来说，贫困家庭的原始资金很少，大多数贫困家庭都存在入不敷出的状况，很少能够通过投资项目来提高资金的利用率；而金融机构提供的储蓄服务能够约束贫困家庭的消费，促使贫困家庭积累原始资金，从而有机会获得收益更高的项目投资的机会，摆脱贫困状态。

二是储蓄服务可以为贫困家庭带来一定的利息收入。储蓄服务不仅能为贫困家庭提供资金积累的方式，而且可以增加贫困家庭的收入。储蓄服务带来的利息收入对于收入低且不稳定的贫困家庭而言非常重要：一方面，可以缓解贫困家庭入不敷出的状况，平衡贫困家庭的必要性消费支出；另一方面，可以提高贫困家庭抵御风险的能力，降低贫困家庭的脆弱性，实现家庭财产合理规划和管理。

2. 信贷服务

信贷服务是金融服务的基本组成部分之一，向贫困家庭提供信贷服务是减缓贫困的重要方式。

（1）信贷资金能够促进贫困农户技术的革新，提高利润率贫困户可以利用小额信贷资金，增加生产资料的投入，提高技术的创新，从而提高劳动生产率和资源利用率，增加贫困户的收入，以达到缓解贫困的目的。土地、资金、劳动力是生产的三大要素，土地、劳动力是贫困户自己可以控制的资源，也是贫困农户不缺乏的资源，但资金是贫困户的稀缺资源。因为资金的缺乏，导致他们的生产经营活动受到限制，只能在低水平技术条件下实行简单的再生产，造成平均产量和边际产量较低。而公益性小额信贷的资金支持，可以使贫困户资金缺乏的状况得到改变，增加生产资金投入和生产产量。

(2) 信贷资金能够整合贫困家庭的资源，增加贫困家庭的收入

如果贫困户存在闲置资源，就可以利用信贷资金整合这些闲置资源，进行一些项目的投资。这些项目一方面能够增加贫困家庭的收入，缓解贫困状况；另一方面也可以充分利用资源，提高劳动力的利用率。在实际生活中，一些贫困人口在获得信贷资金后，会用此资金来开拓荒地，进行种养，这是这种模式的典型表现。

(3) 信贷资金能够实现贫困家庭的小规模生意经营

利用信贷资金，发展微型的非农企业，将增加收入和就业机会的目标从农业产业转向非农产业，是东南亚国家利用公益性小额信贷资金的主要途径。在中国扶贫基金会小额信贷项目中，利用小额信贷进行非农企业发展的贷款占到了总贷款的19%，但这种扶贫模式需要具备一些支持条件。一方面，贫困人群具有发展微型非农企业的市场机会。对于居住非常偏远的贫困户来说，从事非农小规模经营的机会比较少，而交通比较便利的地方或者是离城镇比较近的地方拥有更多的机会发展非农产业小规模经营。另一方面，贫困农户必须具备发展微型非农企业所需要的经营能力，以保证资金的回流，足够偿还贷款。

(4) 信贷资金能够使贫困家庭实现劳务输出

对于那些受居住地自然条件限制、缺乏有效的创收和就业机会、限于资金约束不能外出打工的贫困人口而言，可以利用小额信贷提供的资金支持，到异地寻找工作机会，从而实现收入的增长，摆脱贫困。这是目前小额信贷实现扶贫的一种最为直接、最立竿见影的方式。

3. 保险服务

保险服务是贫困家庭最需要的金融服务之一。贫困家庭的收入低且收入不稳定，应对突发情况的能力相对较弱，因此贫困家庭非常需要金融机构提供的保险服务。在某种程度上，贫困家庭对保险的需求就如同对储蓄和贷款的需求。

4. 转移支付服务

转移支付服务也是贫困家庭最需要的金融服务之一。贫困家庭的主要收入往往是外出打工的工资，工资的安全关系到贫困家庭的生计。因此，金融机构为贫困家庭提供了低成本、安全且快捷的转移支付服务，以实现贫困家庭主要财产的异地转移支付，保证贫困家庭主要财产的安全。

5. 综合培训

金融扶贫为贫困人口提供了教育、交流、咨询等综合培训。这些培训不仅可以使贫困人群获得相关的技能经验，增强信心，提升能力，而且可以使他们在培训过程中相互学习、交流，获得更广泛的社会关系，提高经济能力，从而达到金融服务的减贫目的。

综上所述，不同的金融服务都以不同的方式缓解贫困家庭的贫困状况。对于贫困家庭来说，获得金融机构提供的储蓄、信贷、保险、转移支付、微型金融服务，不仅能够积累原始资金进行项目投资，还可以提高抗风险能力以及收入水平，从而缓解贫困状况。

（三）金融扶贫直接作用机理数理模型构建

1. 基本假设

假设有两个相对贫困家庭甲和乙，考察的两个家庭的生产周期都是 n，期初的资金、劳动力和技术水平等初始资源 X_0 都完全相同，项目投资所需资金为 I，而项目投资资金 I 大于初始资本 X_0，且项目投资收益 R_2 大于贷款利息 R_1。两个家庭均可以选择两种投资方式：一是将初始资本进行储蓄投资，维持贫困家庭的简单再生产，其利率为 r，可得到的利息收益为 R_1；二是将初始资本投资于规模为 I 的项目，进行贫困家庭的扩大再生产，项目的收益率为 r，可得到的利息收益为 R_2。

如果贫困家庭甲未得到普惠金融支持，而贫困家庭乙得到了普惠金融支持，那么对于初始资本小于项目投资资金的贫困家庭甲来说，就不能进行项目的投资，只能维持贫困家庭的简单再生产，不能通过获得较高的项目投资收益改变贫困的状况。而初始资本小于项目投资资金的贫困家庭乙能够获得金融机构的信贷支持，能够进行项目的投资，且项目投资的收益要大于贷款的利息，因此贫困家庭乙有摆脱贫困的机会。

2. 模型推导

金融机构作为营利机构，在提供信贷时往往偏好信誉好、盈利稳定、能够提供抵押品的企业和个人，而对于信用体系不完善、盈利不稳定、不能够提供抵押品的企业和个人的借贷门槛较高，低于这个门槛的企业或个人将无法获得信贷资金。这种现象形成的原因有两方面：一方面是贷款门槛高、程序多、期限短，抑制了贫困家庭和小企业的贷款需求；另一方面是放贷成本高、收益差、风险大，金融机构提供信贷的主动性不高。

对于贫困家庭甲来说，由于初始资本 X_0 小于项目投资所需资金，且没有可以抵押的资产，在未得到信贷支持的情况下，贫困家庭甲只能以维持简单再生产的初始资本进行利息率为 r 的储蓄投资。其中，$X_0 \times r > 0$，$R_1 = X_0 \times r$。

第 1 期的财富为：

$$Y_1 = X_0 \tag{9-1}$$

第 2 期的财富为：

$$Y_2 = X_0(1 + r) = X_0 + X_0 \times r = X_0 + R_1 \tag{9-2}$$

第 3 期的财富为：

$$Y_3 = Y_2 + Y_2(I + V) = Y_2 + Y_2 + Y_2 \times r = X_0 + 2R_1 \tag{9-3}$$

第 n 期的财富为：

$$Y_n = X_0 + (n - 1)R_1，n \geqslant 1 \tag{9-4}$$

因此，对于贫困家庭甲来说，在 n 个生产周期内，由于初始资本 X_0 小于项目投资所需资金，没有获得信贷资金，只能进行利息率为 r 的储蓄投资。如果居民价格指数上涨的速度高于利息率 r，导致贫困家庭得到的利息收入 R_1 很小甚至为负，贫困家庭的财富就会逐渐减少。在若干期之后，贫困家庭就会无其他收入来源，除去必要的生活支出后，贫困家庭就没有财富可储蓄。因此，未得到普惠金融信贷支持的贫困家庭就会入不敷出，不能维持基本的生活，其用于下一代的教育投资也不足，导致后代也不具备摆脱贫困的能力，陷入贫困的恶性循环。

对于贫困家庭乙来说，虽然初始资本 X_0 小于项目投资所需资金 I，也没有可以抵押的资产，但是政府、金融机构实施的普惠金融政策可以降低信贷门槛，为贫困家庭提供信贷资金。贫困家庭可以获得信贷资金 H 进行规模为 I 的项目投资。假设投资的收益为 R_2，贷款的利率为 r，投资项目收益大于贷款利息支出，则

第 1 期的财富为：

$$Y_1 = X_0 \tag{9-5}$$

第 2 期的财富为：

$$Y_2 = X_0 + R_2 - H \times (1 + i) \tag{9-6}$$

其中，$R_2 - H \times (1+i) > 0$，$Y_2 > X_0$，设 $D = R_2 - H \times (1+i)$。

第 3 期的财富为：

$$Y_3 = Y_2 + R_2 - H \times (1+i) = (X_0 + 2D),\ Y_3 > Y_2 > X_0 \tag{9-7}$$

第 n 期的财富为：

$$Y_n = X_0 + (n-1)D,\ n \geqslant 1 \tag{9-8}$$

因此，对于贫困家庭乙来说，在 n 个生产周期内，获得信贷资金 H 来进行规模为 I 的项目投资，且投资项目收益大于贷款利息支出，会促使家庭财富不断增长。更进一步说，可以缓解贫困状况，提高生活水平和质量，增加下一代人的教育投资，使家庭能够永久地摆脱贫困。贫困家庭拥有的资本量如果达到一定程度，就意味着该贫困家庭拥有了脱贫致富的能力，可以彻底摆脱贫困。

3. 模型内涵

(1) 未得到普惠金融支持的家庭容易陷入“贫困陷阱”

未得到普惠金融信贷支持的贫困家庭的初始资本很小甚至为负，其一般居住在生存条件比较差、生活环境比较恶劣的边远地区，没有收入来源。如果初始财富值小于信贷门槛，没有实施金融反贫困的战略，贫困家庭就无法获得金融机构的信贷支持，只能维持简单的生产状态，且边际收益逐渐递减，拥有的资产越来越少。在未得到信贷支持的条件下，贫困家庭如果想要摆脱贫困，只能通过自身积累原始投资的资金，从而达到最低投资的额度。贫困家庭原始资金的积累，必然要通过减少必要消费品的支出和教育支出来实现，这就会影响贫困家庭的基本生活和子女的教育水平，导致贫困家庭陷入“贫困陷阱”。

(2) 得到普惠金融支持的家庭容易摆脱“贫困陷阱”

虽然能够得到普惠金融信贷支持的贫困家庭的初始资本很少，小于金融机构设置的信贷门槛，但是如果政府能够实施金融反贫困政策，降低贫困地区的信贷门槛，改善贫困地区的信贷市场，贫困家庭就能够有机会获得信贷资金。在贫困家庭初始资本很低的情况下，这部分信贷资金对于贫困家庭来说至关重要，可以使贫困家庭投资于具有收益的项目，从而在短时间内摆脱贫困的状态。随着贫困家庭生活水平的提高，其消费水平也会不断提高，对于下一代人的教育投资也会随之增加，从而永远摆脱“贫困陷阱”。

二、金融扶贫直接效应实地调研

从对金融扶贫直接作用机理的描述中可以看出，无论是正规金融机构还是非正规金融机构发放的小额信贷，目的都是向有资金需求的贫困农户提供普惠金融的支持，以帮助其发展生产，尽快摆脱贫困。小额信贷已成为我国金融扶贫的主要形式之一。

在此，本部分从农户角度进行研究，特选取国家级贫困县——河北涞水县下明峪村贫困村资金互助社的小额信贷为研究对象，于 2016 年 7 月通过问卷调查方法采集了相关数据，运用多元回归统计方法，对金融扶贫的直接效应进行了研究，为全面评估金融扶贫的直接效应提供了系统的理论支持。

（一）调研对象基本情况介绍

下明峪村位于河北省保定市涞水县深山区，有 11 个村民小组，共 308 户，高山环绕，自然条件差，经济基础薄弱，是典型的贫困村。2008 年，在政府的支持下，涞水县下明峪村贫困村资金互助社发起成立，包括若干个资金互助组。贫困村资金互助社成员 107 户，农户入社率为 33%，其中贫困户入社率为 80%。互助资金由两部分构成，共 24 万元。其中，政府安排互助资金 15 万元，农户交纳互助金 9 万元。在成立的第一年，借款 98 户，所有的借款都用到了促进农民增收的养殖和种植项目上。其中用于养殖的有 90 户，用于种植的有 8 户，共计 17.6 万元，占用费率为年息 6%，当年共收取占用费 10 560元。

截止到 2015 年年末，贫困村资金互助社成员已累计借款 138 万元，累计农户借款次数 252 次，累计借款归还额度为 110 万元，且无一笔逾期金额。贫困村资金互助社的银行存款已有 143 042 元，库存现金 206 038 元，发展规模较大。农户大多数使用短期借款，其中借款期限 3 个月以下的为 4.2 万元，3～6个月的为 80.9 万元，6～12 个月的为 51.4 万元，12 个月以上的为 2.3 万元；借款用于种植业的为 19.3 万元，用于养殖业的为 114.5 万元，用于商业及运输业的有 3 万元，用于其他行业的有 2 万元。下明峪村农户户均借款额为 13 094 元，其中最高借款额为 20 000 元，最低借款额为 1 000 元。经过将近 8 年的运转，小额信贷为农民增收带来了积极的影响，成为农民自己的银行。

（二）调研设计与样本特征分析

1. 问卷设计

本次调查所用问卷分为贫困村资金互助社社员（A 卷）和非贫困村资金互助社社员（B 卷）两部分，主要目的是对两组调研结果进行对比分析，从而全面考察小额信贷对两类农户家庭生计的影响。问卷主要包括被调研对象的基本情况、收入、固定资产、饮食、储蓄、妇女家庭地位等。除关于入社和贷款的信息不一样外，两类问卷的题目大体相同，容易进行比较分析。

2. 调研实施

本次调研共发放农户问卷 230 份（其中问卷 A 共 110 份，问卷 B 共 120 份），剔除信息不真实和信息不全问卷，最后回收有效问卷 A 107 份、问卷 B 116 份。

3. 样本特征分析

一是从年龄分布看。在贫困村资金互助社成员中，20～30 岁的占比为 2%，31～40 岁的占比为 26%，41～50 岁的占比为 40%，51～60 岁的占比为 13%，60 岁以上的占比为 19%；在非贫困村资金互助社成员中，20～30 岁的占比为 9%，31～40 岁的占比为 15%，41～50 岁的占比为 36%，51～60 岁的占比为 23%，60 岁以上的占比为 17%。可见，贫困村资金互助社青壮年所占的比例比非贫困村资金互助社的比例高。其原因是青壮年人群的思想比较开放，并且精力比较充沛，更倾向于接触新事物。

二是从文化程度上看，在贫困村资金互助社成员中，没有接受过教育的户主占 7%，小学学历的户主占 48%，中学学历的户主占 36%，高中学历的户主占 9%；在非贫困村资金互助社成员中，没有接受过教育的户主占 10%，小学学历的户主占 44%，中学学历的户主占 37%，高中学历的户主占 5%，其他学历的户主占 4%。对比可知，贫困村资金互助社成员的受教育程度略高于非贫困村资金互助社成员。

（三）调研结果对比分析

1. 两类家庭平均收入对比

随着经济的发展，村民的收入水平都有所提高，但是由于创收方式的不同和资金的占有量不同，村民的收入水平和增加幅度存在差异，具体体现为贫困村资金互助社成员年平均收入高于非贫困村资金互助社成员的年平均收入。调研结果显示，贫困村资金互助社成员的年平均收入是 44 234 元，非贫困村资金互助社成员的年平均收入是 30 536 元；贫困村资金互助社成员年平均收入比非贫困村资金互助社成员年平均收入多 13 698 元，高出 44.86%。贫困村资金互助社的收入增长幅度也要高于非贫困村资金互助社的收入增长幅度，平均年收入增长 8 493.46 元，增长幅度为 33%；而非贫困村资金互助社年平均收入增长 3 070 元，增长幅度仅为 11.18%，比贫困村资金互助社低 21.82 个百分点。

2. 两类家庭收入来源对比

总体来讲，贫困村资金互助社的主要收入来源为养殖，非贫困村资金互助社的主要收入来源为打工。调研结果显示，贫困村资金互助社成员的收入来源可分为种植收入、打工收入、经营买卖、养殖、其他收入。其中，打工收入占比相对于非贫困村资金互助社成员来说较小，只占23%。贫困村资金互助社成员种植收入相对于非贫困村资金互助社成员来说较高，主要是因为贫困村资金互助社成员可以通过互助社资金，租用他人土地来进行大规模种植，而不是一家一小户的种植，并且成员中的一部分人可以借助互助社资金和技术等进行小项目投资，这也是贫困村资金互助社成员经营买卖收入占比高于非互助社的原因。其他收入占比也高于非贫困村资金互助社的原因是贫困村资金互助社其他收入来源比非贫困村资金互助社成员多一项资金使用费。

非贫困村资金互助社成员的收入来源有种植收入、打工收入、经营买卖、其他收入。其中，主要收入来源是打工，打工收入为25 868元，占总收入的84.7%；种植收入和经营买卖分别占5.4%和5.2%。这是由于多数非贫困村资金互助社成员没有自己的产业。

3. 两类家庭耐用消费品价值对比

根据调研结果，从总体来看，贫困村资金互助社成员家庭耐用消费品价值与非贫困村资金互助社成员耐用消费品价值分布没有显著差异。家庭耐用消费品价值体现了一个家庭的生活水平和生活质量。虽然贫困村资金互助社成员的收入高于非贫困村资金互助社，但他们并没有把全部收入用来消费，而是把自己的收入和贷款用于投资，进行更大规模的生产。因此，其家庭耐用消费品的价值并没有明显高于非贫困村资金互助社成员。

贫困村资金互助社成员与非贫困村资金互助社成员家庭耐用消费品的价值呈阶梯状分布，这说明在贫困村资金互助社成员与非贫困村资金互助社成员间存在贫富差距。根据调研数据可知，非贫困村资金互助社家庭耐用消费品价值在5 000元以下的占40%，在5 000～10 000元的占30%，在10 000～50 000元的占26%，在50 000元以上的占4%。贫困村资金互助社家庭耐用消费品价值在5 000元以下的占31%，比非资金互助社成员低9个百分点；5 000～10 000元的占28%；10 000～50 000元的占28%；5 000元以上的占13%，比非资金互助社家庭高9个百分点。由此可见，资金互助增加了村民们的收入，使更多的家庭拥有了汽车等高档耐用消费品；同时，使耐用消费品资产低于5 000元的家庭减少，这也是贫困村资金互助社带领村民脱贫的突出表现。

4. 两类家庭饮食情况对比

随着收入水平的提高，村民的饮食情况普遍改善，但是贫困村资金互助社村民饮食情况的改善要优于非贫困村资金互助社村民。本次调研数据显示，在伙食改善方面，贫困村资金互助社中5.61%的家庭伙食不变，94.39%的家庭伙食得到改善；非贫困村资金互助社中有77%的家庭伙食改善，2%的家庭伙食恶化，21%的家庭伙食不变。

另外，根据调研数据，通过纵向对比分析，可以发现贫困村资金互助社家庭的饮食的改善程度在质量和频率等方面明显提高。在资金互助社家庭中，有56.07%认为能够买到更多的米面，73.83%认为能买到更多的调味品，85.95%认为能够买到更多的动物和日常产品，30.84%认为能够买到更便利的食物，41.12%认为能够买到更多的熟食，90.65%认为能够在逢年过节吃得更好；而非资金互助社家庭的以上数据为25%、38%、55%、16%、16%、20%。

5. 两类家庭闲暇情况对比

从调研数据中还可以看到，没有参加贫困村资金互助社的村民中有8%的人无事可做的天数在50天以下，23%的人在50天到100天之间，22%的人在100天到150天之间，47%的人在150天以上；而参加贫困村资金互助社的村民在贷款后有51.4%的人无事可做的天数在50天以下，32.7%的人在50天到100天之间，10.28%的人在100天到150天之间，5.62%的人在150天以上。

由此可见，参加贫困村资金互助社的村民一年中无事可做的天数比没有参加贫困村资金互助社的村民少很多。究其原因，参加贫困村资金互助社的村民在获得贷款后会更努力地工作，以在规定的期限内还清贷款并使家庭更加富裕；在还款压力和提高收入的动力驱使下，人们会寻找更多的赚钱机会，闲暇时间自然会减少。而没有参加贫困村资金互助社的居民一般外出打工，并且工作不稳定，容易受季节和淡季的影响，待工现象时有发生，从而产生很多的闲暇时间。

6. 两类家庭储蓄情况对比

调研数据显示，该村非贫困村资金互助社成员在银行或信用社有活期存款的占非贫困村资金互助社成员总数的36%，有定期存款的占非贫困村资金互助社成员总数的35%，均未超过参与调查的非贫困村资金互助社成员总户数的40%。与非贫困村资金互助社相比，参与贫困村资金互助社的成员拥有活期存款和定期存款的比重要远高于非贫困村资金互助社成员的存款比重。其中，在贫困村资金互助社成员家庭中有活期存款的为58户，占比为54%；有定期存款的为44户，占比为41%。两种存款方式均超过了贫困村资金互助社成员总户数的40%。

资金互助社的活期储蓄比例和定期储蓄比例均高于非资金互助社，可见资金互助社的收入水平更高，同时成员的备用资金更充裕。

从储蓄变动情况看，该村中没有参加贫困村资金互助社的家庭的储蓄大部分保持不变，占储蓄总户数的71%，只有28%的家庭的储蓄实现了增加，有1%的家庭的储蓄甚至有所减少，与家庭的储蓄目的和消费情况严重不符。参与贫困村资金互助社的家庭与贷款前相比，绝大多数家庭的储蓄存款明显增加，一小部分保持不变，只有极少数家庭的储蓄存款有所减少。与非贫困村资金互助社成员相比，参与贫困村资金互助社的家庭近几年的储蓄存款增加比例高达88%，明显高于非贫困村资金互助社成员家庭；减少比例为11%，明显低于非贫困村资金互助社成员家庭。由此可见，参加贫困村资金互助社的家庭的收入储蓄和存款增加比重比没有参加贫困村资金互助社的家庭高。

7. 两类家庭妇女地位的对比

一般来说，在经济落后的贫困地区，男性一般在家庭决策中具有绝对话语权，但随着社会的进步，女性有了更多参与社会经济活动的机会。调研发现，参加贫困村资金互助社的家庭中的女性也积极地参与家庭经济活动，和丈夫一起创业，为家庭收入的提高做出了贡献，话语权也越来越大，越来越有影响力。相对来说，非贫困村资金互助社家庭的女性多留在家中务农，照顾老人和孩子，在很多家庭事务中没有话语权。

调研发现，贫困村资金互助社家庭中仅由男性户主决策的占7.47%，夫妇共同决策的占68.22%，仅由妻子决策的占24.31%；非贫困村资金互助社家庭中仅由男性户主决策的占28%，夫妇共同决策的占50%，仅由妻子决策的占22%。非贫困村资金互助社家庭的男性户主决定权是贫困村资金互助社家庭的近四倍，妇女在家庭中的地位与话语权比较低，这是其长期不与社会接触，思想受到限制的结果。有68%的贷款家庭，在关于贷款、购置家电等大件消费品决策上，多是夫妻共同决定；而非贷款家庭此项指标为50%。这一调研数据说明，有贷款的家庭的妇女在家庭中的地位和话语权有所提高。其主要原因是，贷款后家庭处于创业阶段，丈夫也面临着创业经验不足的问题，有听取各方面建议、获取信心和鼓励或支持的心理需求。此时，家庭中妻子的态度及扮演的角色就显得尤为重要。因此，在重大决策上，贷款家庭的妻子的话语权得到了明显提升。

8. 贷款和借款需求情况对比

一般来说，贫困村每家每户的储蓄并不多，在面临较大的支出时，自身的储蓄严重不足。例如，在患重大疾病或者需要投资时，需要通过借款来渡过难关。

调研发现，已经参加资金互助社的农户借款需求为100％，而没有参加资金互助社的借款需求为53％。这项数据并没有说明非贫困村资金互助社的村民比贫困村资金互助社的村民经济条件更好，而是说明贫困村资金互助社中有更多的人想要创业，如进行规模的种植或养殖。贫困村资金互助社的借款有66％用于投资，34％用于消费；而非贫困村资金互助社仅有17％用于投资，53％用于消费。贫困村资金互助社借款用于投资的比例是非贫困村资金互助社的3.89倍，用于消费的比例却比非贫困村资金互助社低35.85％。这是由于参与资金互助社贷款的家庭更加倾向于用资本创造资本，相对于非资金互助社家庭仅依靠打工、务农来创造收入，有思想上的突破；非资金互助社家庭欠缺创业、投资的想法，所以该项比例较低。此外，贫困村资金互助社家庭的收入水平比较高，可以应对一般的消费，如婚丧嫁娶、医疗等大；而非贫困村资金互助社家庭的积蓄少，收入水平低，难以应付此类支出，因此借款消费的比例较高。

三、金融扶贫直接效应实证分析

(一) 模型选择与变量选取

1. 模型选择

根据本书调研的具体情况可知，劳动力、贷款用途、贷款金额、年龄等多个因素均对农户的收入有影响，因此本书选取多元线性回归模型进行分析。

设 y 为因变量，设 x_1，x_2，…，x_k 为自变量。当自变量与因变量之间为线性关系时，则多元线性回归模型为：

$$y = b_0 + b_1x_1 + b_2x_2 + b_kx_k + \mu \tag{9-9}$$

其中，b_0 为常数项，b_0，b_1，…，b_k 为回归系数。当 b_1 为 x_1，x_2，…，x_k 固定时，x_1 为 y 的偏回归系数；同理，当 b_2 为 x_1，x_2，…，x_k 固定时，x_2 为 y 的偏回归系数。

2. 变量选取

根据经济学理论，影响产量的主要是劳动力和资本这两个生产要素。在实际的经济生活中，对于同一地区的农户来说，虽然所处的自然环境和社会环境基本相同，但农户收入的差异受资本、土地、劳动力等多种因素的影响。在此次对保定市涞水县下明峪村资金互助社成员进行小额信贷与农户生计调查的过程中，农户年龄、农户文化程度、农户劳动力人数、农户拥有的土地面积与资金等因素都可以直接影响农户的家庭收入。当农户资金短缺时，可以向下明峪村资金互助社进行贷款，缓解资金的短缺问题，并且有机会进行扩大再生产。因此，贷款次数、累计贷款金额、贷款用途对农户收入会产生一定的影响。本书选取农户的纯年收入作为因变量，选取户主年龄、户主教育水平、劳动力人数、拥有土地面积、农户贷款次数、农户累计贷款金额、农户贷款用途作为自变量，研究农村小额信贷对农户家庭收入的影响，具体的说明见表 9-1。

表 9-1　变量的选取

变量属性	变量名	符号
因变量	农户的纯年收入（千元）	Y
自变量	户主年龄	x_1
	户主教育水平	x_2
	劳动力人数	x_3
	拥有土地面积（亩）	x_4
	农户贷款次数	x_5
	农户累计贷款金额（千元）	x_6
	农户贷款用途	x_7

（二）变量统计与相关性分析

1. 变量统计

为了深入分析农户收入的影响因素，本书采取调查问卷的形式对保定市涞水县下明峪村 107 户村资金互助社成员进行了调查，并对问卷调查的数据进行了整理分析，得出了所选取变量的描述性统计分析。其中包括因变量农户纯年收入，自变量户主年龄、户主教育水平、劳动力人数、拥有土地面积、农户贷款次数、农户累计贷款金额、农户贷款用途的一般统计结果，以及样本量、最大值、最小值、平均值、标准差等统计指标。对变量的描述性统计见表 9-2。

表 9-2 变量的描述性统计

变量	样本量	最小值	最大值	平均值	标准差
农户的纯年收入(千元)	107	13	87	43.32	15.74
户主年龄	107	27	78	48.35	11.86
户主教育水平	107	1	4	2.49	0.76
劳动力人数	107	0	4	1.98	0.99
拥有土地面积(亩)	107	0	10.7	2.48	1.65
农户贷款次数	107	1	5	2.48	1.15
农户累计贷款金额(千元)	107	2	37	13.69	7.88
农户贷款用途	107	1	2	1.80	0.40

注：户主教育水平：1=不识字；2=小学；3=中学；4=高中；5=其他。农户贷款用途：1=消费；2=投资。数据来源为附录一中的调研原始数据。

由表 9-2 可知，保定市涞水县下明峪村资金互助社的 107 户成员，在 2016 年纯年收入的平均值为 43.32 千元，其中最大值为 87 千元，最小值为 13 千元，说明农户之间的收入差距较大；农户平均年龄为 48 岁，表明村中户主大部分为中老年人，青壮年较少。在调研过程中发现，年龄对家庭年收入有一定影响，年龄较小者更容易接受贷款，更容易通过贷款增加收入；村民受教育程度大部分为小学和中学，平均劳动力人口数约为 2 人，平均拥有土地面积为 2.48亩。一般来说，受教育水平越高，劳动力人数越多，拥有土地面积越大，农户的年收入应该越多，但由于山里的环境不适合种植农作物，农作物的价值较低，只能靠种植经济作物来增加收入。农户平均贷款次数为 2.48 次，最多有 5 次，最少有 1 次；农户累计贷款金额平均为 13.6 千元，最少为 2 千元，最多为 37 千元。这表明大部分村民逐渐开始接受村资金互助社这种小额信贷的形式。农户的贷款用途相对于消费来说倾向于投资项目，因为农户需要通过贷款来增加收入。

2. 变量相关性分析

在对农户收入影响因素进行回归分析之前，必须对选取变量的相关性进行分析。相关是回归分析的前提，因此只有先确定两个变量是否相关才能进行回归分析，对两个不相关变量进行回归分析是没有意义的。对选取变量的相关分析见表 9-3。

表 9-3 变量的相关系数

变量	农户的纯年收入（千元）	户主年龄	户主教育水平	劳动力人数	拥有土地面积（亩）	农户贷款次数	农户累计贷款金额（千元）	农户贷款用途
农户的纯年收入（千元）	1	−0.38	0.17	0.35	0.03	0.43	0.43	0.42
户主年龄	−0.38	1	−0.41	−0.53	0.16	−0.32	−0.25	−0.08
户主教育水平	0.17	−0.41	1	0.08	−0.06	0.04	0.15	0.07
劳动力人数	0.35	−0.53	−0.08	1	−0.1	0.22	0.08	0.06
拥有土地面积（亩）	0.03	0.16	−0.06	−0.1	1	0.09	0.09	−0.02
农户贷款次数	0.43	−0.32	0.04	0.22	0.09	1	0.57	0.1
农户累计贷款金额（千元）	0.43	−0.25	0.15	0.08	0.09	0.57	1	0.17
农户贷款用途	0.42	−0.08	0.07	0.06	−0.02	0.1	0.17	1

数据来源：根据调研问卷整理计算所得（附录一）。

表 9-3 是因变量家庭纯年收入和自变量之间的相关系数。由表 9-3 中的数据可知，相关系数的大小顺序为：农户累计贷款金额＝贷款次数＞贷款用途＞户主年龄＞劳动力人数＞户主教育水平＞拥有土地面积。大多变量与农户纯年收入正相关，只有年龄与收入负相关。农户贷款用途、农户累计贷款金额、农户贷款次数与农户纯收入的相关性较强。大部分贷款者都将贷款用来投资，而用来投资的农户比用来消费的农户的年收入更多，原因是投资可以获得收益，即“钱生钱”。农户累计的贷款金额越多，则收入越多，因为农户可用投资资金多，投资规模大，可以创造更大的财富。贷款次数对农户年收入同样有重要影响。贷款次数多，说明农户在第一次、第二次的贷款中获得了收益，希望通过再一次的贷款获取更大的收益，或者是因为需要通过多次贷款进行资金周转以避免收入损失。户主年龄和劳动力人数对于年纯收入的影响也较大。实际社

会调研结果显示，年轻农户对新鲜事物的接受能力较强，更有动力加入贫困村资金互助社，希望用贷款进行投资，以增加收入。此外，劳动力人数越多，可以务工务农的人数就越多，收入也越高。

户主的教育水平和拥有土地面积对农户纯收入的影响较弱。村民受教育程度大部分为小学和中学，几乎没有太大的差距。拥有土地面积多的农户主要是种植经济作物，但是家里的耕地出租给了本村的蘑菇种植基地，只有少数农户利用没有出租的耕地或者租用土地种植经济作物，租金收入并不多，在年收入中占据了很小的部分，相关性很小。

农户贷款次数和农户贷款金额两个变量的相关系数为0.43，说明变量间的相关性较强。需要注意的是，同时将两个变量引入计量经济模型，有可能由于两个变量的内生性导致模型出现多重共线性的问题。因此，在进行回归分析时，应结合两个变量的显著性，只保留其中一个变量。

(三) 模型构建与检验

1. 回归模型构建

对于某地区的农户来说，他们所处地区的经济发展水平等外部环境是相同的，农民间的收入差异主要受到资本、土地、劳动力等因素的影响。随着经济发展和科技进步，农户文化水平的高低对农民收入的影响越来越大。在农村，农民拥有的土地面积对农民收入有很大影响，贷款次数及累计贷款金额也是研究农村小额信贷的关键因素。因此，在实证模型中，累计贷款金额、贷款次数、贷款用途可作为资本要素与年龄、教育水平、劳动力人数、拥有土地面积等其他因素共同作用，提高农民的收入水平。下面将利用多元回归的方法，研究小额信贷对农户家庭收入的影响。多元线性回归模型如下所示。

$$y_i = b_0 + b_1 x_{1i} + b_2 x_{2i} + b_3 x_{3i} + b_4 x_{4i} + b_5 x_{5i} + b_6 x_{6i} + b_7 x_{7i} + m_i \quad (9\text{-}10)$$

其中，y_i 是农户的纯年收入，x_{1i} 是户主年龄，x_{2i} 是户主教育水平（1=不识字，2=小学，3=中学，4=高中，5=其他），x_{3i} 是劳动力人数，x_{4i} 是拥有土地面积，x_{5i} 是贷款次数，x_{6i} 是累计贷款金额，x_{7i} 是贷款用途，b_i 是待估计系数，m_i 是随机误差项。

2. 估计与检验

根据上述多元线性回归模型的设定和从保定市涞水县下明峪107户贫困村资金互助社成员调查问卷中获得的数据，采用SPSS软件进行多元线性回归模型的OLS估计与整个回归模型显著性的检验。由于变量农户的贷款次数和农户贷款金额的相关性较强，在进行回归估计时为避免由于两个变量的内生性导致模型出现多重共线性的问题，应比较两个变量的回归结果，保留农户贷款金额变量的最优模型。估计和检验结果见表 9-4 和表 9-5。

表 9-4　回归模型的显著性检验

模型	平方和	自由度	均方	*F* 统计量	*P* 值
回归	11 583.01	7.00	1654.72	11.16	0.00
残差	14 685.19	99.00	148.34	11.06	0.00
总计	26 268.20	106.00	—	—	—

由表 9-4 中的数据可知，多元线性回归模型的 F 统计量为 11.06，相应的 P 值约为 0。在 5%显著性水平下，多元线性回归模型的整体是显著的，拟合效果较好，即户主年龄、户主教育水平、劳动力人数、拥有土地面积、农户累计贷款金额、农户贷款用途这六个自变量对因变量（农户纯年收入）的影响非常显著。

表 9-5　回归模型的系数

变量	非标准化系数	标准误差	*t* 统计量	*P* 值
（常量）	2.573	12.816	0.200	0.842
户主年龄	−0.134	0.138	−0.965	0.377
户主教育水平	0.174	1.770	0.663	0.509
劳动力人数	3.485	1.446	2.411	0.018
拥有土地面积(亩)	0.382	0.737	0.519	0.605
农户累计贷款金额(千元)	2.554	0.188	2.242	0.027
农户贷款用途	13.499	3.017	4.475	0.000

数据来源：实地调研问卷。

根据表 9-5 中多元线性回归模型的 OLS 估计结果，可以得到各个自变量的非标准化系数、标准误差、t 统计量、相应的 p 值。在 5%显著性水平下，农户贷款用途和劳动力人数这两个变量对农户纯收入的影响非常显著；在 10%显著性水平下，农户贷款用途、劳动力人数、农户累计贷款金额对农户纯收入的影响较为显著，户主年龄、户主教育水平、拥有土地面积这三个变量对农户纯收入的影响不显著，但是这些变量具有一定的经济意义。根据表 9-5 的估计结果，多元线性回归模型应为：

$$y_i = 2.57 - 0.13x_{1i} + 3.49x_{3i} + 0.38x_{4i} + 2.55x_{5i} + 13.5x_{6i} \quad (9\text{-}11)$$

（四）回归结果分析

根据上述多元线性回归模型的 OLS 估计结果，影响农户收入的主要因素是农户贷款用途、劳动力人数、农户累计贷款金额。其中，农户贷款用途和劳动力人数对农户收入的影响最为显著，其次是农户累计贷款金额；户主年龄、户主教育水平、拥有土地面积这三个变量对农户纯收入有影响，但影响不大。

农户贷款用途和劳动力人数对农户收入的影响最为显著。根据上述回归结果，假设其他自变量保持不变，农户贷款用途是消费，平均年收入为 13.5 千元；如果农户贷款的用途是投资，则平均年收入为 27 千元，两者之间的平均年收入相差 13.5 千元。这符合金融扶贫直接作用的机理，即在农户初始资本很低的情况下，通过村资金互助社获得原始资本，用于种植经营投资和养殖经营投资，增加农户的年收入。

农户累计贷款金额对农户收入的影响较为显著。农户累计贷款金额的最小值为 2 千元，最大值为 37 千元，最大值与最小值相差 35 千元，相差较大，拉大了村民收入差距；农户累计贷款金额的平均值为 13.69 千元，年收入平均额为 43.32 千元，减去非贷款所获收入，可以说小额贷款具有一定的杠杆性。

总之，从整体来看，户主年龄、户主教育水平、劳动力人数、拥有土地面积、农户累计贷款金额、农户贷款用途这六个自变量对因变量农户纯年收入的影响非常显著。此回归结果符合金融扶贫直接作用的机理，也证实了贫困村资金互助社这种农村小额信贷资金对促进农民收入的增加起到了较为显著的作用。

（五）小额信贷扶贫效应分析与政策建议

1. 小额信贷扶贫效应分析

（1）小额信贷扶贫政策对农民增收的积极作用

从总体上说，贫困村资金互助社这种小额信贷扶贫政策安排对促进农民收入的增加起到了一定的积极作用，证明了金融扶贫的必要性和可行性。尤其是对于农村中青年来说，他们有脱贫的强烈意愿，也有脱贫的能力，但是缺乏初始投资资金，而类似贫困村资金互助社这种小额信贷扶贫政策对这些具有发展意愿和发展能力的相对贫困农户的增收具有重要作用。

（2）社会保障政策应进一步完善

对于农村老年人、残疾人、因病致贫的人来说，贫困村资金互助社这种小额信贷扶贫政策的作用不太大，只能缓解一时的贫困，不能使他们摆脱贫困的陷阱。因此，对于农村老年人、残疾人、因病致贫的生存型绝对贫困人口来说，只有社会保障才能解决他们的贫困难题。

（3）小额信贷政策的作用有待进一步开发

由于贷款金额较小、好的投资项目难寻等因素，农村小额信贷在促进农户增收方面的作用未完全发挥出来。

2. 政策建议

（1）政府应积极支持小额信贷组织的发展

政府要积极支持类似贫困村资金互助社的小额信贷组织的发展，小额信贷组织也要安排专业人员进行小额信贷管理工作。同时，还应注重对小额信贷组织管理层的培训，建立完备的业务流程及规章制度，逐步完善内控机制，实现类似贫困村资金互助社的公益性小额贷款组织的可持续发展。

（2）正规金融机构应加大金融改革和创新力度

类似贫困村资金互助社等非正规金融机构的小额信贷机构一般资产规模较小，单次贷款金额较小，虽然在解决贫困农户流动资金不足方面有一定作用，但是支持贫困农户创业或扩大生产规模的信贷资金明显不足。因此，需要正规金融机构充分利用自身具备的人才、技术、资金、管理等方面的优势，加大金融产品创新力度，扩大金融产品服务范围，研发适合贫困地区农村金融市场的金融产品，解决贫困农户贷款难的问题。

（3）积极探索正规金融机构和非正规金融机构对接机制

大型商业银行和政策性银行拥有资金、技术、管理等方面的优势。一般情况下，贫困地区农村金融市场面临信息不对称、单位贷款运营成本高的现实难题，而类似贫困村资金互助社形式的内生性非正规金融机构具有地缘优势和信息优势。因此，双方应发挥各自比较优势，进行对接和联结，采取批发贷款、委托代理等方式，向有发展意愿和能力的贫困农户提供贷款，降低贷款风险。

第二节　金融扶贫间接作用机理及效应实证

一、金融扶贫间接作用机理描述

（一）金融发展的增长效应分析

1. 金融发展加快储蓄向投资转化

（1）金融发展影响储蓄供给

金融发展对储蓄供给的影响主要表现为借助金融中介的货币存储机制，一部分货币会暂时退出流通领域而转变为未来投资或消费。在这一转变过程中，货币会产生利息，利息的产生代表了货币增值，进而有效带动消费。货币被占用的时间不同，其存储利率也不尽相同，储蓄理财产品在一定程度上为居民提供了多种选择，保证居民能够结合自身偏好进行选择，同时还为居民提供了一定的风险防范手段，极大增强了居民的储蓄意愿。

（2）金融发展影响投资需求

金融发展对投资需求的影响有两点：一是利率水平的高低直接对投资需求产生抑制和刺激作用，二是金融创新的发展对投资需求的影响越来越大，纷繁多样的金融工具为企业提供了能够满足不同需求的债务工具组合。另外，金融市场的创新也为投资者提供了更加有效的规避风险的场所，可以减少筹资风险，降低企业融资成本，有利于增强企业的投资意愿。

（3）金融发展促进储蓄向投资转化

金融机构作为特定的中介服务机构，能够将投资主体和储蓄主体有机地联系在一起，使储蓄转化为投资，进而使货币转化为资本，并促使资本质量得到显著提升。金融工具的创新为储蓄供给者转变为投资者提供了具体的载体，同时更好地满足了储蓄供给者和投资者的需求。金融市场的创新能够为这一过程提供更为便利的交易场所和科学的规则，切实为储蓄供给者和投资者节约交易费用，提高市场效率。金融监管体制的创新能够促使金融行业管理呈现出规范化和制度化的发展趋势，并为储蓄转化为投资后所产生的金融风险的化解提供良好的支持。金融机构的创新能够进一步丰富和完善金融机构的中介职能，对储蓄向投资转化的业务经营方式产生一定的影响，促使不同机构形成个性化的经营管理理念，进而拓展储蓄——投资转化渠道。

(4) 金融发展促进资源合理配置

金融发展在构建有效价格体系方面会产生积极影响，能够明确地反映出不同金融工具之间的差异，进而结合这些差异形成对资源实施合理配置的利率体系，有效解决资源配置不合理的问题，促使资本从传统收益率较低的投资项目逐渐向收益率高的项目转移，提升储蓄向投资转化的成功率。

2. 金融发展促进人力资本形成

信贷市场的存在对劳动力以及教育专业化分工有积极影响，因此逐步增加教育经费投入必然可以促使教育效率得到显著提升，进而为人力资本的形成和经济增长提供相应的动力。逐步加大对人力资本的投入，促使与人力资本有关的生产效率得到相应的提升，是金融发展对人力资本形成产生影响的主要渠道之一。

具体而言，金融发展对人力资本的形成具有积极影响，主要表现在三个方面：一是向受教育者提供一定的消费信贷，进一步促进劳动和教育的分工发展，逐步提升教育效率；二是为人力资本生产活动中的工作人员提供特定的资金支持，如结合人力资本生产活动需求进一步加大基础教育投资，购买大量的基础教育书籍，为教育人员提供相应的教育费用等，为人力资本生产活动的开展提供良好的资金保障；三是借助逐步降低人力资本投资的方式来规避风险，鼓励教育投资，为人力资本生产教育活动的开展提供特定的保障。

3. 金融发展推动技术不断进步

近年来，随着经济领域对金融的关注明显增加，内生经济增长研究理论逐渐兴起，越来越多的学者开始关注金融发展与技术进步两者之间的关系，为金融发展促进经济增长作用的发挥提供了相应的支持。相关学者认为，资本积累固然会对一个国家的经济增长产生极其重要的影响，但是其仅能够发挥一定的基础效应。相对来说，技术的进步才是逐步推动经济增长的核心要素。因此对于一个国家的经济增长而言，最为重要的就是借助金融发展促进技术创新，为经济增长提供可持续的支持。

首先，金融发展能够有效降低因引进先进技术而形成的固定成本。基于此，应为学习和吸收先进技术的企业提供一定的信贷支持。企业在金融支持下能够结合自身的发展需求购入一定的新设备，购买关键技术，聘请高素质管理人员，对企业组织结构进行改革和重构等，逐步改善企业的经营管理状况。同时，信贷效率的提升可以促使企业在使用先进技术的过程中形成的初始固定成本显著降低，从而保证企业对先进技术的吸收能力逐步提高。

其次，金融发展对降低自主创业门槛也产生了一定的积极影响。在便捷、有效率的金融体制的支持下，自主创业主体能够借助人员培训和人员流动效应获取相应的技术和管理经验，并在此基础上借助自主创业和外商直接投资（Foreign Direct Investment，FDI）[1] 生产部门所产生的示范、竞争效应等，促使技术水平得到进一步提升。金融发展会降低自主创业的门槛，促使更多的人加入自主创业活动。

最后，金融发展不仅有利于培养企业家的创新精神，也能够借助相应的教育和培训培养新的创新主体，为企业发展提供特定的支持。从相关调查研究中可以看出，金融发展借助技术创新全面促进经济增长的重要方式就是对金融资源进行科学的配置。

4. 金融发展促进经济增长模型

金融发展促进经济增长可用内生经济增长模型和新古典增长模型来表示。两个模型的具体推导过程如下。

（1）内生经济增长模型

假定资本的边际产品不变，并且资本是唯一的投入要素，则有

$$Y = aK \tag{9-12}$$

其中，Y 为人均产出，a 为反映技术水平的常数，K 为资本存量。

假定此处的储蓄率为固定值 s，并且人口没有呈现出增长的趋势，资本折旧可以忽略不计，此时所有储蓄都可以用来提升资本存量，即

$$\Delta K = sY = saK$$

或

$$\frac{\Delta K}{K} = sa \tag{9-13}$$

由式（9-13）可以看出，资本增长率与储蓄率之间存在正比例关系，同时由于产出和资本之间同样存在正比例关系，可以对产出增长率进行计算。产出增长率为：

$$\frac{\Delta Y}{Y} = sa \tag{9-14}$$

[1] 外商直接投资是外国企业和经济组织或个人（包括华侨、港澳台同胞以及中国在境外注册的企业）按中国有关政策、法规，用现汇、实物、技术等在中国直接投资的行为，包括在中国境内开办外商独资企业，与中国境内的企业或经济组织共同举办中外合资经营企业、合作经营企业或合作开发资源的投资（如外商投资收益的再投资），以及经政府有关部门批准的企业从境外借入的在项目投资总额内的资金。

也就是说，储蓄率越高，产出增长率越高。

完善的内生增长模型不仅包含资本，也适当涉及劳动力方面的内容。假定技术和总体经济中的每一个个体的资本水平都保持正比关系，则

$$A = aK/N = ak \tag{9-15}$$

其中，A 代表技术水平，N 代表劳动，k 代表人均资本。

假定在此处技术类型为劳动增长型，可以得出生产函数为 $Y = F(K, AN)$。这样就能够明确技术增长不受外生规定的决定性影响，而且与资本的增长之间存在密切的联系，即

$$\Delta A/A = \Delta K/K - \Delta N/N \tag{9-16}$$

根据

$$\Delta k = sy - (n + d)k \tag{9-17}$$

可得

$$\Delta y/y = \Delta k/k = syk - (n + d) = sa - (n + d) \tag{9-18}$$

其中，y 代表人均产量，s 代表储蓄率，n 代表人口增长率，d 代表折旧率，sy 代表人均储蓄。

由此可得，高储蓄率的存在必然会促使高增长率的形成，而人口增长率和高折旧率也会对增长率产生影响，导致增长率降低。

（2）新古典增长模型

新古典增长理论注重资本积累及其与储蓄决策等的联系，假定经济达到稳态均衡。

该模型首先假设人口增长率 n 恒定，即

$$n = n = \Delta N/N \tag{9-19}$$

因此，经济需要投资 nk 为新工人提供资本。

其次，假定折旧率是资本存量的不变比率 d %，对新机器的需求增加了 dk，由此可得，保持人均资本水平要求的投资是 $(n + d)k$。最后，假定不存在政府部门、资本流动、对外贸易，储蓄率是 s，则人均储蓄为 sy。由于人均生产函数为 $y = f(k)$，可以得出：

$$sy = sf(k) \tag{9-20}$$

如果人均资本的净变化为 Δk，是储蓄比必要投资多出的部分，则模型为：

$$\Delta k = sy - n + dk \tag{9-21}$$

如果稳态定义为 $\Delta k = 0$，则人均收入与人均资本的稳态 y^*、k^* 满足

$$sy^* = sf(k^*) = (n+d)k^* \tag{9-22}$$

这一模型在研究中并没有对投资情况进行预期，在一定程度上对有保证的经济增长率和实际增长率之间的不稳定关系进行了回避，因此对此进行研究能够得到相应的结论，即经济呈现出稳定增长态势。

索洛（Solow）在对增长模型进行研究的过程中构建了相应的索洛增长模型[1]。这一模型假设生产和供给方面：$Y=F(K, N)$，使用增长率来预测投入和产出增长的关系，即增长核算方程：

$$\Delta Y/Y = 1 + \theta \times \Delta N/N + \theta \times \Delta K/K + \Delta A/A \tag{9-23}$$

其中，θ 代表信息投入的产出弹性。

索洛还发现技术进步、劳动供给增加和资本积累是经济增长的重要决定因素。

索洛余量为：

$$\Delta A/A = \Delta Y/Y - 1 - \theta \times \Delta N/N - \theta \times \Delta K/K \tag{9-24}$$

索洛对经济增长的过程进行了概括，认为在任何一个时期内，生产要素产生的直接报酬都可以进行适当的调整，进而保证经过调整劳动力和资本能够得到较为充分的利用。这样一来，在研究中就能够借助生产函数公式对档期产出的量加以计算。基于此，对储蓄倾向进行研究，就可以看出净产出将会在储蓄和投资方面得到应用，从而完成对当期资本净积累的计算；而已经积累的存货数量可以为下一期的经济活动提供充分的资本。

（二）经济增长减缓贫困途径分析

经过以上分析可知，金融发展能够从促进储蓄向投资转化、推动人力资本形成和加快技术进步三个方面促进经济持续增长。经济增长主要通过两条途径来影响贫困：一是涓滴效应，二是亲贫困增长。

第一，涓滴效应。经济增长过程中产生的涓滴效应认为，经济增长可以提升国内经济水平，促使财政税收进一步增加。经济增长过程中采取的措施可以为贫困者创造更多的就业机会，其带来的收益将自发从富有群体向贫困群体流动。较高的人均收入或消费有利于缓解贫困。涓滴效应理论的支持者在研究中提出减少富裕者的税收能够促使投资和消费得到相应的增加，进而推动经济增

[1] 索洛模型又称新古典经济增长模型、外生经济增长模型，是新古典经济学框架内的经济增长模型。该模型是索洛于1956年首次创立的，用来说明储蓄、资本积累和经济增长之间的关系。自建立以来，该模型一直是分析以上三个变量之间关系的主要理论框架。

长。经济增长一方面可以使富裕家庭的消费增加，在很大程度上提升整个国家的经济水平，从而提升农村贫困家庭的收入水平。另一方面，经济社会的高速发展对投资和贸易的扩张具有一定的刺激，继而促进企业投资项目的增加，增加贫困人口参与经济增长的机会。经济增长为农村劳动人口创造了更多运用其劳动力就业的机会，可以使家庭的收入来源多元化，从而大幅降低绝对贫困程度。

第二，亲贫困增长。亲贫困增长是一种能够保证贫困人口直接参与社会经济活动并获得特定效益的经济增长模式。主张亲贫困增长的学者在研究中指出，政府部门应该结合实际情况尝试制定科学的发展战略，并借助这一战略逐步缩小贫富差距，促进贫困人口利用新出现的经济增长点来提高自身实力，使贫困人口有机会分享经济增长的福利。

亲贫困增长表明，如果所产生的全部收入都基于同一比率逐步增加，贫困就会以更快的速度下降。因此，从这一层面进行分析，亲贫困增长的实质就是使经济发展成果直接惠及贫困人口，主要体现在以下三个方面。

①通过税收、转移支付和政府购买服务等减缓贫困。高的经济增长率可以增加税收收入，从而增加政府在贫困地区的社会财政支出。例如，加强贫困地区道路、水利等基础设施建设；通过加大对贫困人口的医疗卫生、教育、营养等基本公共服务的供给，向贫困人口进行人力资本投资，提高贫困人口参与经济增长的能力，从而达到减贫的效果。

②发展劳动密集型财政。增长的方式和效率同等重要，劳动密集型的增长使贫困人口可使用其主要财富——劳动力，它能为贫困人口提供工作机会并提高收入，如东南亚国家采用的就是这种增长方式。这些国家强调的是进行广泛的农业开发和发展劳动密集型工业，在缓解贫困方面取得了好成绩。

③政府采取有利于经济增长和贫困人口增加收入的宏观调控措施。例如，放开农产品价格以及对农产品实施最低收购价格等惠及农村贫困人口；消除不利于就业的歧视现象（如对劳动力流动性的限制）。

综上分析可以看出，经济增长是贫困减缓的前提条件，如果政府能配合出台一系列扶贫政策，实施“亲贫困”经济增长，那么减贫效果会更加显著。

（三）金融发展的收入分配效应

当一个国家在收入分配方面出现不公平和不平等现象时，即使社会的经济增长率仍然保持较高水平，也无法减缓贫困。一般来说，经济增长能够对减缓贫困产生有利影响，但是收入分配差距会在一定程度上造成不同国家或地区的贫困人口在经济增长过程中得到的利益不尽相同。

本书认为，收入分配差距的不断扩大，不仅会对“涓滴效应”的形成造成阻碍，甚至会导致“马太效应”的出现，最终使社会上的财富都聚集在富人手中，而贫困人口无法获得经济增长带来的收益。除此之外，收入分配差距的进一步扩大还会造成贫困人口进一步丧失生产资料，从而陷入贫困的恶性循环，阻碍整个社会经济的发展，对减缓贫困产生不利影响。

1. 初始收入不平等对贫困人口的影响

虽然经济增长能够对减缓贫困产生积极影响，但是并不能得出经济增长是贫困减缓的充分条件的结论。经济增长要想保证自身减缓贫困的作用得到充分的发挥，就要保证自身具有广泛的包容性，促使经济增长的效应能够惠及贫困人口。同时，经济增长对减缓贫困的作用也会受到贫困人口参与经济增长的资产基础等相关因素的限制。初始收入差距对经济增长减缓贫困的效果具有重要的影响，经济增长对贫困减缓的影响程度与收入的初始状况有一定的关系。也就是说，初始收入分配差距越小，贫困减缓的效果就愈加明显；初始收入分配差距越大，贫困减缓的效果就越不明显。

2. 收入差距扩大对贫困人口的影响

收入差距的扩大会使经济增长“涓滴效应”的作用逐渐丧失，造成收入分配过程中出现“马太效应”，即富裕的人更加富裕，贫困者更加贫困，对贫困地区经济条件的改善产生不利影响。收入分配差距的进一步扩大会造成农村地区贫困人口所能获得的利益增长份额逐渐减少，甚至形成低收入群体的收入恶性循环，最终对贫困的减缓产生较大的负面影响。

根据以上分析结果，可将金融发展带来的经济增长、收入分配和贫困之间的关系具体表述为以下三点。

一是在收入分配不平等模式（基尼系数）既定或不变的情况下，人均国民收入水平愈高（低），贫困人口经济福利状况愈好（差），贫困发生率愈低（高）。也就是说，在收入分配模式既定的情况下，经济增长是减贫的关键因素。

二是在经济增长水平（人均国民收入）一定的情况下，贫困人口的经济福利（贫困发生率）随着收入分配不平等的改善而改善（或降低）。也就是说，在经济增长水平一定的情况下，改善收入分配不平等的问题是减贫的关键因素。

三是在没有发生经济增长或经济增长水平极低的国家或地区，如果收入分配严重不平等，就会出现严重的极端贫困问题，贫困发生率较高。

二、金融扶贫间接效应实证分析

（一）金融发展对绝对贫困的间接影响

1. 变量与数据

绝对贫困也称为“生存贫困”，与维持生命的最低物质条件相关。因此，本书采用农村居民恩格尔系数（ECO）来衡量绝对贫困状况。农村居民恩格尔系数是农村居民消费中用于食物支出占总支出的比率，如果农民收入提高，恩格尔系数下降，说明农村居民生活水平提高，能够维持基本生存水平，注重其他精神方面的享受。因此，农村居民恩格尔系数越大，绝对贫困程度越高；农村居民恩格尔系数越小，绝对贫困程度越低。

国际上通常采取 GDP、人均 GDP 增长率和人均 GDP 来衡量一国经济增长的速度和水平。人均 GDP 是衡量一个国家经济运行状况的重要指标，反映了一个国家的生活水平和富裕程度。本书选用人均 GDP 来反映经济增长，并取对数 ln_{PGDP}。金融发展可以用金融发展规模来衡量，最常用的方法是金融相关比率（FIR），它有两种计算方法，其中戈氏指标为金融资产总量与生产总值之比，而麦氏指标为广义货币存量 M2 与生产总值之比。由于相关数据资料不全，无法直接使用戈氏指标和麦氏指标，本书只能采用我国金融机构存款和贷款合计与 GDP 的比值来计算金融相关比率。该指标越大，说明金融发展规模越大。

FISC 为财政支农总额占 GDP 的比重。由于农业本身的弱质性，改进财政对农业的投入方式和加大投入力度以及财政对农业的保护力度，能够反映政府经济政策的效果，体现经济增长对缓解绝对贫困的作用。表 9-6 为各变量的定义及计算方法。

表 9-6　各变量定义与计算方法

变量符号	指标含义	变量的计算方法
ECO	绝对贫困指标	农村居民恩格尔系数
ln_{PGDP}	经济增长	人均 GDP 对数
FIR	金融规模	金融机构存款和贷款合计与 GDP 的比值
FISC	财政支农	财政支出占 GDP 的比重

鉴于时间序列分析对数据的要求，本书选择了 1978—2014 年的数据。数据主要来源于历年《中国统计年鉴》《新中国六十年统计资料汇编》和《中国金融年鉴》等（附录二、附录三）。表 9-7 为各变量的统计性描述。

表 9-7　各变量的统计性描述

变量	ECO	$\ln_{PGDP}$	FIR	FISC
均值	0.520 5	8.374 9	1.939 2	0.012 9
中位数	0.548 1	8.682 4	1.806 8	0.011 1
最大值	0.677 0	10.762 2	3.036 5	0.022 4
最小值	0.370 0	5.953 2	0.827 9	0.007 0
标准差	0.082 3	1.529 0	0.686 7	0.005 1
观测值	37	37	37	37

2. 单位根检验

为了防止产生伪回归，需要对时间序列数据进行单位根检验。本书利用统计软件 Eviews8.0 对数据进行了单位根检验。

检验结果见表 9-8，可得 ΔECO、$\Delta\ln_{PGDP}$、ΔFIR、ΔFISC 序列在一阶差分后是平稳的，因此 ECO、$\ln_{PGDP}$、FIR 和 FISC 变量均为 $I(1)$ 序列。

表 9-8　指标数据的单位根检验结果

指标	ADF 检验值	临界值（1%）	临界值（5%）	临界值（10%）	概率值 P	结论
ECO	−1.797 27	−4.234 97	−3.540 33	−3.202 45	0.685 2	不平稳
$\ln_{PGDP}$	−1.237 98	−4.273 28	−3.557 76	−3.212 36	0.885 0	不平稳
FIR	−0.553 32	−3.639 41	−2.951 13	−−2.614 30	0.868 0	不平稳
FISC	−1.012 59	−4.234 97	−3.540 03	−3.202 45	0.929 6	不平稳

3. 模型构建与协整检验

经过单位根检验可知，各变量都是一阶单整序列，则变量间有可能存在长期稳定的关系。因此，应用 EG 两步法进行协整检验，判断变量之间是否存在协整关系。

首先，应建立 ln_{PGDP} 与 FIR 的回归模型，运用 OLS 进行协整回归，得到协整方程：

$$ln_{PGDP} = 4.1514 + 2.178FIR$$
$$(25.8099)\ (27.8142) \qquad (9\text{-}25)$$
$$R^2 = 0.956\ 7\ \overline{R^2} = 0.955\ 5 F = 773.63$$

之后，对协整方程中的残差项 e_t 进行单位根检验。e_t 的 ADF 统计量为 $-4.008 < C0.01 = -2.633$，在 1%的显著水平下是平稳的，说明人均 GDP 与金融发展规模之间存在长期均衡的协整关系。从方向来看，金融相关比率（FIR）与人均 GDP（ln_{PGDP}）之间呈正向关系，即金融相关比率越大，人均 GDP 越高，经济发展越快。从实证的结果可以得出，现阶段扩大金融发展规模对经济增长具有积极的作用。金融发展可以动员储蓄，增加农村物质资本的积累，通过投资效应提升人力资本积累水平，通过资源配置效应推动技术进步，从而促进农村经济增长。

之后，建立 ECO 与 ln_{PGDP}、FISC 的回归模型，运用 OLS 进行协整回归，得到协整方程：

$$ECO = 0.965\ 9 - 0.049\ 2ln_{PGDP} - 2.594FISC$$
$$(34.530\ 7) \quad (-15.878\ 7) \quad (-2.774\ 0) \qquad (9\text{-}26)$$
$$R^2 = 0.888\ 2\ \overline{R^2} = 0.881\ 7F = 135.009$$

对协整方程中的残差项 e_t 进行单位根检验。e_t 的 ADF 统计量为 $-2.5733 < C0.05 = -1.9504$，在 5%的显著水平下是平稳的，说明变量之间存在协整关系，即人均 GDP、财政支农与农村居民恩格尔系数之间存在长期均衡关系。人均 GDP（ln_{PGDP}）与农村居民恩格尔系数（ECO）之间呈显著的反向关系，即人均 GDP 越大，农村恩格尔系数越小，绝对贫困水平越低。这说明在经济增长的影响下，贫困地区的生产条件能够得到相应的改善，生产力水平不断提升，农村贫困人口从事非农就业活动的机会增加，农村贫困人口的技能得到提高，家庭的收入来源多元化，农村居民的收入增加，绝对贫困程度大幅降低。

财政支农占比（FISC）与农村居民恩格尔系数（ECO）之间也呈显著的反向关系，即财政支农占比越高，农村恩格尔系数越小，财政支农对恩格尔系数的下降具有促进作用。从实证的结果可以得出，政府加大了财政对农业的保护力度，对“三农”的经济政策效果已经显现。经济的增长在一定程度上会促使经济建设过程中产生的财政资源进行重新分配，这种重新分配方式会逐步扩大对农村地区、贫困地区的投资或者为贫困人口提供大范围的转移支付。这与前面的理论分析是一致的。

4．格兰杰因果检验

协整检验表明，金融发展规模与人均GDP之间，人均GDP、财政支农与农村居民恩格尔系数之间存在长期均衡的关系，但是不能判断金融发展规模与人均GDP之间，人均GDP、财政支农与农村居民恩格尔系数之间存在的因果关系。因此，还需要进行格兰杰因果关系检验，结果见表9-9。

表9-9　格兰杰因果关系检验结果

原假设	*F* 值	*P* 值	结论
PGDPdoes not Granger Cause FIR	9.016 0	0.000 9	拒绝
FIR does not Granger Cause PGDP	13.143 8	0.000 1	拒绝
PGDPdoes not Granger Cause ECO	2.396 5	0.078 4	拒绝
ECO does not Granger Cause PGDP	1.242 9	0.319 5	接受
FISC does not Granger Cause ECO	12.575 3	0.000 1	拒绝
ECO does not Granger Cause FISC	0.055 9	0.945 7	接受
FISC does not Granger Cause PGDP	0.601 9	0.554 2	接受
PGDP does not Granger Cause FISC	6.936 5	0.003 3	拒绝

表9-9中的检验结果显示，FIR与人均GDP互为格兰杰因果关系，说明金融发展规模与经济增长之间存在因果关系。人均GDP在10%的显著性水平下拒绝原假设，是农村居民恩格尔系数ECO的格兰杰原因，而农村居民恩格尔系数ECO不是金融相关比率FIR的格兰杰原因；财政支农FISC是农村居民恩格尔系数ECO的格兰杰原因，但农村居民恩格尔系数ECO不是财政支农FSC的格兰杰原因，它们之间存在单向的因果关系；人均GDP是财政支农FSC的格兰杰原因，但财政支农FISC不是人均GDP的格兰杰原因。

因此，金融发展与经济增长互为因果关系，而人均GDP、财政支农对绝对贫困减缓具有显著的格兰杰影响。由此可见，金融促进经济增长，经济增长对缓解贫困具有积极影响，金融发展对缓解贫困的间接作用得以显现，与协整分析的结果相一致。

(二) 金融发展对相对贫困的间接影响

本部分通过建立 VAR 模型，运用脉冲响应函数和方差分解来分析金融发展对相对贫困的间接影响。

1. 变量与数据

收入差距是反映贫富差距的重要指标，本书采用城乡收入差距来衡量相对贫困程度。反映城乡收入差距的指标有很多，如泰尔指数、城乡收入比、基尼系数等，本书采用最常用的指标——城乡收入比。

金融发展指标可以从金融规模和金融效率两个方面衡量。金融规模即金融资产数量的扩张，反映金融规模最常用的指标是金融相关比率（FIR）。由于无法直接使用戈氏指标和麦氏指标，下面仍然利用我国金融机构存款和贷款合计与 GDP 的比值来反映金融发展规模。金融效率即金融资源利用效率，反映金融效率的指标包括非国有经济获得银行贷款的比率、存贷比、私人部门的信贷量与名义 GDP 之比等。鉴于我国金融发展的实际情况以及数据的可观测性，本书选取存贷比（FE），即金融机构贷款与存款的比值来反映金融发展的质量。

2. VAR 模型建立

建立 VAR 模型无须事先区分变量的外生性和内生性，可以较合理地描述变量间的互动关系。由于本模型采用的是时间序列数据，为了避免产生伪回归，本书利用统计软件 Eviews8.0 对数据进行单位根检验，检验结果见表 9-10。由表 9-10 可知，ΔINC、ΔFIR 和 ΔFE 在 1%的显著水平下是平稳的时间序列，因此 INC、FIR 和 FE 均为一阶单整序列，满足构造 VAR 模型的必要条件。

表 9-10　指标数据的单位根检验结果

指标	ADF 检验值	临界值 (1%)	临界值 (5%)	临界值 (10%)	概率值 *P*	结论
INC	−1.519 57	−3.632 90	−2.948 40	−2.612 87	0.512 1	不平稳
ΔINC	−3.097 12	−2.632 69	−1.950 69	−1.611 06	0.002 9	不平稳
FIR	−0.553 32	−3.639 41	−2.951 13	−2.614 30	0.868 0	不平稳
ΔFIR	−4.126 03	−2.632 69	−1.950 69	−1.611 06	0.000 1	不平稳
FE	−1.047 73	−4.234 97	−3.540 33	−3.202 45	0.924 0	不平稳
ΔFE	−3.830 72	−3.632 90	−2.948 40	−2.612 87	0.006 0	不平稳

利用 AIC 信息准则和 SC 准则，可以确定 VAR 模型的最大滞后阶数为 2，其模型估计结果见表 9-11。

表 9-11　VAR 模型的估计结果

	INC	FIR	FE
INC(−1)	1.319 091	−0.038 39	−0.107 9
INC(−2)	−0.612 46	0.041 691	0.039 898
FIR(−1)	−0.077 79	1.016 631	−0.019 76
FIR(−2)	0.209 699	−0.203 78	0.010 188
FE(−1)	−0.133 74	0.058 529	1.333 103
FE(−2)	−0.005 69	−0.427 99	−0.290 93
C	0.683 887	0.785 73	0.343 56

为检验估计的 VAR 模型的稳定性，可以利用 VAR 根来判断，如图 9-1 所示。若被估计的 VAR 模型的所有根都在单位圆内，则建立的 VAR 模型是稳定的。如果 VAR 模型不稳定，某些结果如脉冲响应函数的标准差则无效。

在图 9-1 中，所有根模的倒数都落在单位圆内，即所有的特征根都大于 1。因此，建立的 VAR 模型是稳定的。

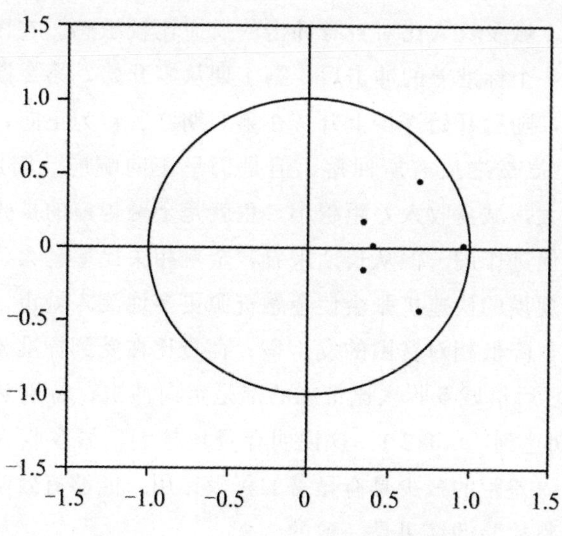

图 9-1　VAR 模型单位根图形的结果

3. 脉冲响应函数

本书通过采用脉冲响应函数分析方法考查金融规模、金融效率与城乡收入比之间的动态关系，如图 9-2 所示。图中的横轴表示冲击作用的滞后期长度，设定为 10 年；纵轴表示内生变量对冲击的响应程度。

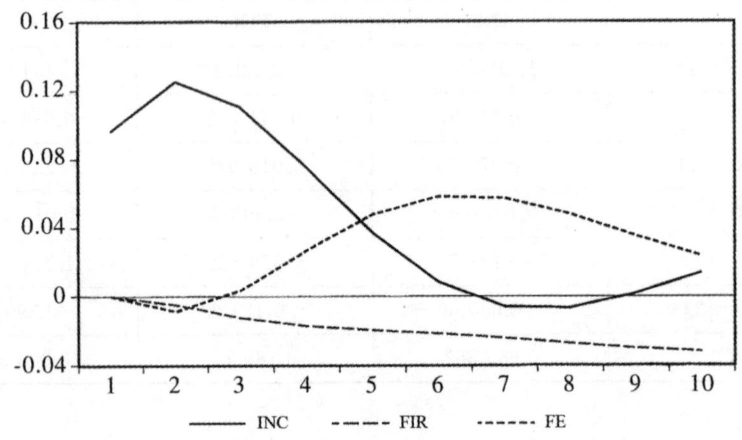

图 9-2　城乡收入比的冲击反应曲线

图 9-2 显示了城乡收入比的冲击反应情况。城乡收入比在对自身的一个标准差进行冲击后，立刻出现了较强的反应，并于第 2 期达到最大，约为 0.125 4；随后迅速下降，在第 7 期开始出现负值，后又有所回升，在零值附近波动。这说明，城乡收入比对自身冲击的反应比较敏感。在图 9-2 中，金融相关比率在受到一个标准差的冲击后，第 1 期从零开始，第 2 期对城乡收入比表现出负向冲击，随后开始逐步上升，在第 3 期之后转为正向，在第 6 期达到最大值 0.058 2。虽然之后有所回落，但是仍呈正向响应。因此，在短期内，金融相关比率越大，城乡收入差距越小，也就是金融规模的扩张对城乡收入差距的减少起到了促进作用。但从长期来看，金融相关比率越大，城乡收入差距越大，说明金融规模的快速扩张会使金融资源更多地流入城市，不能更好地缩小城乡收入差距，降低相对贫困的发生率。存贷比在受到标准差的冲击后，第 1 期从零开始，之后给城乡收入比带来的都是负向冲击，特别是后期的影响十分显著，第 10 期达到－0.032 1。这说明存贷比越大，城乡收入差距越小，金融效率对城乡收入差距的减少具有显著的积极作用，能够有效降低相对贫困程度。这与前面协整检验的结果是一致的。

图 9-3 所示为金融规模的冲击反应情况。在金融相关比率对城乡收入比进

行了标准差的冲击后，第 1 期达到了 0.022 5，随后缓慢下降，到第 4 期开始缓慢上升。这说明，城乡收入比增大，城乡收入差距加剧，伴随有金融规模的扩张。金融相关比率对自身进行标准差的冲击后，第 1 期、第 2 期处于较高的位置，达到了 0.113 9，之后明显回落，说明金融规模对自身具有一定的促进作用。当存贷比受到标准差的冲击后，第 1 期会从零开始，其后呈现出上升的趋势，随后快速下降，从第 3 期开始均为负向影响，说明金融效率的提升对金融规模具有限制。

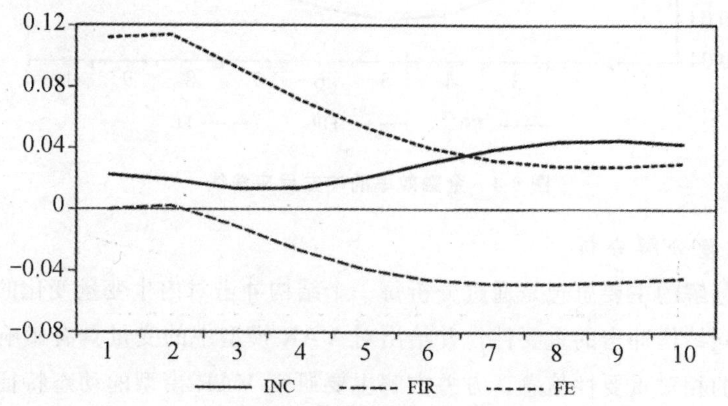

图 9-3　金融规模的冲击反应曲线

图 9-4 所示为金融效率的冲击反应情况。城乡收入比对存贷比的影响从第 1 期的 0.000 6 开始迅速下降，在第 2 期达到负向最大值，约为－0.029 9，其后虽然缓慢上升，但是均为负向影响。这说明城乡收入比越大，城乡收入差距越大，相对贫困加剧，不利于金融效率的提升和金融资源的优化配置。当给金融相关比率一个正向冲击后，第 1 期从 0.000 4 开始缓慢下降，对存贷比的影响为负值，在第 9 期达到－0.019，说明金融规模的扩张并未带来金融效率的有效提升。存贷比受到标准差的冲击后，第 1 期从 0.036 7 开始上升，在第 2 期达到最大值，为 0.041 5，随后逐渐回落。这表明金融效率受自身的影响较大，对其自身增速有显著的促进作用。

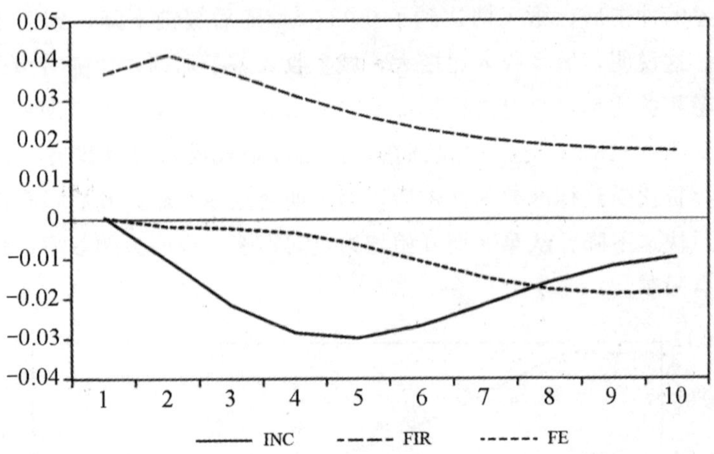

图 9-4 金融效率的冲击反应曲线

4. 方差分解分析

方差分解的主要思想是通过分析每一个结构冲击对内生变量变化的贡献度来评价不同结构冲击的重要性，并给出对 VAR 模型中的变量具有影响的各个随机扰动的相对重要性信息。方差方解主要研究 VAR 模型的动态特征。城乡收入比的方差分解结果见表 9-12。

表 9-12 城乡收入比的方差分解结果

Period	S.E.	INC	FIR	FE
1	0.096 44	100.000 00	0.000 00	0.000 00
2	0.158 51	99.598 35	0.095 62	0.306 03
3	0.193 89	99.293 66	0.472 58	0.233 76
4	0.210 47	97.119 06	1.070 44	1.810 50
5	0.219 87	91.860 48	1.782 33	6.357 19
6	0.228 63	85.086 19	2.550 28	12.363 53
7	0.237 02	79.240 96	3.429 54	17.329 50
8	0.243 45	75.187 89	4.525 00	20.287 12
9	0.247 83	72.559 56	5.862 91	21.577 53
10	0.251 37	70.833 13	7.332 19	21.834 68

从表 9-12 中可以看出，城乡收入比受自身的影响最大，在滞后 10 期方差解释率为 70.83%，说明城乡收入仍存在较大差距，需要长时间的改善；金融效率对城乡收入比的方差贡献率相对较大，从第 5 期以后效果更加明显，在滞后 10 期贡献率达到 21.83%；金融规模的方差贡献率相对较小，在滞后 10 期仅达到 7.33%。这说明金融效率对城乡收入差距的作用更大；城乡收入差距的缩小和相对贫困的减少，更多需要的是金融效率的提升，而不是金融规模的盲目扩大，这与前面的分析结果也是一致的。

(三) 金融发展减贫效应分析与政策建议

1. 金融发展减贫效应分析

本部分通过协整检验、格兰杰因果检验研究了金融发展与经济增长之间、经济增长与绝对贫困程度之间的长期均衡关系，并利用脉冲响应函数分析了金融规模、金融效率与相对贫困程度之间的动态响应关系，利用方差分解分析了变量的贡献率，得出了以下结论。

(1) 金融发展规模扩大有助于减缓绝对贫困

从长期来看，金融发展与经济增长之间、经济增长与绝对贫困程度之间存在着长期均衡的关系。金融发展规模与经济增长之间呈正向关系，经济增长、财政支农与农村居民恩格尔系数之间呈显著的反向关系。这表明，金融发展能够促进经济增长，而经济增长能够促进生产力水平的提升，提供更多的就业机会，使家庭的收入来源多元化，增加农村居民收入，从而使绝对贫困程度大幅降低。财政支农可以使经济建设过程中产生的财政资源进行重新分配，加大对农业薄弱环节的保护力度，对农村地区、贫困地区提供更多的资金支持，为贫困人口提供大范围的转移支付，进一步改善绝对贫困的状况，体现出金融发展对于缓解贫困的间接作用。

(2) 金融发展效率提升有助于减缓相对贫困

脉冲响应的结果表明，在短期内，金融相关比率越大，城乡收入差距越小。换言之，金融发展规模的扩张对于城乡收入差距的缩小具有促进作用。但从长期来看，金融规模越大，城乡收入差距越大，说明金融规模的快速扩张使得农村金融资源更多地流入城市，金融资源配置不均衡制约着农村经济的发展，不能更好地遏制城乡收入的扩大，降低相对贫困的发生率。而金融效率对城乡收入差距的减少具有显著的积极作用。金融资源利用效率和服务效率的提高能够更好地改变金融资源配置的扭曲，方便贫困人口享有快捷的金融服务和金融产品，提升整体经济运行效率和经济效益，有助于减缓相对贫困。方差分解的结果表明，金融效率对城乡收入差距的贡献率较大，这说明城乡收入差距的缩小以及相对贫困的减少，更多地需要金融效率的提升和金融资源的优化配置。

2. 政策建议

(1) 构建多层次金融服务体系，增加贫困地区金融供给

应发挥政策性金融和商业性金融的互补作用，构建多层次的金融机构体系，增加贫困地区的金融服务网点，而不是盲目地扩大金融信贷规模；整合各类扶贫资源，创新扶贫项目，开辟扶贫开发资金渠道，减少资金向城市的回流现象；着重解决弱势群体的基础金融服务需求问题，做好金融服务，增加金融的有效供给。

(2) 加大财政转移支付力度，扩大贫困地区有效金融需求

政府应设立相关转移支付资金，加大对农村地区、贫困地区的扶持力度，完善财政综合扶贫政策体系，促进贫困地区加快发展步伐，帮助扶贫对象提高收入水平，不断改善贫困人口的生产生活条件，满足人们的公共产品需求，促进人的全面发展。

(3) 加大金融创新力度，提高金融资源利用效率

应注重各类金融产品和金融服务的科学集成，为创新发展营造良好的金融环境；利用互联网金融、移动金融，积极探索“投贷联动”等新模式，丰富金融产品，对传统经营模式和服务方式进行创新，从而动态地满足不同层次的贫困人口的特色金融需求，改变金融资源配置的扭曲，提升资金利用效率和服务效率。

第十章　金融扶贫资金绩效审计研究

2016 年 3 月，中国人民银行等 7 部委联合印发了《关于金融助推脱贫攻坚的实施意见》，指出金融系统需要制定更精确的措施和办法，持续完善脱贫攻坚金融服务工作机制，增强扶贫金融服务的精准性和有效性。

2016 年 6 月，在全国金融精准扶贫现场会议上，中国人民银行提出要强化对金融精准扶贫的评估和结果运用，并从绩效考核、资源配置等方面把精准扶贫工作落到实处。

审计署在《“十三五”国家审计工作发展规划》中明确指出，要加强扶贫审计工作，对扶贫政策落实情况进行跟踪审计，重点监督扶贫工作责任落实情况，推动扶贫资金的统筹使用，促进提高扶贫效率，打赢脱贫攻坚战。

由此可见，金融扶贫绩效审计不仅与我国脱贫攻坚战略紧密相关，而且关系到国计民生和社会稳定。建立健全金融扶贫绩效审计评价指标体系，加强对金融扶贫资金的审计监督，对提高金融扶贫效率，促进贫困地区和谐发展，缩小区域差异，打赢脱贫攻坚战，从而全面建设小康社会具有重大意义。

第一节　我国金融扶贫绩效审计面临的困境

一、法治建设不完善，工作缺少约束力

目前，我国尚未出台有关金融扶贫绩效审计评价的相关法律，导致金融扶贫绩效审计评价工作缺少法律约束和制度保障。此外，我国金融扶贫信息公开公示程度不够，缺乏有效的社会监督；金融扶贫绩效审计结果的透明化不足，被扶贫对象以及社会大众对金融扶贫绩效审计的监督不够有效，在一定程度上

阻碍了金融扶贫的发展，也限制了金融扶贫绩效审计作用的发挥。因此，必须坚持完善法制建设，加强对金融扶贫工作及金融扶贫绩效审计工作的监督，增强工作约束力，将扶贫对象的监督机制纳入体系。

二、尚未建立金融服务专项统计监测制度

目前，我国尚未建立完善的扶贫信息管理系统，建档立卡的贫困户比实际的贫困人口少得多。国家统计局虽然采用了抽样的统计方法对我国目前的贫困人口数量进行了估算，但并未进行彻底普查，造成我国长期以来无法确定贫困人口的数量，扶贫工作存在许多盲点，造成扶贫资金和项目指向不准、效果不佳，大部分真正贫困的农户没有得到精准帮扶，客观上影响了金融扶贫绩效。同时，我国一些偏远地区缺少完善的社会保障制度，导致金融机构在向贫困人口发放扶贫贷款时承担了高于正常水平的信用风险，进而使银行贷款资金成为“救济金”，脱离了金融扶贫的出发点和本质特征，导致预期目标难以实现。

三、缺乏科学的金融扶贫绩效审计评价体系

科学有效的绩效监督机制是实现农村金融扶贫准确高效运行的必然要求。虽然我国的扶贫开发工作由来已久，但是始终没有形成与各地扶贫特点相结合、与扶贫目标相适应的扶贫管理理论。我国贫困基数大、贫困区域广、贫困程度深等都是造成这种现象的重要原因，但是更根本的原因在于金融扶贫缺乏有效的监督管理，缺乏科学合理的金融扶贫绩效审计评价指标体系。政府审计作为政府内部绩效监督的主体，应大力发挥审计的优势，建立健全金融扶贫绩效审计评价指标体系，科学合理地进行实践认证，有计划、有目的地对各贫困地区的金融机构进行绩效审计，客观完整地评价金融扶贫工作的整体绩效，并建立奖励约束机制，促进金融扶贫的有效长远发展。

第二节　金融扶贫绩效审计评价指标体系的构建

一、平衡计分卡引入金融扶贫绩效审计评价指标体系的可行性

（一）平衡计分卡简介

平衡计分卡包含以下四个维度的指标。

1. 财务指标

在平衡计分卡理论中，财务指标被完全保留，因为财务指标是对企业绩效的综合反映和实现长期目标的重要保证，是联系各个维度指标的桥梁，也是最终要实现的主要目标。在金融扶贫中，财务指标指农村贫困人口人均纯收入的提高程度、贫困地区经济增长水平等。

2. 顾客指标

客户是企业发展战略中必须高度重视的重要因素，拥有稳定的客户群是企业获得市场的关键。在金融扶贫绩效审计评价中，顾客指标与贫困人口相对应，贫困人口对金融服务等方面的需求反映了金融扶贫工作的发展方向，决定了其最终绩效水平的高低。

3. 内部流程指标

企业严格规范的内部流程能确保已拥有的市场份额，并不断拓展新的市场，实现既定的发展目标。但是，企业应根据市场的变化和新的需求及时改进和完善内部管理流程，进行内部管理流程再造，以实现利润最大化的目标。在金融扶贫中，内部流程指标主要是指对金融扶贫资源进行投入、使用、管理和监督的各项指标，用来考核和评价扶贫资源瞄准的精确性、使用的合理性、管理的高效性和监督的到位性等。

4. 学习和成长指标

平衡计分卡的最大创新之处在于将学习和成长指标列入了考核评价范畴。在生产力的各个要素中，人的因素是决定性的。因此，企业必须树立人才优先的思想，加强对人才的培养，促进人才的不断成长。平衡计分卡学习与成长指标对金融扶贫的启示，就是要坚持扶贫与“扶智”相结合、扶贫与“扶志”相

结合，在向贫困地区和贫困人口投入信贷资金等资源的同时，加强对教育的支持，注重改善这些地区的教育状况，提高农村贫困人口的文化知识水平，帮助他们依靠知识脱贫。此外，要注重培养贫困人口的自我发展能力，增强其依靠自身努力实现减贫脱贫的内生动力。为此，金融扶贫绩效评价应设置相应的适龄儿童入学增长率、贫困人口就业增长率等指标。

(二) 基于平衡计分卡构建金融扶贫绩效审计评价指标体系的可行性

金融扶贫是扶贫开发工作中的新生力量，其绩效关系到脱贫攻坚战的成败，同时绩效审计作为监督的主要力量，是确保金融扶贫成效的重要部分。因此应将金融扶贫绩效审计工作放在至关重要的位置。由于其影响因素众多，关于绩效审计的研究是一个系统工程，需要考虑到方方面面，统筹兼顾稳定与发展、公平与效率、经济效益与社会效益、短期目标与长期目标。综合平衡计分卡的特点，本书认为该方法与金融扶贫绩效审计评价研究具有诸多相通之处，将其引入对金融扶贫绩效审计评价的研究具有可行性。

1. 平衡计分卡与金融扶贫绩效审计评价的分析路径基本一致

平衡计分卡将组织的总体发展战略分解为一系列具体指标，通过分析每一个具体指标来实现对项目整体绩效的审计评价。同时，平衡计分卡的四个维度(财务、客户、内部运营、学习与成长）之间存在一定的关联关系，并涉及企业管理不同方面对组织战略不同程度的影响，在指标体系中体现了不同维度的不同权重。同样，金融扶贫也围绕着减贫脱贫这一总体目标，按照不同维度、不同层级将目标分解为一系列具体指标，并体现在不同的审计项目中，对不同的情况进行指标选取与赋值，这些思路和方法都与平衡计分卡基本一致。

2. 平衡计分卡在理论和技术方法上能满足金融扶贫绩效审计评价的需求

经过二十多年的研究与发展，平衡计分卡逐渐被应用到除企业以外的诸多领域，包括政府绩效审计评价等。在构建金融扶贫绩效审计评价指标体系的过程中，不仅要对指标进行量化分析，还需要综合考量各个方面的均衡发展，不能顾此失彼。平衡计分卡理论可以很好地满足这方面的要求。因此，将平衡计分卡应用到金融扶贫绩效审计中，有助于弥补金融扶贫绩效审计评价存在的缺陷，对完善金融扶贫绩效审计评价指标体系具有重要意义。

3. 平衡计分卡与金融扶贫绩效审计评价有相同的理念

平衡计分卡以“平衡”为核心理念，注重可持续发展。金融扶贫绩效审计评价需要关注社会、经济、管理和生态的各个方面，充分体现了平衡的发展理念以及可持续发展理念。二者可谓是一脉相承。

二、构建金融扶贫绩效审计评价指标体系的步骤

（一）分解金融扶贫绩效审计的总目标

要想形成一套完整的评价指标体系，就要在构建金融扶贫绩效审计评价指标体系时对总目标进行层级分解。在分解总目标时，既要保持评价目标与选取指标的一致性，又要保证目标分解符合金融扶贫的实际情况。如前文所述，金融扶贫绩效审计评价的目标是多元的、多层次的，因此分解指标不可能一次就达到要求。考虑到金融扶贫的特点，本节将目标细分为三层。需要注意的是，分解后的指标要具备可选择与可调整的空间，以满足不同贫困审计项目的审计需求。

（二）确定评价内容，初选指标

根据分解的总目标，按照自上而下的原则，初步确定需要监测的评价指标的主要内容。根据平衡记分卡的原理，应将财务指标对应到经济维度，将客户指标对应到社会维度，将内部流程指标对应到管理维度；学习与成长指标在经济、社会维度中均有体现，而且增加生态维度的指标也可以体现“平衡”的原则。在此基础上，再根据上述确定的主要内容搜集资料，找出符合金融扶贫绩效审计评价特点的要素，对指标进行初步选择。

（三）评价指标的筛选

评价指标既要满足精简性的原则，又要满足全面性的原则。因此，对于初次选定的指标，要进行进一步的思考与筛选，只有这样才能得到最恰当的指标。

（四）对评价指标的权重进行赋值

金融扶贫绩效审计的目的性和特殊性较强，为了得出符合实际的结论，各指标的权重必然不相同。因此，要在保证指标全面性的前提下，充分考虑不同指标的重要性和代表性，并进行权重赋值，只有这样才能形成科学的评价指标体系。

三、金融扶贫绩效审计评价指标的选取

本书对于金融扶贫绩效审计评价指标的选取，主要参考了国务院扶贫开发领导小组办公室给出的“扶贫项目效果评价指标体系”，同时结合金融扶贫的主要特点，从社会绩效、经济绩效、管理绩效、生态绩效四个维度入手。

（一）第一维度——社会绩效

金融扶贫绩效审计评价指标的社会绩效维度主要立足于金融扶贫所产生的社会效益水平，包括地区提供必需的资金产品和服务、扩大金融服务覆盖范围、支持改善贫困人口的生存环境、促进贫困地区优化资源配置等内容。社会绩效的指标包括以下几项。

①贫困户减少率。

②贫困地区人均存款增量占人均 GDP 比重的增长率。

③贫困地区人均贷款增量占人均 GDP 比重的增长率。

④贫困地区贫困户贷款增长率。

⑤适龄儿童入学增长率。

⑥农村医疗卫生建设投入增长率。

⑦贫困户参加医疗保险增长率。

⑧建档立卡贫困户贷款覆盖增长率。

（二）第二维度——经济绩效

经济绩效维度主要立足于金融扶贫所产生的经济效益水平，包括贫困人口物质财富的增长情况、贫困人口的消费支出增长情况、贫困地区财政和生产总值的增长情况等内容。评价的标准是金融扶贫资源的投入与产出是否高效，以及是否以较少的金融投入成本取得了较好的减贫脱贫绩效。金融扶贫经济绩效的主要指标包括以下几项。

①贫困户人均净收入增长率。

②贫困户人均储蓄额增长率。

③贫困地区人均生产总值增长率。

④贫困户人均消费支出增长率。

⑤贫困地区人均农林牧渔业产值增长率。

⑥贫困地区人均粮食产量增长率。

⑦贫困地区固定资产投资增长率。

⑧贫困户人均住行消费支出增长率。

（三）第三维度——管理绩效

管理绩效维度主要立足于扶贫资源的主要组成部分——扶贫信贷资金的管理质量和水平，包括扶贫信贷资金瞄准度是否精确、使用是否高效、有无违规问题以及扶贫对象的主观感知等内容。管理绩效的主要指标包括以下几项。

①扶贫贷款发放率。

②存贷款比率。

③扶贫资金违规率。

④扶贫对象满意率。

（四）第四维度——生态绩效

生态绩效维度立足于金融扶贫是否促进了贫困地区生态的保护和改善，主要包括粮食增收水平、生态环境改善水平、循环经济发展水平等内容。在此维度中，本书选择了以下几项生态绩效指标。

①基本农田面积增长率。

②森林覆盖面积增长率。

③退耕还林还草面积增长率。

④水土流失面积减少率。

⑤石漠化面积减少率。

⑥荒地面积减少率。

⑦沼气池入户增长率。

四、金融扶贫绩效审计评价指标体系权重设计

（一）指标赋值方法

指标赋值可分为两类，即主观赋值法和客观赋值法。

主观赋值法一般由相关领域的权威和专家在经验判断的基础上确定相应的指标权重。与此相关的方法较多，主要包括问卷调查法、加权赋值法、专家评议法等，每种方法都有一定的优缺点和适用范围。问卷调查法是设计出与评价目标有关的问题，然后由调查相关人员回答这些问题，再对各类别的票数及占比进行统计分析，最终确定指标的权重。加权赋值法是利用专家的经验直接对指标赋值，并对所有专家的赋值进行加权平均，从而确定相应指标的权重。其

优点是计算方法相对简单，但所得结果的精确度不高，有一定的应用局限性。专家评议法主要是邀请有关专家就主题内容进行讨论研究，最终形成一致意见。这种通过专家组直接讨论决定并进行综合统一的指标赋值相对比较合理。

客观赋值法和前一种方法是相对的，其主要是依据各因素的本质规律以及对指标最终结果的影响程度，分析对比相应的观测值和目标值，并在此基础上确定最终的指标权重。与此相关的方法也较多，比较常用的有三种：一是主成分分析法。该方法主要是利用多元回归等方法分析统计的指标，再根据回归分析结果和各个指标贡献率的差异确定相应指标的权重。二是复相关系数法。该方法是在对各个指标之间的相关系数进行分析区别的基础上，利用相关系数确定这些指标的相对重要性，并最终赋予各个指标权重。三是变异系数法。该方法通过计量分析工具研究指标数据的变异性，根据统计分析的结果分析不同变异程度对目标的不同影响，再对权重进行进一步赋值。

（二）指标权重的确定——层次分析法

本书运用层次分析法对所构建的金融扶贫绩效审计评价指标体系进行赋值。在确定各指标权重时，本书向审计理论与实务界的专家学者发放了调查问卷。此次调查共发放 30 份调查问卷，共收回有效问卷 23 份。

应用层次分析法（Analytic Hierarchy Process，AHP）[❶] 分析问题时，首先要对问题进行层次化和条理化分析，在此基础上对问题进行层级分层，自上而下地将决策问题分解为若干部分。这些部分又可以按其特征和关联性形成诸多层次，高层次的元素根据一定的标准逐次支配下一层次的元素。采用层次分析法确定指标权重的具体步骤如下。

1. *分解层次关系*

层次可以分为三阶：第一阶是目标层，即对所分析问题设定的预期目标；第二阶是策略层，包含两个中间环节；第三阶是指标层，包括实现预期目标的具体措施。根据以上分阶构造的层次分析模型见表 10-1。

---

❶ 层次分析法是指将与决策有关的元素分解成目标、准则、方案等层次，在此基础之上进行定性和定量分析的决策方法。该方法是美国运筹学家、匹茨堡大学教授萨蒂于 20 世纪 70 年代初在为美国国防部研究“根据各个工业部门对国家福利的贡献大小而进行电力分配”课题时，应用网络系统理论和多目标综合评价方法，提出的一种层次权重决策分析方法。

表 10-1 金融扶贫绩效审计评价指标体系层次结构模型

目标层(*A*)	策略层(*Bi*,*Ci*)		指标层(*Di*)
综合评价表(*A*)	定量指标(*B*1)	社会绩效(*C*1)	*D*1 贫困户减少率
			*D*2 贫困地区人均存款增量占人均 GDP 的增长率
			*D*3 贫困地区人均贷款增量占人均 GDP 的增长率
			*D*4 贫困地区贫困户贷款增长率
			*D*5 适龄儿童入学比例增长率
			*D*6 农村医疗卫生建设投入增长率
			*D*7 贫困户参加医疗保险增长率
			*D*8 建档立卡贫困户贷款覆盖增长率
		经济绩效(*C*2)	*D*9 贫困户人均净收入增长率
			*D*10 贫困户人均储蓄额增长率
			*D*11 贫困地区人均生产总值增长率
			*D*12 贫困户人均消费支出增长率
			*D*13 贫困地区人均农林牧渔业产值增长率
			*D*14 贫困地区人均粮食产量增长率
			*D*15 贫困地区固定资产投资增长率
			*D*16 贫困户人均住行消费支出增长率
		管理绩效(*C*3)	*D*17 扶贫贷款发放率
			*D*18 存贷款比率
			*D*19 扶贫资金违规率
			*D*20 扶贫对象满意率
		生态绩效(*C*4)	*D*21 基本农田面积增长率
			*D*22 森林覆盖面积增长率
			*D*23 退耕还林还草面积增长率
			*D*24 水土流失面积减少率
			*D*25 石漠化面积减少率
			*D*26 荒地面积减少率
			*D*27 沼气池入户比例增长率
	定性指标(*B*2)	*D*28 扶贫资金管理水平	
		*D*29 扶贫资金到位情况	
		*D*30 贫困人口物质生活满意度	
		*D*31 贫困人口精神生活满意度	

2. 分析各层次指标

依据层次分析法的原理，自上而下地对指标体系各层次指标的重要程度进行两两比较分析，构建判断矩阵。为了能两两比较因素之间的关系，并得到量化的判断矩阵，本书引入了 1—5 的标度，如表 10-2 所示。

表 10-2 标度表

标度	重要性
$a_{ij}=1$	第 i 元素与第 j 元素对上一层次同样重要
$a_{ij}=2$	第 i 元素比第 j 元素稍微重要
$a_{ij}=3$	第 i 元素比第 j 元素很重要
$a_{ij}=4$	第 i 元素比第 j 元素非常重要
$a_{ij}=5$	第 i 元素比第 j 元素极端重要
倒数	j 元素较 i 元素得到的判断值为 $a_{ij}=1/a_{ij}$

3. 一致性检验

计算出指标权重后，为防止所构造的判断矩阵存在逻辑问题，需要进行一致性检验。首先，计算出判断矩阵的最大特征根 $\lambda(max)$，然后计算一致性指标（CI）和一致性比率（CR）。当 $CR<0.1$ 时，矩阵一致性程度可以被接受；$CR>0.1$ 时，表示无法接受。$CI=(max-n)/(n-1)$，$CR=CI/RI$。其中，RI 表示随机一致性指标数值。下面将根据各级指标分别构建两两判断矩阵，具体见表 10-3 至表 10-9。

表 10-3 两两判断矩阵（1）

A	B1	B2
B1	1	3
B2	1/3	1

计算判断矩阵，得到权重向量：

$$\begin{aligned} &\mathbf{W}=(0.7500,0.2500)\\ &\lambda(max)=2\\ &CR=CI/RI=0<0.1 \end{aligned} \tag{10-1}$$

该结果通过一致性检验，因此 $\mathbf{W}$ 可以表明 $B1$、$B2$ 在 A 中各自的权重。

表 10-4　两两判断矩阵（2）

B1	**C1**	**C2**	**C3**	**C4**
$C1$	1	1	3	5
$C2$	1	1	4	3
$C3$	1/3	1/4	1	2
$C4$	1/5	1/3	1/2	1

计算判断矩阵，得到权重向量：

$$\mathbf{W}=(0.3957,0.3845,0.1313,0.0885)$$

$$\lambda(max)=4.09$$

$$CR=CI/RI=0.03<0.1 \tag{10-2}$$

该结果通过一致性检验。因此 **W** 可以表明 $C1$、$C2$、$C3$、$C4$ 在 $B1$ 中各自的权重。

表 10-5　两两判断矩阵（3）

C1	**D1**	**D2**	**D3**	**D4**	**D5**	**D6**	**D7**	**D8**
$D1$	1	3	3	2	3	5	4	1
$D2$	1/3	1	1	1/2	2	2	3	1/3
$D3$	1/3	1	1	1/2	2	2	3	1/3
$D4$	1/2	2	2	1	1	2	2	1/2
$D5$	1/3	1/2	1/2	1	1	1	1	1/2
$D6$	1/5	1/2	1/2	1/2	1	1	1	1/2
$D7$	1/4	1/3	1/3	1/2	1	1	1	1/2
$D8$	1	3	3	2	2	2	2	1

计算判断矩阵，得到权重向量：

$$\mathbf{W}=(0.2538,0.1052,0.1052,0.1313,0.0741,0.0622,0.0596,0.2085)$$

$$\lambda(max)=8.38 \tag{10-3}$$

$$CR=CI/RI=0.04<0.1$$

该结果通过一致性检验，因此 **W** 可以表明 $D1$、$D2$、$D3$、$D4$、$D5$、$D6$、$D7$、$D8$ 在 $C1$ 中各自的权重。

表 10-6 两两判断矩阵（4）

C2	D9	D10	D11	D12	D13	D14	D15	D16
D9	1	1	1	3	2	2	3	4
D10	1	1	1	3	2	2	3	4
D11	1	1	1	3	2	2	3	4
D12	1/3	1/3	1/3	1	1/2	1/2	2	2
D13	1/2	1/2	1/2	2	1	1	4	3
D14	1/2	1/2	1/2	2	1	1	2	2
D15	1/3	1/3	1/3	1/2	1/4	1/2	1	2
D16	1/4	1/4	1/4	1/2	1/3	1/2	1/2	1

计算判断矩阵，得到权重向量：

$$\boldsymbol{W}=(0.1984,0.1984,0.1984,0.0718,0.1262,0.1071,0.0566,0.0431)$$

$$\lambda(max)=8.16 \tag{10-4}$$

$$CR=CI/RI=0.02<0.1$$

该结果通过一致性检验，因此**W**可以表明$D9$、$D10$、$D11$、$D12$、$D13$、$D14$、$D15$、$D16$在$C2$中各自的权重。

表 10-7 两两判断矩阵（5）

C3	D17	D18	D19	D20
D17	1	1/2	1	1/2
D18	2	1	1	1
D19	1	1	1	2
D20	2	1	1/2	1

计算判断矩阵，得到权重向量：

$$\boldsymbol{W}=(0.1760,0.2810,0.2976,0.2454)$$

$$\lambda(max)=4.19 \tag{10-5}$$

$$CR=CI/RI=0.07<0.1$$

该结果通过一致性检验，因此**W**可以表明$D17$、$D18$、$D19$、$D20$在$C3$

中各自的权重。

表 10-8 两两判断矩阵（6）

C4	**D21**	**D22**	**D23**	**D24**	**D25**	**D26**	**D27**
D21	1	1	3	4	4	4	2
D22	1	1	3	4	4	4	1/2
D23	1/3	1/3	1	2	2	2	1/2
D24	1/4	1/4	1/2	1	1	1	1/2
D25	1/4	1/4	1/2	1	1	1	1/2
D26	1/4	1/4	1/2	1	1	1	1/2
D27	1/2	2	2	2	2	2	1

计算判断矩阵，得到权重向量：

$$\boldsymbol{W}=(0.2739,0.2341,0.1048,0.0649,0.0649,0.0649,0.1926)$$

$$\lambda(max)=7.25 \tag{10-6}$$

$$CR=CI/RI=0.03<0.1$$

该结果通过一致性检验，因此 **W** 可以表明 $D21$、$D22$、$D23$、$D24$、$D25$、$D26$、$D27$ 在 $C4$ 中各自的权重。

表 10-9 两两判断矩阵（7）

B2	**D28**	**D29**	**D30**	**D31**
D28	1	1/2	1/3	1
D29	2	1	1	2
D30	3	1	1	2
D31	1	1/2	1/2	1

计算判断矩阵，得到权重向量：

$$\boldsymbol{W}=(0.1480,0.3261,0.3629,0.1630)$$

$$\lambda(max)=4.02 \tag{10-7}$$

$$CR=CI/RI=0<0.1$$

该结果通过一致性检验，因此 **W** 可以表明 $D28$、$D29$、$D30$、$D31$ 在 $B2$ 中各自的权重。

经过以上计算分析，可以得出金融扶贫绩效审计评价指标的具体权重，具体见表 10-10。

表 10-10　金融扶贫绩效审计评价指标权重

目标	策略层				指标层		各项指标权重
	指标	权重	指标	权重	指标层	权重	
综合评价表（A）	定量指标（$B1$）	0.75	社会绩效（$C1$）	0.395 7	$D1$ 贫困户减少率	0.253 8	0.075 3
					$D2$ 贫困地区人均存款增量占人均 GDP 的增长率	0.105 2	0.031 2
					$D3$ 贫困地区人均贷款增量占人均 GDP 的增长率	0.105 2	0.031 2
					$D4$ 贫困地区贫困户贷款增长率	0.131 3	0.039 0
					$D5$ 适龄儿童入学比例增长率	0.074 1	0.022 0
					$D6$ 农村医疗卫生建设投入增长率	0.062 2	0.018 5
					$D7$ 贫困户参加医疗保险增长率	0.059 6	0.017 7
					$D8$ 建档立卡贫困户贷款覆盖增长率	0.208 5	0.061 9
			经济绩效（$C2$）	0.384 5	$D9$ 贫困户人均净收入增长率	0.198 4	0.057 2
					$D10$ 贫困户人均储蓄额增长率	0.198 4	0.057 2
					$D11$ 贫困地区人均生产总值增长率	0.198 4	0.057 2
					$D12$ 贫困户人均消费支出增长率	0.071 8	0.020 7
					$D13$ 贫困地区人均农林牧渔业产值增长率	0.126 2	0.036 4
					$D14$ 贫困地区人均粮食产量增长率	0.107 1	0.030 9
					$D15$ 贫困地区固定资产投资增长率	0.056 6	0.016 3
					$D16$ 贫困户人均住行消费支出增长率	0.043 1	0.012 4

续表

目标	策略层				指标层		各项指标权重
	指标	权重	指标	权重	指标层	权重	
综合评价表（A）	定量指标（B1）	0.75	管理绩效（C3）	0.131 3	D17 扶贫贷款发放率	0.176 0	0.017 3
					D18 存贷款比率	0.281 0	0.027 7
					D19 扶贫资金违规率	0.297 6	0.029 3
					D20 扶贫对象满意率	0.245 4	0.024 2
			生态绩效（C4）	0.088 5	D21 基本农田面积增长率	0.273 9	0.018 2
					D22 森林覆盖面积增长率	0.234 1	0.015 5
					D23 退耕还林还草面积增长率	0.104 8	0.007 0
					D24 水土流失面积减少率	0.064 9	0.004 3
					D25 石漠化面积减少率	0.064 9	0.004 3
					D26 荒地面积减少率	0.064 9	0.004 3
					D27 沼气池入户比例增长率	0.192 6	0.012 8
	定性指标（B2）	0.25	D28 扶贫资金管理水平			0.148 0	0.037 0
			D29 扶贫资金到位情况			0.326 1	0.081 5
			D30 贫困人口物质生活满意度			0.362 9	0.090 7
			D31 贫困人口精神生活满意度			0.163 0	0.040 8

确定指标的权重之后，就要根据各项指标的标准值为各项指标打分。

本书采用百分制评分法，每个指标的满分为 100 分，根据综合得分可以划分 A、B、C、D、E 五个等级，总分应分别位于以下数值之间：A≥90 分，80≤B<90 分，70≤C<80 分，60≤D<70 分，E<60 分。金融扶贫绩效审计评价的综合得分计算公式如下。

总分 A＝定量指标得分 B1×75％＋定性指标得分 B2×25％ （10-8）

定量指标得分（B1）＝社会绩效指标得分（C1）×39.57％＋
经济绩效指标得分（C2）×38.45％＋
管理绩效指标得分（C3）×13.13％＋
生态绩效指标得分（C4）×8.85％ （10-9）

定性指标得分（C2）＝扶贫资金管理水平得分（D28）×14.8％＋

扶贫资金到位情况得分（$D29$）×32.61%＋
贫困人口物质生活满意度得分（$D30$）×36.29%＋
贫困人口精神生活满意度得分（$D31$）×16.3%
（10-10）

社会绩效指标得分（$C1$）＝贫困户减少率得分（$D1$）×25.38%＋
贫困地区人均存款增量占人均GDP比重的增长率得分（$D2$）×10.52%＋……＋
贫困户参加医疗保险增长率得分（$D7$）×5.96%＋
建档立卡贫困户贷款覆盖增长率（$D8$）×20.85%
（10-11）

经济绩效指标得分（$C2$）＝贫困户人均净收入增长率得分（$D9$）×19.84%＋
贫困户人均储蓄额增长率得分（$D10$）×19.84%＋……＋
贫困户人均住行消费支出增长率得分（$D16$）×5.66%＋
贫困地区固定资产投资增长率得分（$D15$）×4.31%
（10-12）

管理绩效指标得分（$C3$）＝扶贫贷款发放率（$D17$）×17.6%＋
存贷款比率（$D18$）×28.1%＋
扶贫资金违规率得分（$D19$）×29.76%＋
扶贫对象满意率得分（$D20$）×24.54%
（10-13）

生态绩效指标得分（$C4$）＝基本农田面积增长率得分（$D21$）×27.39%＋
森林覆盖面积增长率得分（$D22$）×23.41%＋……＋
沼气池入户比例增长率得分（$D27$）×19.26%
（10-14）

综合公式（10-8）到公式（10-14），得：

$A = B1 \times 75\% + B2 \times 25\%$

$$
\begin{aligned}
&=(C1\times39.57\%+C2\times38.45\%+C3\times13.13\%+C4\times8.85\%)\times75\%+\\
&B2\times25\%\\
&=\{[(D1\times25.38\%+D2\times10.52\%+\cdots\cdots+D7\times5.96\%+D8\times\\
&\quad 20.85\%)\times39.57\%+\\
&\quad (D9\times19.84\%+D10\times19.84\%+\cdots\cdots+D16\times5.66\%+D15\times\\
&\quad 4.31\%)\times38.45\%+\\
&\quad (D17\times17.6\%+D18\times28.1\%+D19\times29.76\%+D20\times24.54\%)\times\\
&\quad 13.13\%+\\
&\quad (D21\times27.39\%+D22\times23.41\%+\cdots\cdots+D27\times19.26\%)\times8.85\%]\}\\
&\quad \times75\%+\\
&\quad (D28\times14.8\%+D29\times32.61\%+D30\times36.29\%+D31\times16.3\%)\times25\%
\end{aligned}
\tag{10-15}
$$

第三节　案例分析：河北省X县金融扶贫绩效审计

一、案例介绍

（一）X县基本情况

X县是河北省邯郸市的下辖县，全县下辖21个乡镇，542个行政村，位于河北省南端，总面积862平方公里，耕地面积97万亩，总人口105万（截至2016年年末），是河北省人口大县，同时也是国家扶贫开发工作重点县。该县以农业经济为主，主要农作物有小麦、玉米、棉花等，动物饲养以牛、羊、猪为主，主要经济作物有鸭梨等。由于自然、历史和社会等多方面的原因，X县一直以来都是国家扶贫开发重点县，因此选取其作为案例具有一定的代表性。

X县是传统的“吃财政饭”县区，由于地方配套资金缺口较大，金融扶贫等扶贫手段还不够完善，从而影响了扶贫效果。即便是已脱贫人口，由于自身发展力不足，因灾因病返贫现象也时有发生。脱贫与返贫呈拉锯状态，对X县金融扶贫的发展提出了更高的要求。

（二）X县扶贫开发新成就

自脱贫攻坚战打响以来，X县坚持以扶贫攻坚为统揽，以财政化扶贫为重点，以“股份合作”为纽带，发挥资源优势，突出地域特色，制定了X县“十三五”财政发展规划，加快培育和发展辐射、带动力强的富民产业，初步形成了“一乡一业、一村一品”的产业发展格局，使X县的扶贫开发取得了显著成效。

1. 优势产业初见成效，特色农业逐渐成形

致力于打造“一乡一业、一村一品”的产业发展格局，X县结合本地蔬菜产业发展基础，因势利导，把蔬菜作为产业化扶贫的主要着力点，按照“区域布局、成方连片，集中财力、重点扶持”的指导思想，强力推进蔬菜产业发展。以A村为例，作为全县143个扶贫重点村之一，该村有耕地840亩，人口为746人，共150户。其中，贫困人口460人，共121户。此外，该村村民有多年的蔬菜种植经验。经过推进产业发展，全村150户中有140户都开始种植大棚蔬菜，年人均纯收入由过去不足2 000元升至5 000多元，成为全县大棚种植专业村、样板村。

2. 大力发展合作制经济

为切实增强扶贫的针对性，特别是针对全县贫困人口多、传统扶贫方式效果不理想等现状，X县大力发展股份合作制经济，依托现代农业园区和企业，以财政扶贫资金入股的方式推进财政扶贫，释放扶贫红利，提高扶贫精准度，实现了贫困群众土地得租金、入股拿股金、务工挣薪金的“三金”增收。

3. 壮大劳务经济，开启贫困劳力致富“征程”

据统计，X县常年在外务工人员多达26.8万，约占全县总人口的1/4，其中贫困劳力有3.9万人。为加快贫困群众脱贫步伐，X县积极采取市场化运作模式，建立健全了县、乡、村三级服务网络，依托县青年创业基地和职教中心等，制定出台了《关于进一步加强职业教育促进就业发展的实施意见》，不断加大对职业教育的支持力度，开展了多种形式的技术技能培训，使务工对象由体能型向技能型、由务工型向创业型转变，人均年增收达到2万～3万元。

二、用评价指标体系对案例进行评价

本案例选择了X县2014—2016年三年的贫困人口数量和相关数据进行了评价和比较，具体数据见表10-11。

表 10-11 X 县 2014—2016 年各项扶贫指标基本数据单位（%）

指标	2014 年	2015 年	2016 年
贫困户减少率	8.7	9.2	9.5
贫困地区人均存款增量占人均 GDP 的增长率	2.3	3.6	4.7
贫困地区人均贷款增量占人均 GDP 的增长率	4.3	5.9	8.3
贫困地区贫困户贷款增长率	9.1	10.3	12.5
适龄儿童入学增长率	12.8	13.4	13.8
农村医疗卫生建设投入增长率	5.2	6.7	8.1
贫困户参加医疗保险增长率	12.4	13.5	15.8
建档立卡贫困户贷款覆盖增长率	2.7	3.3	3.9
贫困户人均净收入增长率	14.8	16.2	17.0
贫困户人均储蓄额增长率	11.3	14.6	13.8
贫困地区人均生产总值增长率	10.2	10.8	11.6
贫困户人均消费支出增长率	10.1	10.5	11.3
贫困地区人均农林牧渔业产值增长率	15.5	17.2	18.6
贫困地区人均粮食产量增长率	9.6	9.8	9.5
贫困地区固定资产投资增长率	2.3	3.0	2.9
贫困户人均住行消费支出增长率	6.5	6.8	6.6
扶贫贷款发放率	85	89	90
存贷款比率	92	92	93
扶贫资金违规率	5	3	2
扶贫对象满意率	87	90	91
基本农田面积增长率	5.2	5.0	5.3
森林覆盖面积增长率	6.8	6.4	6.7
退耕还林还草面积增长率	3.1	2.9	3.4
水土流失面积减少率	3.3	3.7	3.9
石漠化面积减少率	2.8	2.6	2.2
荒地面积减少率	8.8	9.3	9.5
沼气池入户比例增长率	5.3	5.9	6.2

数据来源：根据《河北省统计年鉴》以及河北省扶贫办、国务院扶贫开发领导小组办公室有关统计资料和相关文件整理而得。

对金融扶贫绩效的打分见表10-12。

表10-12　X县2014—2016年扶贫指标考核得分情况

一级指标	二级指标		三级指标	考核标准			考核得分		
				2014年	2015年	2016年	2014年	2015年	2016年
定量指标	定量指标	社会绩效	贫困户减少率	9.5	9.0	9.3	65	75	85
			贫困地区人均存款增量占人均GDP的增长率	2.8	3.7	4.1	60	80	90
			贫困地区人均贷款增量占人均GDP的增长率	5.0	5.8	7.8	80	85	90
			贫困地区贫困户贷款增长率	10.2	10.3	11.7	80	85	95
			适龄儿童入学增长率	11.9	13.1	13.2	75	80	85
			农村医疗卫生建设投入增长率	6.4	6.7	7.9	60	70	80
			贫困户参加医疗保险增长率	13.5	14.1	14.9	65	75	95
			建档立卡贫困户贷款覆盖增长率	3.1	3.5	3.8	60	80	85
		经济绩效	贫困户人均净收入增长率	16.2	16.8	16.5	60	95	85
			贫困户人均储蓄额增长率	12.5	13.5	13.2	70	95	85
			贫困地区人均生产总值增长率	10.0	10.5	11.3	80	85	90
			贫困户人均消费支出增长率	10.7	10.8	11.0	75	80	85
			贫困地区人均农林牧渔业产值增长率	16.4	17.2	17.9	70	80	90
			贫困地区人均粮食产量增长率	10.5	9.7	10.0	65	80	75
			贫困地区固定资产投资增长率	3.4	3.2	2.9	60	75	80
			贫困户人均住行消费支出增长率	6.5	6.3	6.4	80	80	75
		经济绩效	扶贫贷款发放率	根据考核标准等级评分			65	75	90
			存贷款比率				70	85	90
			扶贫资金违规率				60	75	95
			扶贫对象满意率				60	70	85

续表

一级指标	二级指标		三级指标	考核标准			考核得分		
				2014 年	2015 年	2016 年	2014 年	2015 年	2016 年
定量指标	定量指标	生态绩效	基本农田面积增长率	5.4	5.0	5.1	70	80	70
			森林覆盖面积增长率	7.0	7.1	6.9	70	70	70
			退耕还林还草面积增长率	3.4	3.1	3.4	75	75	70
			水土流失面积减少率	3.5	3.5	3.6	75	75	85
			石漠化面积减少率	2.9	2.8	2.7	80	75	70
			荒地面积减少率	9.1	9.3	9.3	65	80	85
			沼气池入户增长率	5.9	5.9	6.0	70	80	90
定性指标	扶贫资金管理水平			由审计部门和专家共同评定			65	70	85
	扶贫资金到位情况						70	85	90
	贫困人口物质生活满意度						60	70	80
	贫困人口精神生活满意度						60	70	80

三、对案例评价结果进行分析

根据所构建的金融扶贫绩效审计评价指标体系对 X 县 2014—2016 年金融扶贫的绩效进行打分，然后通过计算获得具体各类指标的得分和综合得分，具体见表 10-13。

表 10-13　X 县 2014—2016 年金融扶贫绩效审计评价得分比较

		2014 年	2015 年	2016 年
定量指标	社会绩效指标得分	79.31	97.83	99.51
	经济绩效指标得分	69.22	81.01	83.81
	管理绩效指标得分	71.42	85.30	93.59
	生态绩效指标得分	61.63	64.94	67.29
	定量指标总分	72.83	86.81	91.82
定性指标	定性指标总分	64.00	74.89	84.00
综合得分		67.10	79.77	85.27

根据表 10-13 可知，2014—2016 年 X 县金融扶贫资金绩效审计评价的分数分别为 67.1 分（D 级）、79.77 分（C 级）、85.27 分（B 级），评级连续三年

上升，说明金融扶贫绩效呈逐年上升趋势。

综上所述，X 县在 2014—2016 年的金融扶贫工作取得了良好效果，充分发挥了金融扶贫对农村贫困群体减贫脱贫的积极效用。从经济发展、社会发展和生态发展三个层面可以发现，金融扶贫在促进金融服务精准落实到贫困地区和贫困人口等方面发挥了积极作用；同时，金融扶贫绩效审计评价指标体系的完善也提高了 X 县扶贫部门对扶贫资金的使用和管理水平，取得了良好的扶贫效果。

第十一章 农村金融扶贫存在的问题及政策的优化

如今，农村经济飞速发展，随着收入的增加，农村居民对金融产品的需求也在增加。农村金融机构由于历史原因，发展较晚，而且在发展的过程中出现了种种阻碍农民致富的问题，如农村金融扶贫体系单一、农村金融扶贫政策不到位、农村金融扶贫方式缺乏针对性、扶贫小额信贷风险补偿机制不完善、扶贫再贷款的使用和管理规划不清晰等，导致城乡差距越来越大。为了避免此现象持续发生，本章对这些问题进行了分析，并提出了相关优化政策。

第一节 农村金融扶贫存在的问题

一、农村金融扶贫体系单一

如今新农村建设越来越重要，农村经济指数成为衡量地区发展的重要指数之一。随着农村经济的发展，农村金融机构日益壮大，越来越多的金融机构将经营发展目标逐步从城镇转移至农村。目前，农村金融机构针对农村发展提供的金融项目主要包括储蓄存款、经营贷款、大小额资金结算以及理财存款等。然而，由于缺乏可供借鉴的经验，几乎所有的金融机构都存在一些问题，如贷款金额与农民实际所需金额存在差距、贷款所有期限较短等。

农民将贷款资金投入生产经营，往往需要经过一定的周期才能从中获利。然而，从金融机构获取的贷款资金所产生的贷款期限往往短于获利期限，造成收入难以偿还负债的情况。例如，大多数金融机构的贷款期限都不足一年，根据农民的普遍反映，生产周期在一年内产生的经济效益为40%～50%。在这个基础上，如果农民的贷款金额为每年1 000元，则不能满足简单的再生产，也不能扩大生产规模。

除此之外，在发展过程中产生的中间业务也不能很好地满足农村需求。众所周知，城镇经过多方的探索和发展，形成了较为完善的中间业务，如资金结算、交易、投资、理财等，但是农村地区发展落后，设备设施不完善，人们的思想观念不能及时更新，因此在开发金融产品时容易受限，形成单一的投资模式，导致农村经济资金分布不合理，贫农苦于无资金，富农资金闲置。由此可见，农村金融机构在开发产品时要充分考虑农村的实际情况，对资金进行优化配置；加强技术创新，完善电子信息网络以及现代化建设所需设施；改变农村陈旧的思想观念，引导农民学习新技术，使用现代化的电子设备，与大型支付系统相连接，从而方便资金的使用。

二、农村金融扶贫方式缺乏针对性

农村金融扶贫方式缺乏针对性主要体现为农村保险业发展落后，农村保险经营主体单一、缺乏竞争力，农民真正需要的金融产品配置不到位。

我国农业保险相对于其他保险种类来说发展较慢，体系也不健全，在金融扶贫方面发挥作用的时间也较短；由于保费过高、机构分散不到位等原因，导致农村投保率较低，无法从经济和人身方面保障农民的利益。

保险公司由于对农村市场的调研并不充分，无法紧跟农业经济的发展步伐，加上农村产业结构在不断调整，保险公司很难满足新的保险需求。现在的状况是，农业保险风险较大，而商业保险公司不愿承担较大的损失。当然也有发展不错的农业保险项目，如中国人民保险在农用车保险业务方面做出了一定的成绩，但是农用车的保险费率很低，并不能给农民带来实际效益。在人身保险方面，农民对养老保险有较大的需求，但保险费率过高，超过了农民能承担的平均水平。此外，在人身意外险方面，农村人口也有较大需求，但并没有得到满足。

三、扶贫小额信贷风险补偿机制亟待完善

金融扶贫作为精准扶贫的重要内容，其工作重点是专门为建档立卡贫困户量身定制免抵押、免担保的扶贫小额贷款。扶贫小额信贷风险补偿基金与扶贫小额信贷政策相配套，在防止金融风险过大、增长扶贫小额信贷额度、推动扶贫脱贫工作等方面具有积极作用。然而，从现有的扶贫成果来看，扶贫小额信贷风险补偿基金还存在许多问题，具体表现在以下几个方面。

一是风险补偿的流程与操作不规范，主要体现为各地风险基金的补偿流程

不一致，实际操作细则不明确。据调查，申请风险补偿的时间一般在每年第四季度，尽管各地的管理办法中都有明确的补偿流程，但是要启动风险补偿，经办银行还需就具体操作细则与政府相关部门进行反复协商。然而，风险补偿工作涉及县扶贫办、乡镇扶贫工作站、财政局等多个部门，审批程序较为繁琐，审批流程较长，导致风险补偿难以及时落实到位。

二是风险补偿的范围与标准不明确。在各个地区的风险补偿基金管理办法中，给予补偿的情况大多是借款人丧失劳动能力、借款人死亡以及由重大灾害等不可抗拒因素造成贷款损失。此外，还有一些情况是没有明确规定的。例如，借款人名列贫困户名录，接受了贷款，但由于其他原因，没有通过扶贫办的重新审核。对于他们的贷款，应不应该被归为风险补偿范围，以及如何对他们进行补偿，都没有明文规定。此外，一些地方对于借款人有能力偿还却恶意逃债的贷款是否有补偿也没有明确的规定，导致其风险补偿难以落实。

三是风险补偿资金难以完全覆盖贷款集中到期风险。根据各地规定，扶贫小额贷款一般是风险补偿基金的十倍，由银行金融机构发放。

在广西壮族自治区，扶贫小额贷款只是风险补偿基金的八倍，并且在这些贷款当中，有一半以上的贷款都与 2019 年到期。如果贷款同时到期，就会出现不良贷款率突破临界值的现象，而风险补偿需求是不能通过现有的风险补偿资金得到满足的。

四是因贷款不良导致贫困户不良征信记录问题难以消除。对于贫困户来说，一旦贷款出现了不良情况，征信系统就会自动生成其不良征信记录。根据《征信业管理条例》的规定，个人不良征信记录在贷款结清满五年后才能消除。这将使该类贫困户在相当长的一段时期内，难以再度享受国家金融政策扶持，从而影响其脱贫奔小康的进程。

四、扶贫再贷款的使用和管理规划不清晰

扶贫再贷款的使用和管理规划方面的问题主要体现在三个方面。

第一，扶贫和再贷款的使用率较低。扶贫再贷款是中国人民银行为引导地方法人金融机构扩大涉农信贷投放，降低“三农”融资成本，对其发放的信贷政策支持再贷款，是中央银行在基层可操作的货币政策工具。但近年来，一些金融机构由于存款规模不断扩大，自有资金较充足，实行审慎的信贷投放政策，贷款限额使用率不高。

第二，国家对扶贫攻坚信用政策宣传的重视不够，农民扶贫开发再融资意

识很低。地方机构也没有及时宣传关于扶贫再贷款的各种信息，导致大多数农民对中央扶贫贷款政策的了解不够深入。此外，金融扶贫信息系统不够完善，政策宣传力度不够，导致信息交流与政策链接效率低下，金融机构无法及时掌握准确的信息和相关的政策，从而导致无法进行下一步行动，最终导致农业贷款的目标不准确，措施不准确。

第三，扶贫金融产品缺乏创新。扶贫金融产品创新不足，不能把龙头企业、合作社和贫困户的贷款融资与产业融合和就业联系起来，不能解决当前扶贫贷款不足与贫困人口需求相矛盾的问题。

第二节　农村金融扶贫政策的优化

一、丰富农村金融扶贫体系

农业发展银行应根据农业目前的发展形势和农民金融多元化的需求，拓展扶贫范围，同时判断我国农村发展形势，相应地扩大自身的经营范围。

首先，要继续做好采购、贷款以及粮食、棉花和石油的购买工作，同时将工作的重点从最初的购买农产品转移到推广农业科学技术和应用、开发综合的农业系统、加工农业副产品等方面。调整种植结构，发展特色农业，是农业产业结构调整的重点，尤其是发展具有区域和民族特色的优质农产品。

其次，农村社会的发展和经济服务能否到位主要取决于农业生产服务，要大力发展农业，进行土地治理、建设大型商品粮生产基地等农村基础设施建设活动，就要科学规划中长期贷款政策。

最后，一些规模较大的农业发展项目可以考虑加强与其他农村金融机构的合作，如中国发展银行等。要想更加贴近“三农”，扩大农村金融网点的服务范围，还可以建立区域农业开发银行，从而提高农村金融机构的服务质量，开发新的满足农民需求的银行卡种类，帮助农民使用网上银行并学会运用现代支付手段等。另外，要优化农业开发银行的债务结构，以市场为导向，寻求多元化的资金来源。政府应采取一系列措施，确保农业发展银行的资金充足，将部分资金投入农业开发银行，降低农业开发银行的所得税和营业税。农业发展银行为了规避不良贷款数量过多，建立了贷款回收担保体系，这有助于农业开发银行给农村提供更多的贷款。

中国农业银行是农村的金融支柱，因此要充分发挥作用。第一，中国农业银行要想服务于“三农”，就要从县域出发；要想提高金融融资功能，增加“三农”金融服务的渠道，就要给予县域金融机构更大的自主权。2017 年，农行加大了对县分行的投入，扩大了分支机构，改善了县域分布布局，提高了业务服务水平等，并提供金融服务载体，如 POS 机、网银等工具，方便农村居民灵活使用资金。第二，农业银行不仅要给农村地区提供资金，还要帮助农民运用资金创造财富，并规范资金发放流程；加大对敢于创新尝试农业产业化农民的贷款力度，对于信用较好的农民，更要加以鼓励，从而加快地方经济的发展，改革农村消费结构，扩大农村内需；向农民普及电子网络服务内容，介绍各种银行卡的适用范围，让农民意识到电子银行的快捷。另外，农业银行也可以与其他农村金融机构合作，探索出在农村发展金融业务的有效途径，加大对其他机构的金融贷款力度。

要想完善农村信用社的服务功能，必须深化改革。以“三农”为服务对象的农信社，要想增加农民的收入，为农民提供更好的服务，就要重点调整农业产业结构，同时加大对农业的投资力度，按时发放小额信贷，并研发多种金融产品来满足农民在生产生活中的资本需求，从而支撑新农村建设。除此之外，农村信用社还要完善法人制度，加强对内部的监督；允许多种所有制并存，丰富自身的服务内容，进一步完善服务功能，提高工作效率。

邮政储蓄银行可以通过以下途径进入农村金融市场。

第一，加强与各类金融机构的业务合作，根据农民的需求，完善自身的功能。在扶贫中，尽可能多地把资金向农村倾斜；参与农村商业银行，购买国债和政策融资，保证及时返还农村资金。第二，扩大邮政储蓄银行的金融扶贫范围，根据其他金融机构在农村金融发展过程中遇到的问题进行相应的调整，培养业务能力高的工作人员；针对不同经济水平的农民发放额度不同的贷款，建立健全担保体制，为农民提供有力的保障。

二、创新金融组织的发展方式

第一，要从市场经济发展的客观规律出发，在满足或者达到一定发展水平的农村乡镇设立适合新型农村金融业务的机构。随着我国市场经济的不断发展，人们的物质生活水平逐渐提高。人们的金融需求从单一的存贷转变为结汇、保险、投资理财、基金、代缴各项生活费用等；种植业的模式也出现了转变，向农业产业集群化以及个体户等方向发展，促进了以家庭为单位的农村经济形式的发展；农民中也有大量的劳动力流入城市。因此，设立合理的金融机构势在必行。但是，要想满足农村金融所有的需求，就必须创新金融组织的发展方式。

2006年，中国银行业监督管理委员会颁布了《关于调整放宽农村地区银行业金融机构准入政策更好支持社会主义新农村建设的若干意见》（以下简称《意见》）。该《意见》要求金融机构在合理合法、合作共赢、公平竞争，积极向上的条件下蓬勃发展，同时也要求各银行金融机构采取多样的、严格的监管措施，指导和监督新成立的银行法人机构的资本投资。十九大报告明确指出，有必要推进金融体制改革，引入市场机制，建立多种形式、完善职能、有序竞争的农村金融体系。为了得到较高的利润，使金融机构在农村市场发挥更大的作用，应促进多元化金融机构之间的竞争。通过市场调节，设定当地经济环境可以接受的利率。新农村金融机构可以整合民间资本，使其在农村经济中发挥更大的作用，促使民营资本发展走上正轨。这样一来，农民就可以依靠农村地区的小额金融扶贫机构满足自身的金融需求。各种阶层的金融机构应根据自身特点，相互扶持，保持沟通，弥补对方的不足，在农村金融发展的过程中共同进步。

第一，进一步发展农户小额信用贷款。带领农民提高理财意识，运用闲置资金和劳动力创造更多的财富。由于农村小额贷款在发展过程中问题重重，人民银行发布了很多文件来解决这个问题，取得了良好的成绩。例如，设立灵活的贷款利率，为农民提供多元化的小额贷款，包括为低收入家庭提供免息或超低利率的贷款，给农民致富创造更多的机会。其二，进一步扩大小额信贷的使用范围。根据实践，设立适用当地农村的贷款利率、金额和期限。农民对金融产品的需求是多元化的，他们贷款的目的也不尽相同。因此小额信贷在拓展贷款的使用途径、创新贷款方式方面仍需创新。其三，人民银行应扩大农业再融资规模，降低农村信用社、邮政储蓄的贷款利率，扩大金融机构的贷款规模，促使农村信用社向农民发放小额信贷贷款。其四，要发挥政策的指导作用，制定和实施能够激发商业银行、合作银行等金融机构发放小额贷款的积极性和主动性的政策。

第二，创新农业担保方式，健全农村担保机制。在农业融资担保中，大多数农民更偏向于选择信用担保方式。2004年和2005年的中央“一号”文件都鼓励担保机构深入农村地区，根据农民的需要向农民提供担保服务；鼓励各类信用担保机构在农村地区通过财政补贴和税收优惠等方式建立农村信用担保机构。为保证市场良好运行，应建立多元化的担保体系，为农民贷款担保提供便利，创新担保机构信用体制，简化流程，解决农民贷款难的问题；增加农民和农村企业的贷款种类，激励各金融机构建立完善的贷款流程、制度，方便客户快速及时地获得贷款，避免造成不必要的损失。

第三，创新金融产品，提高金融扶贫的服务质量。要想满足农村地区企业和农民的多样化需求，需要采用多种支付方式，方便农村经济业务的开展，加大对银行卡业务的投资。与存折相比，银行卡更便于保存和携带。然而，在农村地区，POS 机和 ATM 机非常少，要想建立健全金融支付平台，就要普及银行卡业务。另外，银行要善于打破常规，开发具有前瞻性的金融产品；不根据利润筛选客户，在金融机构中起到模范作用。对于有经济能力的客户，应引导他们树立理财观念，并根据农村收入的时效性和周期性，为他们提供医疗和教育方面的贷款，开发农民真正需要的金融产品，从而帮助农民致富。

第四，建立农村保险市场体制，为农业投入提供补偿机制。农业保险主要发挥中介的作用，同时遵循政府主导、农民自愿参加的原则，在财产和人身健康方面为农民提供保障。保险公司要根据农民的需求设计保险产品。保险产品的设计要具有灵活性，要根据农作物的生长周期、养殖业的繁育周期等制定不同的保费收取时间，在收获季节上缴保费，在自然灾害造成农业损失期间及时予以补偿，从而使农民维持正常生活。在人身健康方面，应根据当地的医保政策，填补财政在医疗方面补贴的空白，保障农民健康体面的生活。政府对于农村保险也应积极地给予财政补贴，激发农业保险的积极主动性，降低保险公司的运营成本，提高政府和企业在农民心中的公信力。

三、完善小额贷款机制

一是强化部门协调和监督机制。各级地方政府与扶贫办、财政局等职能部门，应在坚持现有座谈会、调度会、联席会制度的基础上，进一步加强与金融机构的工作联络，明确责任分工，强化监督管理与信息共享，推动扶贫联动机制高效运行。

二是规范风险补偿基金运作管理。建议由市扶贫办牵头，建立规范统一的风险补偿流程、范围与标准，尤其是对于已脱贫户和重新界定后清理出档的借款户，应一并补偿其贷款损失，并在扶贫贷款形成不良征信记录前，尽快启动风险补偿程序或先行代偿。在办理补偿过程中，应切实简化报批手续，明确办理时限，确保补偿资金足额到位。

三是拓展风险补偿资金来源渠道。各市（县、区）应根据扶贫小额信贷规模增长情况，有效拓展基金来源渠道，不断扩大风险基金的规模。除了将基金补偿计划纳入地方财政年度预算之外，还可动员一些大型企业、社会团体和个人捐款资助，以确保风险补偿基金规模与信贷增长及其风险补偿需求相匹配。

四是建立金融机构代偿储备金制度。建议各市（县、区）扶贫办与当地金融机构协商，由金融机构建立配套的扶贫小额信贷风险代偿资金专户，在政府给予风险补偿的同时，对应由金融机构承担的贷款损失部分提前进行代偿，以避免因不良征信记录给贫困户造成的后续不利影响。

五是探索创新保险扶贫产品。充分发挥商业保险在助力脱贫攻坚中的保障作用，切实建立健全保险扶贫机制，创新保险扶贫产品，完善保险扶贫方式，为贫困户提供“一揽子”保险扶贫服务，由地方财政和个人合理分担其保险费，以进一步提高贫困人口抵御风险的能力。

六是深化农村信用体系建设。通过完善贫困户信用等级评定，强化对信用的要求，让农民对信用机制有一定的认识。这不仅有助于金融扶贫工作中贷款的发放，也可以提高农民的整体素质。此外，“守信激励、失信惩戒”的准则也有助于农村金融环境良性发展。

七是加大对不良贷款的处置力度。要想明确金融资金的法律地位，司法机关要加大执法力度，帮助银行减少各种不良贷款造成的损失，从而提高结案率，加快诉讼审批流程。

四、创新农村金融扶贫新模式

首先，改善现有的金融扶贫体系，避免工作时由于信息不对称造成的沟通不畅和效率低下的问题。在设立贫困户档案卡的问题上，应该加快步伐，使政府和金融机构随时掌握贫困户的经济发展状况并预估脱贫时间，把扶贫资源用在有需要的人身上。

其次，加强国家信贷政策宣传，提高农民对开办扶贫再贷款的认知度。农业方面的贷款要遵循“对象精准、措施精准、及时到位”的原则。积极的贷款政策可以使农户更加直接地感受到党和国家的温暖，也可以帮助贫困户早日致富。在发放贷款时，要注意普及发放贷款的意义和目的，使农村金融市场形成良好的秩序。

最后，开展扶贫金融产品创新，不断推进农村信用体系建设。应加快各种金融服务在农村地区的投放，均衡城市与农村的金融资源，缩小城乡差距；开发农户真正需要的金融产品，满足农户多元化的需求，避免资金闲置，造成损失。对于贷款难的问题，应针对不同的需求对象，设立不同等级的贷款体系，帮助农民致富。

五、推进互联网金融扶贫手段创新

（一）手机银行

我国加入 WTO 后，金融市场的发展速度逐渐加快，并且随着网络银行竞争的加剧，我国的手机银行业务开始出现。招商银行、光大银行、中国银行、中国工商银行于 2000 年 5 月相继开通了手机银行业务。目前，手机银行已经从最初只提供账户查询业务发展到今天可以进行支付、外汇、基金等全交易类业务。

目前来看，我国的手机银行运营模式都以银行为主导。商业银行的手机客户端，是将网上银行的业务模式直接复制到手机客户端，仅是传统商业银行业务网络的延伸，面对的依然是城市人群、原有客户。然而，手机银行在非洲和南美洲的实践表明，手机银行的诸多特点适宜作为推进普惠金融的手段在农村地区大力推广。目前我国农村金融市场已具备了发展普惠金融的基础条件。

第一，农户日益增长的金融需求的需要。随着城镇化的推进以及农村地区整体经济发展水平的提高，农户的金融需求由简单的小额资金的存取发展到汇兑、转账，进而产生了理财投资等需求，但传统大型金融机构出于信息与成本问题的考虑不愿提供或无法提供相应的金融服务，使部分农户的金融需求被压抑和排斥。农业银行和农村商业银行的商业化、村镇银行运营模式与股份制银行的同质化、小额贷款公司和资金互助社的发展屡次突破法律红线等问题，导致不能有效地适应金融空白小额、分散的特点，不能有效解决供不应求的问题。手机银行方便、快捷、成本低、效率高的特性使其成为缓解农户金融排斥的优选手段。针对金融空白地区金融发展迟滞的问题，加之国外发展中国家手机银行的迅速崛起，监管部门已经意识到手机银行在解决金融空白问题方面的重要性。2011 年，银监会在《关于继续做好空白乡镇基础金融服务全覆盖工作的通知》中指出，要积极发展电话银行、手机银行等现代金融服务方式。目前，我国银行中已经推出手机银行业务的有大型国有银行、全国性股份制银行、部分城市商业银行和农村商业银行，以及极少数农合行、新型金融空白机构和农村信用社。区域性手机银行基本上是网络银行的手机化。与我国金融空白相关的有特色的手机银行业务包括无卡取现、手机银行按址汇款和手机金融等。

第二，行业垄断被打破，激发了发展潜力。随着利率市场化改革的不断推进，传统商业银行的盈利模式发生了变化，和通信商合作建立手机银行，开拓广阔的农村市场，成为其发展的内在需求。与此同时，通信市场的市场化进程也在加快。自 2013 年起，工信部开始派发虚拟运营商牌照，至今已有 42 家公司获得了牌照，通信市场的垄断局面已被打破，竞争日益加剧。在未来，以银行和运营商为主导的手机银行将获得极大的发展。

第三，金融基础设施条件已经具备。根据中国互联网络信息中心（CNNIC）第 44 次《中国互联网络发展状况统计报告》统计，截至 2019 年 6 月 30 日，我国网民规模达 8.54 亿，互联网普及率为 61.2%；手机网民规模达 8.47 亿，网民通过手机接入互联网的比例达 99.1%。其中，农村网民占比为 26.3%，虽然占比不大，但总规模高达 2.25 亿。此外，自 2013 年 9 月起，我国全面实行了手机实名登记及认证制度，具备了发展手机银行的基础硬件条件。银监会《关于做好 2016 年农村金融服务工作的通知》提出，力争在 2020 年年底全面消除金融机构空白乡镇，在具备条件的行政村推动实现基础金融服务“村村通”。这些宏观政策也为手机银行的发展带来了新的机遇。

第四，农村教育水平和消费习惯不断提高和改变。教育水平的逐年提高为手机银行服务的推行打下了坚实的基础，能够使手机银行的推广难度降低。同时，农村消费习惯也在逐渐改变。近几年，支付宝、微信等的推广，极大地带动了手机支付、转账等基本功能的使用，这能够帮助农民快速接受手机银行提供的功能服务。

（二）农业众筹

随着互联网技术的迅猛发展，“互联网＋”的概念风靡全国，加之我国农村网络覆盖率不断提高，“互联网＋生态农业”逐渐成为一种新的潮流。

2016 年 4 月 22 日，《“互联网＋”现代农业三年行动实施方案》颁布，提出应以推进农业在线化和数据化为根本任务，全面提高农业信息化水平。农业众筹就是借助现代信息通信技术发展起来的新型金融工具。自 2014 年农业众筹正式进入中国内地以来，其“从田间到舌尖”的发展模式迅速获得了投资者青睐。

与传统的融资方式相比，农业众筹资金的投向针对性更强，直接指向了投资者认为有价值的农业产品、创新项目；投资者参与程度更高，信息相对透明公开；草根创业者获得了融资渠道，使创意成为现实，实现了自己的梦想和自身社会价值，投资者参与积极性很高。此外，具有双边市场特点的众筹平台还具有明显的“正外部性”和“正反馈效应”，因为越来越多投资者的参与吸引了更多的筹资者将项目投放到平台，促使更多高质量的项目在平台上聚集，进一步提升了项目的成功率，从而形成了自增强效应。但是，目前农业众筹成功率很低。根据《2016 年中国农业众筹发展研究报告》对我国各个农业众筹项目发布平台的统计，共有 2 250 个农业项目出现在 88 家众筹平台上；在项目数排名居前的 28 个平台中，14 个平台项目成功率都在 50%以下。

由信息与成本问题导致的内外部高风险是造成这一问题的关键。信息不对称导致的政策不稳定、行业经营风险、产品质量风险增强了农业众筹的不确定性；而高物流成本限制了农业众筹的发展区域，使风险贯穿于众筹的各个环节。

1. 监管与政策风险

农业众筹作为新生事物，目前尚未有专门的行业准入监管法规，只有 2014 年 12 月 28 日中国证券业协会颁布的《私募股权众筹融资管理办法（试行）（征求意见稿）》提到了对股权类众筹的监管意见。该意见对于推动中小微创业企业众筹融资的合法化具有积极的指导意义。其他领域监管法律的缺失导致资金监管不到位、产品标准不明晰等问题引发的纠纷难以解决，这不仅打击了投资者的参与积极性，更使得新兴的农业众筹行业的发展受限。

2. 外部行业风险

农业众筹作为互联网金融的一部分，受到行业发展态势的影响。受 P2P 跑路潮的影响，农业众筹也被看作诈骗、非法集资，使其规模扩大受到了影响。在具体运作中，筹资者与投资者之间存在信息不对称的问题，增加了潜在的欺诈风险。一方面，行业发展规范与评估流程尚未建立，众筹平台对筹资者的信息披露也有限，投资者的资金安全难以保障；另一方面，筹资者多为不具备专业知识的农户、农场主等，增加了众筹发展的难度。

3. 农业经营风险

农产品固有的生产周期长、保质期短、单价低的特点，以及农业自身的脆弱性，使得农业众筹需要承担农业生产过程中的自然灾害与市场风险。一旦风险发生，就会影响农产品的收成和质量，进而影响筹资者的履约能力，引发信用风险，导致投资者的利益受损，使农业众筹的发展受到限制。

4. 成本与物流风险

我国的农业众筹目前仍保留着“高端小众”的特点，运输环节仍以“点对点”的单个农场主配送为主，效率低，成本大，单位产品的物流成本很高。同时，由于农产品保鲜的需求，需要冷链物流的支撑，但是基层物流网点在交通不便的乡村存在“最初一公里”难以支持的问题。以上这些因素导致目前绝大多数农业众筹只能在特定地区开展，如北京市、上海市、广州市等大城市的郊区，难以大范围推广，限制了农业众筹的发展范围。

（三）电子商务

以阿里巴巴集团在农村的布局为例。阿里巴巴集团布局农村电商的时间要早于京东集团。早在 2003 年淘宝诞生后，阿里巴巴集团就在江浙、广东一带形成了一些乡镇淘宝创业聚集地——淘宝村，把互联网技术带到了农村，提供了“线上”与“线下”产业融合的机会；2012 年衍生出“遂昌模式”，以本地化电子商务综合服务商为驱动，带动了县域电子商务生态的发展，促进了地方传统产业，尤其是农业及农产品加工业实现电子商务化；2015 年 11 月，阿里巴巴集团旗下蚂蚁金融服务集团控股的网商银行推出了农村信贷产品“旺农贷”，可以为农村养殖业者提供无抵押、纯信用的小额贷款；2016 年 3 月，蚂蚁金服宣布启动“千县万亿计划”，希望用三到五年的时间在全国 1 000 个县助推和完善“互联网＋商业、公共服务和创业金融”的平台，使蚂蚁金服的大数据、技术能力和各地基层政府大数据相结合，撬动万亿社会信贷资源共同参与县域升级，助推城乡均衡发展；2016 年 7 月，阿里巴巴集团对外发布村淘 3.0 版本，其功能被冠以“三个中心”概念，即生态服务中心、创业孵化中心和文化公益中心，将过去农村淘宝合伙人的角色定位从创业者变成了服务者，逐步形成了农村电商的生态圈。

阿里巴巴集团对于农村金融市场的布局，采用的是传统消费信用模式，以支付宝为核心，逐渐培养用户对于支付宝的使用习惯。阿里巴巴集团利用芝麻信用在大数据领域的优势，可以积累海量的金融数据，提供综合的金融服务：既可以为其他金融机构提供数据支持，也可以利用本身的数据优势开展信贷业务。从商业模式来看，阿里巴巴集团通过电子商务平台，把工业品、农产品、金融产品都放在网络平台中，突破了“店面”销售的现状。从运营模式来说，阿里巴巴集团在乡村设立村淘服务中心，代购淘宝、天猫上的产品给农村用户，销售当地的特色农产品等，满足了农村用户的需求；从物流模式来看，阿里巴巴集团通过“菜鸟网络”与物流合作伙伴共同建设农村配送平台，形成了通畅的农产品上行、工业品下乡双向网络。

需要注意的是，阿里巴巴集团布局农村市场所依托的大数据，有着潜在的难以回避的问题，如大数据到底属于谁？是否侵犯人们的隐私？大数据立法显然是未来趋势，但随着其征信数据被迫开放，阿里巴巴集团如何保持其优势将成为关键问题。

第十二章 财政、金融联动精准扶贫

党的十九大强调，要坚决打赢脱贫攻坚战，确保贫困人口到2020年如期脱贫。精准扶贫既是一个政治问题，也是一个经济问题。从精准扶贫的作用机制来看，无论何种方式的扶贫，最终都绕不开“资金”这个核心要素。财政和金融作为资金供给的重要表现形式，在精准扶贫的“输血”和“造血”方面发挥着不可替代的作用。近年来，各地、各部门借助财政和金融手段对实施精准扶贫进行了不少探索，并取得了一些成效，但由于两者缺乏有效的协调配合，政策耦合效应没有得到发挥，影响了精准扶贫的效果，主要表现为政策供给错配。例如，对一些丧失劳动能力或不完全具备再生产能力的扶贫对象，以“输血”功能为主的财政兜底手段跟进不足或跟进的有效性不足，过度指望以“造血”功能为主的金融扶贫手段或其他扶贫手段补位，导致金融难介入、群众难脱贫；相反，对一些本可通过“造血”或“部分输血＋部分造血”走上富裕道路的扶贫对象，过多地给予了财政托底支持，既加重了财政负担，又助长了“懒汉思想”。因此，在中央“既不降低标准，又不吊高胃口”的精神指引下，如何科学构建财政金融联动精准扶贫协调机制，如何有效组合财政金融精准扶贫策略，让具有政府经济行为属性的财政扶贫手段和具有市场经济属性的金融扶贫手段有机衔接，精准发力，协同施策，形成“财政输血、金融造血、产业增收、群众脱困”的良好局面，是摆在我们面前的一个重要课题。

第一节 财政、金融政策推动下的精准扶贫

一、财政、金融联动扶贫现状

目前，财政扶贫政策已经初步形成体系。第一，中央和省级财政加大了对

贫困地区的一般性转移支付力度。在全国832个国家扶贫开发工作重点县和连片特困地区县一般预算支出中，上级补助及返还比例达80%。中央和省级财政在转移支付方面对贫困地区的倾斜支持，切实加强了贫困地区的财力保障。第二，专项转移支付向农村贫困地区、贫困人口倾斜，有力地改善了农民的生产生活条件，使农业生产得到了发展。具体政策包括利用可再生能源发展专项资金支持无电地区建设光伏发电设施，中央财政安排的支持农业生产发展、草原生态保护、退耕还林、农田水利设施建设、水库移民后期扶持，“一事一议”奖补资金等。第三，广开渠道，增加财政专项扶贫资金投入。中央财政坚持将专项扶贫资金投入作为支出保障的重点之一；安排国家预算内投资、国债投资、国债转贷等专项扶贫投资项目，重点在基础设施建设、异地搬迁等扶贫项目；拓宽扶贫开发资金渠道，安排专项彩票公益金用于支持贫困革命老区扶贫开发；多渠道筹措建设资金，向有一定收益或者地方政府能够提供合理补贴的基础设施项目推广PPP模式，吸引社会资本和政策性金融机构参与项目投资、建设和运营，提高基础设施运营水平。财政扶贫资金使用应与建档立卡结果相衔接，围绕激发贫困群众内生动力、增强贫困群众自我发展能力，切实发挥财政资金的使用效益。

金融扶贫体现在人民银行的货币信贷政策、银监会的监管支持政策、证监会资本市场支持政策、保监会针对扶贫的专项产品开发，以及开发性金融扶贫、商业性金融扶贫等方面。在习近平总书记精准扶贫思想的引领下，金融部门高度重视金融扶贫，“一行三会”也出台了一系列扶贫政策和措施，相关部门共同发挥了协同攻坚的作用。

人民银行于2016年3月提出大力推进贫困地区普惠金融发展，设立扶贫再贷款，利率在正常支农再贷款利率的基础上下调1个百分点，引导地方法人金融机构切实降低贫困地区涉农贷款利率水平。2017年，银监会牵头推出了扶贫小额信贷产品。扶贫小额信贷是为建档立卡贫困户量身定制的金融精准扶贫产品，其政策要点是5万元以下、3年期以内、免担保免抵押、基准利率放贷、财政贴息、县建风险补偿金。保监会早在2008年就推出了农村扶贫小额人身保险，政策性农业保险也在不断创新。保监会充分发挥了保险行业体制机制的优势，履行了扶贫开发的社会责任，全面加强和提升了保险业助推脱贫攻坚能力，帮助农村贫困人口摆脱了因病因灾致贫返贫的恶性循环。

二、财政与金融协同扶贫的客观必然性

（一）财政扶贫无法满足农民的资金需求

农民收入的问题主要取决于农村资金的供给。近年来我国的财政政策重点向农村倾斜，加大了财政扶贫的力度，向农村投入了大量财政扶贫资金，但依然存在资金匮乏的问题。主要原因在于单纯的财政投入无法有效地配置资金，极易导致资金外流，形成农村的“资金洼地”；其次，除了信贷扶贫资金以外，财政扶贫资金本身不能以现金形式直接流入农民手中，均需要以财政扶贫项目等形式与农民需求对接。这样一来，农村金融信贷就需要提供资金支持和补充，及时满足农民的资金需求，使农村资金流形成良性循环。

（二）金融扶贫需要财政政策的引导和支持

我国农村信贷一直存在农民贷款规模小、数额低，银行不敢贷、不愿意贷款给农民的窘境。其主要原因有两方面：首先，银行利益最大化的目标与财政以扶贫为首要目标相矛盾，把农民存在银行的钱贷给了城市的资金需求者，从而造成了农业资金的大量外流，无法做到农村金融的“取之于农，用之于农”；其次，农村信用体系尚未完全建立，农民没有足够的抵押资产，缺乏可靠的担保人，无法满足金融支持所需的外部环境。这样一来，就需要财政协调与金融机构的矛盾，通过建立贷款担保资金，监督规范银行行为，使二者在扶贫目标方面达成一致。

（三）财政与金融协同扶贫是开发式扶贫和救助式扶贫的有机结合

开发式扶贫一直是我国农村扶贫的特点，因为它能够保证农民有稳定的收入来源，也有利于农村的可持续发展。随着我国市场经济的完善，在利用自然资源进行开发扶贫的同时，还应注重促进人力资源开发，通过对农民进行技能培训，加强农村基础教育，培养懂技术的新型农民。考虑到自然资源（如农田水利、道路、荒山）的开发主要依赖以工代赈资金的投入，救助性扶贫主要应通过财政扶贫资金直接转移到农民手中。然而，现阶段开发式扶贫工作存在一定的资金缺口，急需信贷资金的大力支持。

第二节　财政、金融联动精准扶贫机制的理论分析

一、财政、金融联动精准扶贫协调机制

当社会生产力发展到一定水平后，人类社会仍然存在一小部分贫困群体。这主要是因为社会个体差异和资源禀赋差异的客观存在，导致收入分配难以仅靠市场机制调节达到经济发展成果惠及全体成员的理想状态。因此，针对社会生产发展的非均衡性，应依靠政府和市场两种力量，实施精准扶贫，弥补市场失灵的缺陷、实现收入分配的再平衡和生产发展结构的再优化。根据财政金融学理论，财政和金融均具有调节收入分配和资源配置的功能，同时两者在职能性质和运行机理上存在较大差异，这使得财政金融在精准扶贫中呈现出互补性和协调性。

（一）基于扶贫机理差异性的财政、金融联动精准扶贫协调机制

财政学创始人亚当·斯密认为，财政就是公共部门的经济行为；而马克思和恩格斯则认为财政学等同于“政府经济学”，强调“政府影响”的属性。在财政扶贫中，国家主要凭借其政治权力，通过制定彰显公平分配的标准和财政调节收入分配的特殊机制和手段，如社会保障支出、救济金、补贴等措施，使每个社会成员得以维持基本的生活水平和福利水平，同时通过税收调节、转移性支出、扶贫开发等财政政策引导社会资源配置向薄弱环节和短板部位倾斜。而金融作为配置资源并参与社会平均利润率分配的重要手段，则是通过市场机制配置资源，形成促进贫困地区和贫困群体加快生产发展的金融资本，进而实现其扶贫功能。财政和金融运行，一个靠政府经济机制，一个靠市场经济机制，将两者有机协调，在扶贫领域的不同部位、不同环节和不同阶段采取不同的策略组合，可以厘清政府和市场的边界，促使“看得见的手”和“看不见的手”的结构性和动态性形成最优协同，进而实现扶贫攻坚的帕累托最优效应。

（二）基于扶贫功能互补性的财政、金融联动精准扶贫协调机制

调节收入分配和资源配置是财政扶贫的两大功能。对于扶贫对象而言，前者相当于“输血”，后者相当于“造血”。由于财政是通过转移支付等手段来调节收入分配的，具有无偿性和单向性，使得财政在扶贫“输血”方面有着其他

扶贫手段所无法比拟的特殊作用。同时，相对于扶贫对象福利改善的巨大需求，财政资源又极其稀缺。这种有限性使得财政资源应更多地放在扶贫“造血”而不是“输血”上。相比之下，金融作为市场化运作程度最高的经济手段之一，其扶贫功能主要体现在资源配置作用的发挥上，其资金让渡具有信用性和有偿性，要求金融扶贫对象借助金融资本实现生产经营的保值增值，来保证自身剩余价值的增加和金融资本的偿还。这个过程更多体现的是金融扶贫的“造血”功能。因此，基于现实中财政资源的有限性和市场中金融资源的无限性，在财政金融精准扶贫体系中建立两者分工侧重与协调机制是十分有必要的。其中，财政更多地发挥着扶贫“输血”功能，金融更多地发挥扶贫“造血”功能，且财政可借助政策调节配合金融更好地发挥扶贫“造血”功能。

二、财政、金融联动精准扶贫策略组合

财政扶贫策略的选取与设定，既要考虑收入侧的可行性和导向性，也要考虑支出侧的统筹性、均衡性、倾向性与效益性；金融扶贫策略的选取与设定，则需要考虑金融介入的可行性，以及扶贫对象的承载力和金融资本的效率性；将两者相结合，则需要统筹财政与金融的机制协调和功能协调，以及扶贫对象的具体特征和发展规律。为了更加清晰地描述财政金融扶贫的策略组合，本书将财政扶贫方式划分为直接财政（低保支出、医保支出、救济支出、扶贫教育培训支出等财政补贴或结构性减免税等）和间接财政（财政引导基金、担保基金、财政贷款风险补偿等），将金融划分为政策金融（贴息贷款、优惠利率贷款等）、商业金融（完全按照市场规律发放的各类贷款）和非正规金融（民间借贷、合作互助等）。其中，直接财政主要是对参加新型农村合作医疗等社会保障体系的贫困群体、“五保户”或劳动力不足以支撑基本生活的贫困家庭，以及从事小规模生产经营的贫困主体，通过转移支付或税收减免，在医疗、教育、生活等保障性消费层面提供“兜底”支撑；间接财政主要用于支持贫困地区基础设施改造、公共事业、扶贫产业发展等领域，以及建立引导基金、贴息基金、风险补偿基金配合金融和社会资金进入，为贫困地区和贫困群体脱贫致富创造机会和条件；政策金融主要是响应国家政策号召，积极践行社会责任，对处于起步阶段且具有一定再生产能力的扶贫主体给予贴息贷款等金融支持，扶持其逐步走上致富道路；商业金融主要是按照商业化原则对贫困地区、扶贫产业和扶贫对象开展商业金融业务，支持其扩大再生产，实现脱贫致富；非正规金融包括便利化、低门槛、成本适中的民间借贷或资金互助，是资金融通的

补充形式，在扶贫领域有一定的作用空间，但要注意确保其规模适度和风险可控。图 12-1 所示为财政金融联动精准扶贫作用机制。

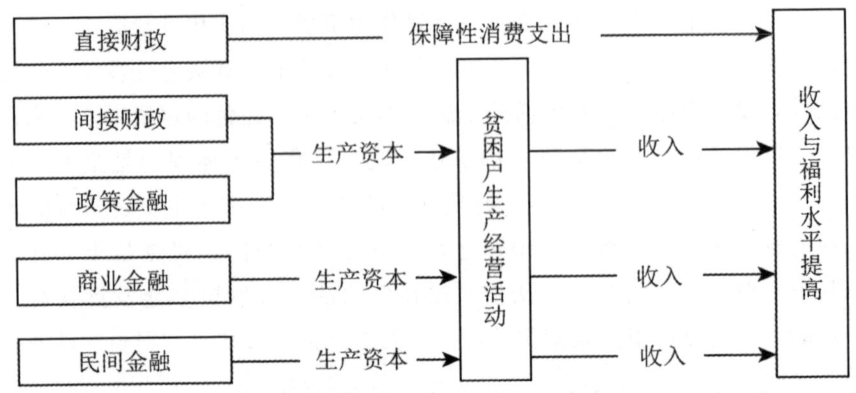

图 12-1　财政金融联动精准扶贫作用机制

根据到 2020 年全面建成小康社会的国家战略和有关部门的扶贫标准，可以将人均收入划为“三条线”，即最低生活保障线、脱贫线（因发展水平不同，各地存在差异）和小康线（一般认为人均收入达到 800～1 000 美元）。由此，形成了四类家庭群体：极度贫困家庭（人均收入在最低生活保障线以下）、贫困家庭（人均收入介于最低生活保障线和脱贫线之间）、相对贫困家庭（介于脱贫线和小康线之间）、富裕家庭（人均收入达到小康线以上）。当然，这种划分标准会随着社会发展的变化而变化。如果采用基于多维贫困理论的家庭状态识别体系，则可将其各种收入和各方面支出折合成“净现金流”，也可以近似地将家庭划分为上述四类群体。基于上述家庭分类，可以发现财政金融联动精准扶贫策略组合具有两种逻辑关系。

（一）财政、金融联动精准扶贫策略组合的静态逻辑

财政金融扶贫的精准性在于扶贫对象的针对性和实施策略的有的放矢。对于处于某一静态时间截面上的家庭，财政与金融扶贫的基本策略组合是极度贫困家庭依赖直接财政扶贫，贫困家庭则更多地依靠“间接财政＋政策金融”扶贫，相对贫困家庭更加需要“间接财政＋政策金融＋商业金融”混合模式扶贫，富裕家庭则可利用商业金融改善其生产生活福利。在空间维度上，财政金融联动精准扶贫策略组合随着不同群体的贫富特征呈现出结构性分布，其基本规律是贫困程度越高，越需要财政扶贫，尤其是直接财政扶贫；富裕程度越高，越需要金融扶贫，尤其是商业金融扶贫。

(二) 财政、金融联动精准扶贫策略组合的动态逻辑

经济社会发展和家庭状态是动态变化的，这就对财政金融精准扶贫策略组合提出了动态调整要求。对于具有可持续发展能力的家庭，当其处于极度贫困阶段时，应提供与其基本生活保障和适度扩大再生产规模相匹配的直接财政支持；在进入贫困阶段后，则应以“直接财政＋间接财政＋政策金融”的混合扶贫方式为主，满足其部分基本生活保障，进一步扩大再生产需要；进入相对贫困阶段后，应以“间接财政＋政策金融＋商业金融”为主，进一步发挥“造血”功能，帮助其步入致富轨道；随着扶贫效应的显现，进入富裕阶段后，此时具有扶持功能的财政金融精准扶贫政策的使命已经完成，该家庭可通过完全市场化的金融手段改善和提高家庭福利指数。如果扶贫期间因不可预见或不可抗力出现返贫现象，则应对财政金融精准扶贫策略组合进行适当回调。对于完全丧失劳动力的家庭或无赡养保障的“鳏寡独孤废疾者”，则应自始至终通过低保、福利院等直接财政手段或通过社会捐赠、救济等方法予以“兜底”。在时间维度上，财政金融联动精准扶贫策略组合随着家庭发展阶段的不同进行动态调整，其基本规律是越是处于起步阶段，越需要财政尤其是直接财政扶贫；越是处于发展阶段，越需要金融尤其是商业金融扶贫。图 12-2 所示为财政金融联动精准扶贫策略组合的动态逻辑。

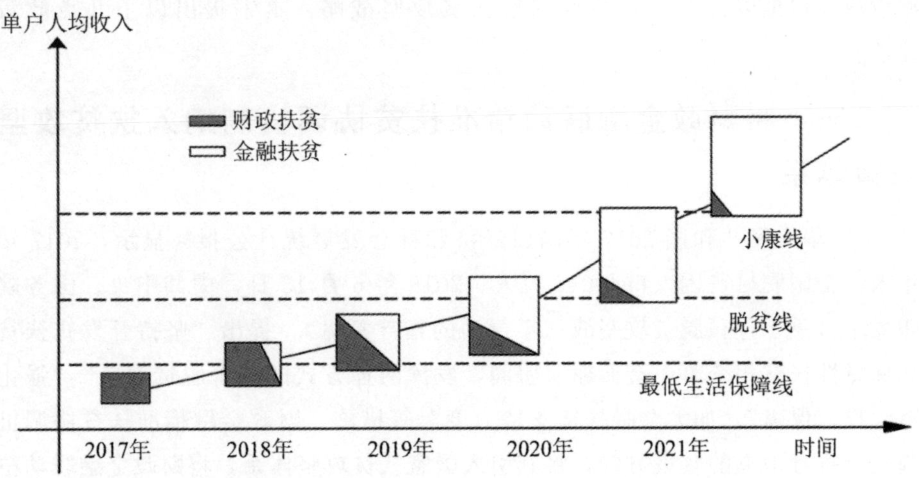

图 12-2　财政金融联动精准扶贫策略组合的动态逻辑

第三节 财政、金融联动精准扶贫的政策建议

财政与金融是我国减贫脱贫资源配置体系中的两大支柱，促进两者的有机衔接，充分发挥“输血”扶贫和“造血”扶贫的耦合效应，对提高减贫治理能力与绩效水平、确保打赢扶贫攻坚战具有重要意义。本节通过构建基于贫困家庭收入与福利改善的财政金融联动精准扶贫策略组合模型，合理设定模拟参数，借助系统动力学的系统软件进行效果模拟，得到了基本结论：一是财政金融联动精准扶贫协调机制具有内在机理性和功能互补性，将政府经济行为与市场经济行为、“输血”功能与“造血”功能有机协同起来，有利于实现扶贫攻坚的帕累托最优效应；二是财政金融联动精准扶贫策略组合的总原则是“宽松搭配、协调配合”，财政铺底、兜底，金融“造血”、开路，在贫困阶段侧重“宽财政、紧金融”，在富裕阶段侧重“紧财政、宽金融”；三是财政金融联动精准扶贫策略组合模型具有适用性和动态性，适合不同的家庭群体和家庭的不同阶段，如直接财政主要适用于极度贫困家庭，间接财政搭配政策金融主要适用于贫困和相对贫困家庭，商业金融则主要适用于相对贫困家庭奔向小康的过渡阶段。根据以上结论，结合国家扶贫攻坚战略，本书提出以下几点政策建议。

一、将财政金融联动精准扶贫协调机制纳入扶贫攻坚政策体系

《中华人民共和国 2017 年国民经济和社会发展统计公报》显示，2017 年年末，全国农村贫困人口 3 046 万人。2018 年 6 月 15 日，中共中央、国务院印发了《关于打赢脱贫攻坚战三年行动的指导意见》，提出“坚持开发式扶贫和保障性扶贫相统筹，造血输血协同，发挥两种方式的综合脱贫效应”“强化财政投入保障”“加大金融扶贫支持力度”等措施。财政金融精准扶贫协调机制完全符合中央的政策方针，将其引入国家扶贫攻坚体系，将财政金融联动精准扶贫与产业扶贫相结合，可以更好地发挥扶贫资源配置作用，提高扶贫资金的使用效率和效益；与扶志扶智措施衔接起来，正确处理外部帮扶与贫困群众自身努力的关系，注重帮扶的长期效果，夯实稳定脱贫、逐步致富的基础，避免陷入“福利陷阱”或产生贫困与非贫困的“悬崖效应”。

二、注重财政金融联动精准扶贫策略搭配的科学性和有效性

我国应在精准识别贫困家庭的民生状态与发展潜力的基础上，精准搭配财政金融扶贫措施，并予以精准动态调整。对于因病、因残、因学、因灾等致贫的家庭，应积极完善社会救助体系，用财政“稳定兜底”的方式防范贫困户的生活性风险；对于暂时处于贫困状态但具备劳动能力的家庭，在农村危房改造、技能培训、产业脱贫、教育脱贫等方面，因地制宜、一户一策地采取“财政＋金融”扶持手段，并引入扶贫资源竞争机制，在进行铺底扶持的同时防止吊胃口、养懒汉，用“蓄水盘活”的办法扶持其扩大再生产；对于步入脱贫正轨并逐步走向富裕的家庭，适时推出财政手段，发挥金融的“杠杆调节”功能。

三、完善实施财政金融联动精准扶贫协调策略的制度体系

一是健全财政扶贫制度。建立转移支付在低保、医保、救济等社会兜底中的识别、评估、动态调节和监督机制；出台扶贫引导资金、财政贴息、保险补贴、风险补偿、呆账核销等间接财政扶贫制度。二是完善金融扶贫制度。在宏观层面，完善精准扶贫再贷款制度、精准扶贫差别化 MPA 考核制度；在微观层面，建立普惠金融扶贫制度、金融风险识别与防控制度、金融扶贫产品定价制度、精准扶贫征信制度等。三是构建扶贫组织体系。构建多层级金融扶贫体系，推动开发性金融、政策性金融、商业性金融、合作性金融机构在精准扶贫中发挥协同功能；发展政策性融资担保机构；健全农村产权抵押担保平台。四是建立扶贫联动机制。构建财政、民政、金融机构等多部门精准扶贫联动机制，实施在财政金融支持下的城镇化扶贫、产业扶贫、创业扶贫、教育扶贫、科技扶贫等模式，落实贫困户小额贷款财政贴息、农业保险保费补贴等政策，完善创业担保贷款、扶贫贴息贷款等管理机制，形成扶贫攻坚合力。

参考文献

[1] 高健龙，高建伟. 精准扶贫政策解读［M］. 北京：中国农业出版社，2019.

[2] 高健龙，高建伟. 精准扶贫方法与路径［M］. 北京：中国农业出版社，2019.

[3] 刘璐琳，彭芬. 中国精准扶贫与案例研究［M］. 北京：中国人民大学出版社，2019.

[4] 朱良华. 财政扶贫的收入分配效应研究［M］. 北京：经济科学出版社，2019.

[5] 潘功胜. 金融精准扶贫：政策、实践和经验［M］. 北京：中国金融出版社，2019.

[6] 张瑞娟，任晓娜，李培林. 精准扶贫精准脱贫百村调研：灯塔村卷［M］. 北京：社会科学文献出版社，2019.

[7] 张子睿，谭军华. 农业精准扶贫引论［M］. 北京：中国商务出版社，2019.

[8] 蒋远胜，王挺. 农村金融改革创新与精准扶贫［M］. 成都：西南财经大学出版社，2018.

[9] 黄承伟. 精准扶贫精准脱贫方略［M］. 长沙：湖南人民出版社，2018.

[10] 孙璐. 项目绩效评估研究：基于精准扶贫的视角［M］. 北京：社会科学文献出版社，2018.

[11] 王灵桂，侯波. 精准扶贫：理论、路径与和田思考［M］. 北京：中国社会科学出版社，2018.

[12] 张占斌，张青. 新时代怎样做到精准扶贫［M］. 石家庄：河北人民出版社，2018.

[13] 周逢民. 金融扶贫三十六计［M］. 北京：中国金融出版社，2018.

[14] 郭利华. 金融扶贫：理论、政策与实践［M］. 北京：知识产权出版社，2018.

[15] 王宁. 金融扶贫理论与实践创新研究［M］. 北京：人民出版社，2018.

[16] 周艳. 财政农村扶贫政策及其减贫效应研究［M］. 北京：中国时政经济出版社，2018.

[17] 杨秋宝. 2020：中国消除农村贫困，全面建成小康社会的精准扶贫［M］. 北京：人民出版社，2018.

[18] 王丹. 农村金融扶贫效应分析［J］. 合作经济与科技，2019（10）：60-62.

[19] 舒畅. 乡村振兴战略下精准扶贫的关键环节研究［J］. 现代农业研究，2019（6）：

9-10.

[20] 龚月. 可持续发展视角下金融扶贫面临的困难与对策研究 [J]. 农业经济，2019 (4)：98-99.

[21] 杨雪琪，蔡洋萍. 乡村振兴战略下我国农村金融扶贫对策探析 [J]. 南方农业，2019 (4)：72-75.

[22] 吴沛霞. 浅析乡村振兴视角下农村金融精准扶贫思路 [J]. 纳税，2019 (3)：193，195.

[23] 胡颖欣. 我国金融扶贫法律制度创新 [J]. 农业经济，2019 (2)：99-100.

[24] 许安拓，姚景淳，丁崇泰. 当前扶贫攻坚的客观困境及体制缺陷破解分析 [J]. 财政科学，2019 (2)：59-66.

[25] 田晓丽，任爱华. 金融精准扶贫在河北的实践 [J]. 银行家，2019 (2)：126-127.

[26] 李梦歌，薛猛. 金融扶贫问题研究进展 [J]. 决策探索（下），2019 (1)：87.

[27] 李榛. 金融扶贫的实践与有效路径——以贵州为例 [J]. 征信，2019 (1)：60-67.

[28] 肖东云. 财政扶贫资金管理中的问题与措施研究 [J]. 中国乡镇企业会计，2019 (1)：89-90.

[29] 谭琴，高云鹏. 浅析“精准扶贫”的路径选择 [J]. 法制博览，2019 (1)：276-278.

[30] 王卫斌. 改革开放以来的农村扶贫开发实践 [J]. 钟山风雨，2019 (1)：4-8.

[31] 王爱云. 改革开放 40 年中国农村扶贫开发历程与经验 [J]. 泰山学院学报，2019 (1)：7-25.

[32] 张同庆. 浅谈扶贫产业项目在农村经济发展的作用 [J]. 农民致富之友，2019 (1)：240.

[33] 何月红. 农村扶贫研究热点评析与趋势展望 [J]. 才智，2019 (1)：246.

[34] 王伟. 乡村振兴视角下农村精准扶贫的财政路径创新 [J]. 重庆社会科学，2019 (1)：29-36.

[35] 李创，吴国清. 乡村振兴视角下农村金融精准扶贫思路探究 [J]. 西南金融，2018 (6)：28-34.

[36] 高云鸽. 金融扶贫模式及脱贫效果研究 [D]. 西安：西北大学，2018.

[37] 许健逵. 精准扶贫实践困境与对策研究 [D]. 广州：华南理工大学，2018.

[38] 崔宁波. 财政扶贫资金绩效审计研究——以河北省 A 县为例 [D]. 保定：河北大学，2018.

[39] 王宏飞. 农村金融发展、财政支农对居民收入效应研究 [D]. 湘潭：湘潭大学，2018.

[40] 翟真香. 基于平衡计分卡的金融扶贫绩效审计评价指标体系构建研究——以河北

省 XX 县为例 [D]. 南京：南京审计大学，2018.

[41] 王扬凯，汪小涵. 财政金融协同扶贫机制的研究 [J]. 时代经贸，2014 (6)：117.

[42] 黄可权，黄珊财. 财政金融双支柱精准扶贫协调机制与策略组合——基于家庭收入增长与福利改善的视角 [J]. 财政科学，2019 (1)：69-78.

附　录

附录一　金融扶贫直接效应实证数据一览表

序号	农户纯年收入（千元）	户主年龄（岁）	户主教育水平	劳动力人数（个）	拥有土地面积（亩）	农户贷款次数（次）	农户累计贷款金额（千元）	农户贷款项目
1	50	41	3	2	2.4	2	30	2
2	50	42	4	2	1	1	2	2
3	30	65	2	3	3	1	15	2
4	22	55	2	3	2	2	11	2
5	40	37	3	2	2	1	12	2
6	30	52	3	2	4.03	2	12	1
7	17	75	3	0	1.4	1	7	2
8	20	40	3	2	5	1	5	1
9	20	34	2	2	1.5	1	5	1
10	50	63	3	0	2	2	15	2
11	68	66	2	0	0	2	37	2
12	65	44	3	2	0	2	17	2
13	30	48	2	4	1.4	2	10	1
14	20	74	2	0	6	1	5	1
15	54	52	3	4	4	1	10	2
16	17	72	2	1	3	1	7	1
17	57	48	1	2	6	2	12	2

续表

序号	农户纯年收入（千元）	户主年龄（岁）	户主教育水平	劳动力人数（个）	拥有土地面积（亩）	农户贷款次数（次）	农户累计贷款金额（千元）	农户贷款项目
18	15	41	2	2	0	1	5	2
19	36	66	3	0	0	2	13	2
20	45	27	4	3	0	2	7	2
21	38	49	2	3	4.73	3	23	2
22	34	47	4	2	3	4	28	1
23	26	60	4	2	2	1	9	1
24	36	43	3	2	2.8	2	26	2
25	58	45	3	2	0	1	7	2
26	22	70	3	0	5.5	1	5	2
27	50	31	4	2	1	2	11	2
28	55	49	2	3	4	2	10	2
29	20	70	1	0	4	1	10	2
30	87	46	2	4	2.7	2	10	2
31	54	46	3	2	2.8	3	12	2
32	74	37	2	2	3	5	25	2
33	85	43	1	3	2.9	4	25	2
34	81	41	3	2	3	3	25	2
35	28	53	1	1	2	2	10	2
36	35	54	2	2	1.4	3	13	1
37	39	78	1	0	1.78	3	17	2
38	13	68	1	0	4.5	1	3	1
39	56	33	3	0	0.5	2	21	2
40	21	64	2	0	1	1	5	2
41	38	75	2	0	2.5	3	20	2
42	42	50	2	2	2	2	5	1
43	45	50	3	2	10.7	2	12	2

续表

序号	农户纯年收入（千元）	户主年龄（岁）	户主教育水平	劳动力人数（个）	拥有土地面积（亩）	农户贷款次数（次）	农户累计贷款金额（千元）	农户贷款项目
44	62	33	3	3	3	3	23	2
45	56	67	2	4	2.4	2	16	2
46	23	67	2	0	3	2	10	2
47	37	61	3	0	3	3	15	2
48	58	45	3	2	2.8	3	25	2
49	67	37	4	2	2.1	3	28	2
50	23	53	2	2	1.4	2	7	1
51	32	49	2	2	1.4	1	7	2
52	28	40	2	2	2.1	2	10	1
53	41.5	35	3	2	2.1	2	15	1
54	38	50	3	2	1.4	1	2	2
55	57	34	3	2	2.8	3	25	2
56	60	38	3	2	2.8	2	17	2
57	23	50	2	2	1.4	1	5	1
58	28	38	4	2	2.8	3	17	1
59	62	30	3	2	2.1	5	27	2
60	35.5	37	2	2	2.1	4	10	1
61	36	45	2	2	1	5	25	1
62	75	46	3	2	6	5	20	2
63	30	53	2	2	1.4	2	7	1
64	50	46	2	2	2	4	15	2
65	45	43	2	2	2.8	3	15	2
66	38	58	3	3	2	2	8	2
67	44	40	3	2	2	1	15	2
68	27	42	2	2	2.8	2	20	2
69	32	50	2	3	2.9	4	25	2

续表

序号	农户纯年收入（千元）	户主年龄（岁）	户主教育水平	劳动力人数（个）	拥有土地面积（亩）	农户贷款次数（次）	农户累计贷款金额（千元）	农户贷款项目
70	35	42	2	2	1	1	2	2
71	49	43	2	2	0	2	5	2
72	50	49	2	2	4	3	35	2
73	55	31	3	2	0.7	2	17	2
74	63	42	3	3	1.4	3	12	2
75	43	37	4	2	2.1	4	22	2
76	46	51	2	2	3	4	19	1
77	65	36	3	2	3	4	14	2
78	28	48	2	2	1.4	3	23	2
79	53	39	4	2	5	5	26	2
80	75	45	2	3	2.1	5	17	2
81	54	48	2	3	0.7	2	10	2
82	43.5	39	3	2	0.7	2	13	2
83	50	56	2	2	2.1	3	13	1
84	34	40	2	2	1.4	2	7	2
85	45	42	2	3	0.7	5	17	2
86	55	45	3	3	0	2	7	2
87	46	70	3	0	5	2	5	2
88	31	31	4	2	2	3	11	2
89	32	49	2	3	4	3	10	2
90	29	70	1	0	4	3	10	2
91	51	46	2	4	2.7	4	10	2
92	54	46	3	2	2.8	4	12	2
93	45	37	2	3	3	4	25	2
94	43	43	2	3	2.9	3	25	2
95	38	51	3	3	1.5	2	10	2

续表

序号	农户纯年收入（千元）	户主年龄（岁）	户主教育水平	劳动力人数（个）	拥有土地面积（亩）	农户贷款次数（次）	农户累计贷款金额（千元）	农户贷款项目
96	42	53	2	3	2.1	3	12	2
97	40	49	2	3	2.1	2	3	2
98	44	46	2	2	2.1	2	5	2
99	60	38	3	2	7	2	22	2
100	56	40	2	2	5.2	3	6	2
101	40	52	2	3	1.4	3	7	2
102	47	45	2	2	3	2	5	2
103	45	40	3	2	2.1	2	7	2
104	43	36	3	2	2.1	5	20	2
105	38	65	2	1	2.1	2	5	2
106	35.5	32	3	2	2.1	4	13	2
107	51	70	2	2	2.8	2	5	2

注：户主教育水平：1＝不识字；2＝小学；3＝中学；4＝高中；5＝其他。农户贷款项目：1＝消费；2＝投资。

资料来源：针对保定市涞水县下明峪村村资金互助社成员进行的小额信贷与农户生计的社会调研。

附录二 金融扶贫间接效应实证数据一览表

年份	广义货币存量（亿元）	农村居民家庭恩格尔系数	城镇居民人均可支配收入（元）	农村居民家庭人均纯收入（元）	GDP（亿元）	存款（亿元）	贷款（亿元）	人均GDP（元）	城市人口（千万）	财政支农（亿元）
1978	—	67.7	343.4	133.6	3 678.7	11 550.1	1 890.42	385	17.92	76.95
1979	—	64.0	405.0	160.2	4 100.5	1 362.56	2 082.47	423	18.96	89.97
1980	—	61.8	477.6	191.3	4 587.6	1 689.66	2 478.08	468	19.39	82.12
1981	—	59.9	500.4	223.4	4 935.8	2 097.19	2 853.29	497	20.16	73.68
1982	—	60.7	535.3	270.1	5 373.4	2 449.05	3 162.7	533	21.13	79.88
1983	—	59.4	564.6	309.8	6 020.9	2 883.32	3 566.56	588	21.62	86.66
1984	—	59.2	652.1	355.3	7 278.5	3 735.33	4 746.8	702	23.01	95.93
1985	—	57.8	739.1	397.6	9 098.9	4 559.95	6 198.38	866	23.71	101.04
1986	—	56.4	900.9	423.8	10 376.2	5 933.88	8 142.72	973	24.52	124.30
1987	—	55.8	1 002.1	462.6	12 174.6	7 392.4	9 814.09	1 123	25.32	134.16
1988	—	54.0	1 180.2	544.9	15 180.4	8 810.36	11 964.25	1 378	25.81	158.74
1989	—	54.8	1 373.9	601.5	17 179.7	10 709.57	14 248.81	1 536	26.21	197.12
1990	15 239.4	58.8	1 510.2	686.3	18 872.9	13 942.94	17 511.02	1 663	26.41	221.76
1991	19 349.9	57.6	1 700.6	708.6	22 005.6	17 972.84	20 006.39	1 912	26.94	243.55
1992	25 402.2	57.6	2 026.6	784.0	27 194.5	23 143.81	25 742.81	2 334	27.46	269.04
1993	34 879.8	58.1	2 577.4	921.6	35 673.2	29 645.99	32 955.83	3 027	27.99	323.42
1994	46 923.5	58.9	3 496.2	1 221.0	48 637.5	40 502.54	39 975.09	4 081	28.51	399.70
1995	60 750.5	58.6	4 283.0	1 577.7	61 399.9	53 882.1	50 544.09	5 091	29.04	430.22
1996	76 094.9	56.3	4 838.9	1 926.1	71 813.6	6 595.59	61 156.55	5 898	30.48	510.07
1997	90 995.3	55.1	5 160.3	2 090.1	79 715	82 392.79	74 914.07	6 418	31.91	560.77

续表

年份	广义货币存量（亿元）	农村居民家庭恩格尔系数	城镇居民人均可支配收入（元）	农村居民家庭人均纯收入（元）	GDP（亿元）	存款（亿元）	贷款（亿元）	人均GDP（元）	城市人口（千万）	财政支农（亿元）
1998	104 498.5	53.4	5 425.1	2 162.0	85 195.5	95 697.94	86 524.13	6 860	33.35	626.02
1999	119 897.9	52.6	5 854.0	2 210.3	90 564.4	108 778.94	93 737.28	7 229	34.78	677.89
2000	134 610.3	49.1	6 280.0	2 253.4	100 280.1	123 804.35	99 371.07	7 942	36.22	766.89
2001	158 301.9	47.7	6 859.6	2 366.4	110 863.1	143 617.17	112 314.7	8 717	37.66	917.96
2002	185 007.0	46.2	7 702.8	2 475.6	121 717.4	170 917.4	131 293.93	9 506	39.09	1 102.70
2003	221 222.8	45.6	8 472.2	2 622.2	137 422	208 055.59	158 996.23	10 666	40.53	1 134.86
2004	254 107.0	47.2	9 412.6	2 936.4	161 840.2	240 525.07	177 363.49	12 487	41.76	1 693.79
2005	298 755.7	45.5	10 493.0	3 254.9	187 318.9	287 169.52	194 690.39	14 368	42.99	1 792.40
2006	345 603.6	43.0	11 759.5	3 587.0	219 438.5	335 434.1	225 285.28	16 738	44.34	2 161.35
2007	403 442.2	43.1	13 785.8	4 140.4	270 232.3	389 371.15	261 690.88	20 205	45.89	3 404.70
2008	475 166.6	43.7	15 780.8	4 760.6	319 515.5	466 203.32	303 394.64	24 121	46.99	4 544.01
2009	606 225.0	41.0	17 174.7	5 153.2	349 081.4	597 741.1	399 684.82	26 222	48.34	6 720.41
2010	725 851.8	41.1	19 109.4	5 919.0	413 030.3	718 237.93	479 195.55	30 876	49.95	8 129.58
2011	851 590.9	40.4	21 809.8	6 977.3	489 300.6	809 368.33	547 946.69	36 403	51.27	9 937.55
2012	974 159.5	39.3	24 564.7	7 916.6	540 367.4	917 554.77	629 909.64	40 007	52.57	11 973.88
2013	1 106 525.0	37.7	26 955.1	8 895.9	895 244.4	1 043 846.86	718 961.46	43 852	53.73	13 346.55
2014	1 228 374.8	37.0	29 381.0	9 892.0	643 974	1 138 644.64	816 770.01	47 203	54.77	1 473.83

注：资料来源为《新中国六十年统计资料汇编》《中国统计年鉴》(2010—2015 年)。

附录三　金融扶贫间接效应各项指标数据一览表

年份	农村居民恩格尔系数	城镇与农村收入比	存款+贷款/GDP	贷款/存款	人均GDP对数	城市化率	财政支农占比	财政支农/财政支出
1978	0.677 0	2.570 4	0.827 9	1.636 7	5.953 2	0.179 2	0.020 918	0.068 577
1979	0.639 6	2.528 6	0.840 1	1.528 4	6.028 6	0.189 6	0.021 941	0.079 031
1980	0.618 0	2.496 6	0.908 5	1.466 6	6.057 7	0.193 9	0.017 900	0.066 828
1981	0.598 6	2.239 5	1.003 0	1.360 5	0.093 5	0.201 6	0.014 928	0.059 903
1982	0.606 7	1.981 8	1.044 4	1.291 4	6.144 0	0.211 3	0.014 866	0.062 319
1983	0.594 1	1.826 6	1.071 2	1.237 0	6.222 3	0.216 2	0.014 393	0.061 482
1984	0.591 7	1.835 2	1.165 4	1.270 8	6.372 4	0.230 1	0.013 118 0	0.056 396
1985	0.578 0	1.858 9	1.182 4	1.359 3	6.493 1	0.237 1	0.011 105	0.050 413
1986	0.563 6	2.126 0	1.356 6	1.372 2	6.546 8	0.245 2	0.011 979	0.056 374
1987	0.557 5	2.166 5	1.413 3	1.327 6	6.619 6	0.253 2	0.011 020	0.059 306
1988	0.539 9	2.165 7	1.368 5	1.358 0	6.652 3	0.258 1	0.010 457	0.063 720
1989	0.548 1	2.284 1	1.452 8	1.330 5	6.595 5	0.262 1	0.011 474	0.069 807
1990	0.588 0	2.200 5	1.666 6	1.255 9	6.644 4	0.264 1	0.011 750	0.071 916
1991	0.576 0	2.399 9	1.776 3	1.174 9	6.750 3	0.269 4	0.011 068	0.071 915
1992	0.576 0	2.584 9	1.797 7	1.112 3	6.887 8	0.274 6	0.009 893	0.071 894
1993	0.581 0	2.796 7	1.754 9	1.111 6	7.010 7	0.279 9	0.009 066	0.069 668
1994	0.589 0	2.863 4	1.654 6	0.987 0	7.093 3	0.285 1	0.008 218	0.069 002
1995	0.586 0	2.714 7	1.702 4	0.938 0	7.156 7	0.290 4	0.007 014	0.063 048
1996	0.563 0	2.512 3	1.806 8	0.891 6	7.224 0	0.304 8	0.007 103	0.064 260
1997	0.551 0	2.468 9	1.973 4	0.909 2	7.290 7	0.319 1	0.007 035	0.060 732
1998	0.534 0	2.509 3	2.138 9	0.904 1	0.355 5	0.333 5	0.007 348	0.057 975

续表

年份	农村居民恩格尔系数	城镇与农村收入比	存款＋贷款/GDP	贷款/存款	人均GDP对数	城市化率	财政支农占比	财政支农/财政支出
1999	0.526 0	2.648 5	2.236 1	0.861 7	7.422 1	0.347 8	0.007 480	0.051 371
2000	0.491 0	2.786 9	2.225 5	0.802 6	7.512 0	0.362 2	0.007 647	0.048 273
2001	0.477 0	2.898 7	2.308 5	0.782 0	7.598 3	0.376 6	0.008 280	0.048 563
2002	0.462 0	3.111 5	2.482 9	0.768 2	7.693 0	0.390 9	0.009 060	0.050 002
2003	0.456 0	3.231 0	2.671 0	0.764 2	7.796 2	0.405 3	0.008 258	0.046 039
2004	0.472 0	3.208 6	2.582 1	0.737 4	7.915 6	0.417 6	0.010 466	0.059 459
2005	0.455 0	3.223 8	2.572 4	0.678 0	8.038 0	0.429 9	0.009 569	0.052 826
2006	0.430 0	3.278 4	2.555 2	0.671 6	0.175 7	0.443 4	0.009 849	0.053 469
2007	0.431 0	3.329 6	2.409 3	0.672 1	0.331 9	0.458 9	0.012 599	0.068 393
2008	0.436 7	3.314 9	2.408 6	0.650 8	0.437 0	0.469 9	0.014 222	0.072 597
2009	0.409 7	3.332 8	2.857 3	0.668 7	8.527 6	0.483 4	0.019 252	0.088 079
2010	0.410 9	3.228 5	2.899 1	0.667 2	8.658 6	0.499 5	0.019 683	0.090 455
2011	0.403 6	3.125 8	2.774 0	0.677 0	8.770 8	0.512 7	0.020 310	0.090 963
2012	0.393 3	3.102 9	2.863 7	0.686 5	8.839 5	0.525 7	0.022 159	0.095 066
2013	0.377 0	3.030 1	2.961 5	0.688 8	8.905 5	0.537 3	0.022 427	0.095 210
2014	0.370 0	2.970 2	3.306 5	0.717 3	8.959 3	0.547 7	0.022 010	0.093 381

后　记

本著作为笔者2018年承担的河北省社会科学基金项目（河北省民生工程绩效评估研究：基于直接和间接效果的二维视角，课题编号：HB18GL059）的最终研究成果。

不知不觉间，本书的撰写工作已经接近尾声。在撰写本书的过程中，笔者倾注了全部的心血，但是想到本书的出版能够为精准扶贫视域下的农村财政与金融联动支农实现路径探究提供一定的帮助，笔者就颇感欣慰。本书的创作得到了社会各界的广泛支持，笔者在此表示深深的感激与感谢！对于本书所参考的文献的作者，笔者在此表示衷心的感谢。

扶贫是党和国家的一项长期工程，是实现全面建成小康社会目标和解决“三农”问题的关键。目前，我国扶贫资金的投入还不能满足贫困地区的发展所需，因此有必要落实精准要义，以提高资金使用效率，进一步改善扶贫效果。本书主要分析了精准扶贫时期贯彻实施的财政与金融扶贫措施的原理以及效果；归纳了目前财政金融政策在扶贫工作中的不足之处；根据不同地区的状况差异，调整和创新了相关政策。

由于笔者水平有限，本书难免存在不足之处，衷心希望各位同行和读者能够提出宝贵的意见。

袁丽蓉

2019年8月1日